嚴粲詩緝新探

黃忠慎著

文史哲學集成
文史哲出版社印行

國家圖書館出版品預行編目資料

嚴粲詩緝新探 / 黃忠慎著. -- 初版. -- 臺北
市：文史哲,民 97.2
　頁:　公分（文史哲學集成；538）
含參考書目
ISBN 978-957-549-767-5 (平裝)

1.（宋）嚴粲.2. 詩經學　3. 評論

851.4516

文史哲學集成　538

嚴粲詩緝新探

著　　者：黃　　　忠　　　慎
出 版 者：文　史　哲　出　版　社
http://www.lapen.com.tw
登記證字號：行政院新聞局版臺業字五三三七號
發 行 人：彭　　　正　　　雄
發 行 所：文　史　哲　出　版　社
印 刷 者：文　史　哲　出　版　社
臺北市羅斯福路一段七十二巷四號
郵政劃撥帳號：一六一八○一七五
電話886-2-23511028・傳真886-2-23965656

實價新臺幣三六○元

中華民國九十七年（2008）二月初版

自　　序

　　二十多年前，筆者以《宋代之詩經學》之論文獲得博士學位，但嚴粲（1197～？）的《詩緝》並非當時的研究重點，對其認識大約也僅僅止於「《詩緝》屬於宋代《詩經》學中的守舊派著作」這樣的粗淺印象而已。

　　《詩緝》之所以引起筆者的興趣，主要是因為注意到了清儒姚際恒（1647～1715）點名嚴粲的《詩緝》，謂其「能別出新解」，「自為宋人說《詩》第一」。這樣的評語放置在姚氏《詩經通論》卷前的〈詩經論旨〉中，是別具意義的，〈詩經論旨〉對於歷代的《詩經》學著述採取的是全面批判的態度，這也難怪，姚氏本來就認為「漢人之失在于固，宋人之失在于妄」（《詩經通論・姚際恒自序》語），而在他之前，最具權威性的《詩》解，正是出於漢宋兩朝，如此其〈詩經論旨〉論評前朝各家《詩》學著作，自然要採取徹底的否定態度了。在這樣的情況之下，《詩緝》雖也遭到姚氏批評「總囿于《詩序》」，但一句「宋人說《詩》第一」，幾乎無異於是說《詩緝》的成績為先儒第一了（把姚氏詆斥《詩序》、《朱傳》及其餘名家名著之語拿來對照即可知事實就是如此）。其後，筆者又發現萬斯同（1638～1702）《群書疑辨・詩序說》云：「嚴氏

《詩緝》爲千古卓絕之書,而堅執《序》爲史官所作,則偏信〈大序〉之故也。」「千古卓絕之書」這樣的評語是震撼人心的,尤其這樣的評語是用在學術史上知名度不高的嚴粲《詩緝》身上。

1998 年,中興大學教授江乾益先生邀我參與其高足李莉褒小姐的碩士論文口試工作,其題目是我期待多年的《嚴粲詩緝研究》,我在現場提出了不少意見,也引起了「有朝一日,或許自己可用不同的方法來作此研究」的想法,當然更盼望其他學者能先我而有《詩緝》研究的專書問世。由於興大那篇碩士論文迄今未能於修改後正式出版,也一直未見有其他的相關論著出現,導致筆者開始思索自撰《詩緝》研究的必要性與可能性。

宋代的學術以推陳出新爲一大特色,而《詩經》學的革新浪潮主要是表現在對《詩序》的質疑上,學者常以反《序》存《序》作爲區分新舊學派的標誌。我們知道反《序》者未必能盡反之,守《序》者亦未能盡守之,但是對《序》的信從有偏重與否、比重高低的問題,這就造成的經學上的爭議。從宋初劉敞《七經小傳》(1019～1068)至歐陽修(1007～1072)《詩本義》對《毛詩》發出疑問開始,引發對經典傳統訓釋的質疑,並且形成宋朝最具特色的治學風格。疑古的思潮一直延燒到南宋,鄭樵(1104～1162)的《詩辨妄》、王質(1127～1188)的《詩總聞》、朱熹(1130～1200)的《詩集傳》代表了疑辨思潮的成果。此後,這種攻《序》與宗《序》的對立情況在宋代是未曾中斷。

　　嚴粲《詩緝》刊刻於淳祐四年（1244），對於《詩序》的態度，難免受到當時思潮的影響，《四庫全書總目提要》云：「是書（《詩緝》）以呂祖謙《讀詩記》為主，而雜採諸說以發明之。舊說有未安者，則斷以己意。」這無異是說，嚴粲《詩緝》是守《序》派著作。但是清人劉燦《嚴氏詩緝補義》云：「《詩緝》多采《集傳》」、「今讀《詩緝》中所引用諸說，凡朱氏曰者，皆文公朱子之說。」由此可推測《詩緝》中不只有舊派的治學特色，也帶有新派的影響。

　　該如何看待這一部雜揉新舊學派特色的《詩經》學著作？我們發現歷來關注此書的焦點並不相同。或重其名物訓詁、典章制度的考訂，如林希逸《詩緝·序》云：「至於音訓疑似、名物異同、時代之後前、制度之纖悉，訂證精密，開卷瞭然。」《四庫全書總目提要》沿用其說而云：「於音訓疑似、名物異同，考證尤為精核。」或強調其對《詩》旨的疏通發明，如袁甫〈手帖〉云：「〈黍離〉、〈中谷有蓷〉、〈葛藟〉不用舊說，獨能深得詩人優柔之意，其他一章一句時出新意，大抵宛轉有旨趣。」姚際恒《詩經通論》對《詩緝》的評語則是惜其囿於《詩序》，「識小而未及遠大，然自為宋人說《詩》第一。」林希逸、袁甫本著為嚴書作〈序〉的立場，其基本的心態已有偏移，故其所下的評語褒多於貶，袁說更是失之太簡。《四庫提要》又沿襲林希逸之說，且從漢學考訂訓詁的立場著眼，這當然也有失偏頗。姚際恒的說法頗為聳動，也令人好奇：難道這會是學術史上的定論？

　　欲知《詩緝》的解經特色與得失，整體考察其書是有必

要的，單靠前賢的三言兩語，憑著《詩經》學史專書的幾行文字，恐怕真相不明。談到考察《詩緝》，筆者以為若是僅著眼於其對《詩序》、《傳》、《箋》的取捨、訓詁名物的優劣、詩旨擬定的得失等層面，雖然有其意義，但是這樣的研究或許無法掌握嚴粲更深入的詮《詩》觀念與解經方式。我們似乎可以「共時性」的角度切入，找出當時學術思潮對《詩緝》的影響，即以宋朝當時的文學批評、理學及經學為切入點，來觀察《詩緝》治經的最大特色。

根據《重纂邵武府志·儒林傳·邵武縣》的記載，嚴粲與宋朝著名的文學理論大家嚴羽是從兄弟的關係，又從戴復古〈祝二嚴〉詩、嚴粲《華谷集》中〈李賈攜詩卷見訪賈與嚴滄浪游〉等詩，可見二嚴之間頗有交遊往來，因此可以假設嚴羽的文學批評思想對嚴粲當有影響。姚際恆也指出：「嚴坦叔《詩緝》，其才長於詩，故其運辭宛轉曲折，能肖詩人之意；亦能時出別解。」一般人讀《詩緝》也可以清楚感覺到嚴粲解釋詩句有時帶有濃厚的文學批評的味道。尤其他常以「味詩人言外之意」、「味詩之意」作為分析一首詩的起點，用品味的方式欣賞一首詩。

從創作技巧賞析《詩經》的學者，通常對於《詩》之「六義」有自己的理解。歷來學者研究「六義」之間的關係大約有兩種立場：一是強調詩歌的社會功能與教化功能，一是強調詩歌的美感意義與藝術效果。也可以說，「六義」具有二種以上的涵義之可能性，於此，我們當然必須知道嚴粲如何看待「六義」。

　　嚴粲雖然能運用文學意涵的比興作為釋《詩》的手段，但他完全沒有拋棄舊有《詩序》倫常教化之說的想法，相反的，嚴粲徹底信賴《詩序》首句（他稱之為「首序」）的解題，並加以闡發申述，對於漢儒慣用的「美刺」之說仍屬承襲者多，駁議者少。承襲之餘，他還根據《春秋》書法、《左傳》史實加以證明。筆者以為嚴粲對《詩》史關係的重視，最終的關懷仍在於《詩》之經典神聖意義，即《詩經》的教化作用。所以嚴粲一再提及詩的「言外之意」，這種「言外之意」除了美學意義外，尚有其經典上的深層意義。所以，教化觀點的確立也是嚴粲釋《詩》的基本態度。我們必須瞭解嚴粲如何看待《詩經》的經學意義，又如何開展其對《詩經》經典意義甚至是神聖寓意的詮釋，因為這是嚴粲解釋《詩經》的主要面向，即經學的進路。

　　除了文學欣賞與經學觀點的詮釋方法外，筆者以為嚴粲還受到理學家治學方法及理學觀念的影響。南宋對時人與後世影響最為深遠的理學家為朱熹，朱熹雖為徽州婺源（今屬江西省）人，但是其一生多住在福建，門人亦以福建人士為夥，連帶使福建的學術風氣為之大盛。嚴粲是福建劭武人，這種地緣關係不可忽略。況且嚴粲生平服膺朱熹，他在《詩緝》一書中大量引用朱熹之說，又有〈樂齊〉一詩云：「人琴無處問，空想考亭詩」，即此可見一斑。不過一般學者言及朱熹對嚴粲的影響，多僅注意兩人對「比、興」見地的差異，卻未能在理學角度上有所著墨，這絕對是不足的。如《詩緝》對「性情」多所論述，但是有時以文學批評的角度談論，有

時卻儼然以理學家姿態抒發其對人性的意見。我們也看到《詩緝》常引用程子與朱子等理學家的特有觀點作為整首詩的義解。如〈漢廣·序〉云：「德廣所及也。文王之道被於南國，美化行乎江漢之域，無思犯禮，求而不可得也。」嚴粲云：「道，謂修身齊家之道也。」至於〈召南·何彼襛矣〉引朱子「敬和」之說，〈騶虞〉用朱子「正心誠意」、「明德新民」之言，甚至〈小雅·常棣〉引用呂祖謙《讀詩記》「本心」之言，這些都是理學家對詩篇的另類解釋，即便不是出自嚴粲之口，但是透過嚴粲的引用，理學對《詩緝》釋詩產生了重大影響已經可以確認。另外筆者也觀察到，嚴粲的名物訓詁部分，似乎循著朱熹「格物致知」的模式進行，這也是值得更進一步研究的。要之，討論理學對《詩緝》究竟產生了什麼樣的影響，影響面有多大，這都是可以注意而前人未曾留心的焦點。

有了以上的思考，筆者遂於 2003 年底以「嚴粲《詩緝》新探 —— 以經學、理學與文學的角度為考察中心」為題，向國科會提出一年期的專題研究計畫，僥倖獲得通過，此一計畫的執行自 2004 年 8 月 1 日開始，翌年 7 月底結束。不過，收在本書的三篇主要報告卻是持續三年才告完成。

拙著《宋代之詩經學》雖言及嚴粲《詩緝》，但是僅就其書之性質與條例略作介紹，想到萬斯同與姚際恒對於嚴粲的評價那般崇隆，不免覺得自己的學位論文所給予嚴粲《詩緝》的篇幅實在有所虧欠，這本《嚴粲詩緝新探》權且當作對此一疏漏所做的彌補吧！

　　（作爲本書附錄的〈《詩經》詮釋的流變〉一文，是筆者日後擬撰寫《詩經學詮釋史》之熱身稿，完成於 2008 年 1 月，並未投寄至任何期刊。）

黃忠慎

2008 年 2 月序於彰化師大

嚴粲詩緝新探

目　　次

自　序 ……………………………………………………………1

壹、嚴粲傳略 …………………………………………………1

　一、家　世 ………………………………………………1

　二、交　遊 ………………………………………………3

　三、著　作 ………………………………………………6

貳、嚴粲《詩緝》的解經態度與方法及

　　其在經學史上的意義 …………………………………9

　一、前　言 ………………………………………………9

　二、從傳統的《詩》教觀考察嚴粲的解經態度 ………12

　　（一）《詩》教的特質 ………………………………12

　　（二）聖人的解釋觀點 ………………………………19

　　（三）「美刺」之說的繼承 …………………………26

　　　1.美刺說與《春秋》書法相通 …………………26

　　　2.美刺說與言外之意的關連 ……………………28

　三、以經解經、以傳解經的詮釋法 ……………………32

　　（一）以經解經的具體內涵分析 ……………………34

　　　1.以本經解本經 …………………………………34

　　　2.以他經解本經 …………………………………44

（二）以傳解經的具體內涵分析 ……………51

　　1.以本傳解本經 ………………………52

　　2.以他傳解本經 ………………………57

四、經學史上的意義 ………………………61

五、結　語 …………………………………67

參、嚴粲《詩緝》的以理學說《詩》及

其在經學史上的意義 ……………………69

一、前　言 …………………………………69

二、《詩緝》援理學解經 …………………73

　　（一）對前人以理解《詩》方式的繼承………73

　　（二）嚴粲以理學解《詩》的特點…………83

三、經學史上的意義 ………………………99

四、結　語 …………………………………110

肆、嚴粲《詩緝》的以文學說《詩》及

其在經學史上的意義 ……………………115

一、前　言 …………………………………115

二、嚴粲對六義的見解 ……………………118

三、涵泳情性的讀《詩》法 ………………129

四、部分詩篇從文學角度切入論說 ………133

五、經學史上的意義 ………………………142

六、結　語 …………………………………156

伍、摘要與總結 ……………………………159

嚴粲《詩緝》引朱子與呂祖謙之次數統計表 ……171

嚴粲《華谷集》 ……………………………189

附錄：《詩經》詮釋的流變 ·· 211

　一、《詩經》的產生及在先秦的功能 ····················· 211

　二、孟子對《詩經》的理解方法··························· 216

　三、三百篇之神聖性的構成 ······························· 221

　四、漢代《詩經》學的發展 ······························· 225

　五、唐宋《詩經》學的發展 ······························· 228

　六、清代《詩經》學的發展 ······························· 233

　七、民國初年《詩經》學的發展···························· 236

　八、由「詮釋學」看《詩經》學的發展·················· 239

　九、由接受美學觀點看《詩經》

　　　學史上的評價問題 ································· 242

　十、由「互文性」看《詩經》著作的指涉意義 ········ 247

　十一、結　語 ·· 251

壹、嚴粲傳略[1]

　　嚴粲（1197～？），字坦叔，一字明卿，號明谷，南宋福建邵武莒溪人。[2]寧宗嘉定十六年（1223）登進士第後，官授全州清湘令之職，其生平事蹟，《宋史》並未記載，[3]我們現在僅能根據古代相關文獻的記載作概略性的了解，茲依嚴粲之「家世」、「交遊」及「著作」等主題分述於下。

一、家　世

　　嚴粲為宋代詩學理論大家嚴羽之族弟，[4]嚴粲不但與嚴羽同為宗室之俊彥，其先祖亦為歷史上重要的人物。無論是漢代遠祖嚴君平，抑或唐代宗時與詩聖杜甫情誼甚篤的四川劍南節度使嚴武，均為嚴粲歷代先祖之碩彥。[5]嚴氏家族自西蜀

1　本書正編三篇主要文章為了因應結構上的需要，都有針對嚴粲的生平作出簡略的說明，茲再草此一短文將嚴氏的家世、交遊與著作略作整理。
2　李清馥：《閩中理學淵流考》，《四庫全書》（台北：商務印書館，1984年），史部，第 218 冊，頁 140。
3　《宋史》無嚴粲傳，僅在〈藝文志〉中著錄嚴粲《詩集》一部，置於卷 202 經部《詩》類中。見《宋史》，第 2 冊，《正史全文標校讀本》（台北：鼎文書局，1987 年），頁 5045。按：《詩集》為《詩緝》之誤。
4　楊家駱主編：《南宋文範》（台北：鼎文書局，1975 年），上冊，頁 22。
5　許志剛：〈嚴羽家世考〉，《遼寧大學學報》，第 138 期（1996 年 2 月），

避居南閩之後，其族亦承其家風，於宋理宗時爲邵武地區詩家之盛者。嚴粲的幾位堂兄弟嚴羽、嚴仁、嚴參、嚴肅、嚴嶽、嚴必振、嚴必大、嚴奇與嚴若鳳等九人俱有詩名。然而這些人都與仕途無緣，唯有嚴粲一人曾登進士第而任官，且以經學名傳於世。[6]

　　關於嚴粲的人格特質，史籍著墨不多，與嚴粲交誼甚篤的戴復古在〈祝二嚴〉詩中寫道：「僕本山野人，漁樵共居處；小年學父詩，用心亦良苦。搜索空虛腹，綴輯艱辛語；齎口走四方，白頭無伴侶。前年得嚴粲，今年得嚴羽；我自得二嚴，牛鐸諧鐘呂。粲也苦吟身，束之以簪組。遍參百家體，終乃師杜甫。羽也天姿高，不肯事科舉。風雅與騷些，歷歷在肺腑。持論傷太高，與世或齟齬。長歌激古風，自立一門戶。二嚴我所敬，二嚴亦我與；我老歸故山，殘年能幾許。平生五百篇，無人爲之主。零落天地間，未必似塵土。再拜祝二嚴，爲我收拾取。」[7]而事實上，因爲文獻之不足，我們目前也僅能從此詩中，稍窺嚴粲卓爾不群的人品。[8]嚴粲的另一好友袁甫於〈贈嚴坦叔序〉中則如此高度讚揚嚴粲人格特質：

頁 82。

6　《重纂邵武府志・儒林傳・邵武縣》：「嚴氏有群從九人，皆能詩，惟粲以經學傳。」王琛等修、張景祈等纂：《重纂邵武府志》(台北：成文出版社，1967 年)，卷 21，頁 4。

7　戴復古：《石屏續集》，收錄於〔宋〕陳思編、〔元〕陳世隆補：《兩宋名賢小集》，卷 273，《四庫全書》，集部，第 303 冊，頁 214。

8　張繼定：〈嚴羽戴復古異同論〉，《浙江師大學報》(社會科學版)，第 26 卷第 5 期 (2001 年 5 月)，頁 39。

坦叔抱負才業，有志當世，以余目耳所睹記，才如坦
叔蓋寡。坦叔有詩名，寓意推敲，細入毫髮，似非磊
落度越繩墨者。及遇事，挺身直前，勇無與抗。喜接
雄豪士，握手吐心肝，相期功名，人亦樂與共事。余
每與語，深知其志向必不虛為一世人。善謀能斷、密
而通、敏而耐。坦叔之才，其細籠易劇，無施不宜者
歟？……同寮之年，坦叔之助，不可縷數。[9]

當然，袁甫對於嚴粲的推崇與恭維雖有助於我們對嚴氏為人
的認識，但古人贈人以言的「贈序文」之內容原本多為推重、
讚許與勉勵之詞，其中的應酬成分使我們在理解嚴粲的個性
與行事風格時形成了某種程度的障礙，這也是我們必須保守
以對的。

二、交　遊

　　嚴粲交遊雖廣，但其交遊情形，我們也僅能從嚴粲與其
友之往來書信或詩作中管窺一二。在嚴粲的交遊中，大抵以
戴復古、林希逸、張輯及袁甫四人為主。戴復古，名式之，
號石屏，著有《石屏集》。《重纂邵武府志》卷十五謂戴復古
「有學行」，工於詩，且與郡人嚴羽、嚴粲相善。[10]從戴復古

9　袁甫：《蒙齋集》，卷 11，《四庫全書》，集部，第 114 冊，頁 466。
10　《重纂邵武府志》，頁 26。

之〈祝二嚴〉及嚴粲《華谷集》之〈李賈攜詩卷見訪賈與嚴
滄浪游〉二詩中，足見嚴粲與戴復古私交之篤厚。戴氏〈祝
二嚴〉詩已見前引，嚴詩則云：

> 石屏新卷裡，曾得見君詩。大冊煩來教，平生慰夢想。
> 高標去壁遠，古調少人知。汝與吾宗好，風騷更屬誰？
> 11

嚴、戴兩人是有著深厚之感情的，而袁甫則與嚴粲三年同僚
為官，他在前引的〈贈嚴坦叔序〉中嘗謂嚴粲不但人品坦然
磊落，遇事挺身直前，「勇無與抗」，且嚴粲於同朝期間對於
他的協助，多到不可勝數；既然如此，兩人當然也是知交，
而嚴粲的行事風格也由此可以得知。再者，《詩緝》為嚴粲經
學之重要著作，林希逸不僅得窺其全貌而為之撰〈序〉，且得
見其五言七言詩舊稿；若非私交甚篤者，實難為之。[12]另外，
在嚴粲的《華谷集》中，詩題直接言及與嚴粲交遊之人名者，
又以張輯居多。《華谷集》之〈月夜與張輯論詩〉、〈憶張輯〉、
〈送張輯游宣城〉、〈寄張輯〉及〈張輯馮去非話別〉等詩，[13]
就充分流露出兩人深篤的情誼，如：

11　嚴粲：《華谷集》，收錄於《兩宋名賢小集》卷 329，《四庫全書》，集
　　部，第 303 冊，頁 589。
12　林希逸：〈詩緝序〉，嚴粲：《詩緝》（台北：廣文書局，1960 年 11 月），
　　頁 1-2。
13　《四庫全書》，集部，第 303 冊，頁 583-588。

涼露初長夜，纖雲淨盡時。幾人還對月，與客共論詩。
苦思常難穩，閒題或更奇。不應誇末俗，準擬古人知。
（〈月夜與張輯論詩〉）

畏景如焚客路塵，寂寥山店獨吟身。多情唯有別時月，
低傍茅簷巧趁人。（〈憶張輯〉）

君撫淵明底樣琴，肯于絃上要知音。相逢塵事不挂口，
別去清愁總上心。聽雨夜牀孤舊約，看雲秋壑想幽尋。
他年跨霍鶴相過否，應笑浮名雪滿簪。（〈送張輯游宣城〉）

不見吾張輯，新詩何處吟。身留江介遠，秋入夜涼深。
燈影還家夢，蛩聲倦客心。歸來及佳節，細把菊花斟。
（〈寄張輯〉）

此夕真成別，幽懷欲語誰。梅花霜月曉，獨起咏君詩。
（〈張輯馮去非話別〉）

這些詩作的藝術價值如何姑且不論，但透過這些作品，我們
對於嚴粲其人又多了一分認識。[14]

---

14 張輯，字宗瑞，號東澤，鄱陽（今江西波陽縣）人，嘗受詩法於姜夔，
　馮去非目爲東仙，有詞集名《東澤綺語債》。

三、著 作

　　嚴粲之著作爲《華谷集》一卷及《詩緝》三十六卷。前者爲詩學之著，而後者則爲經學之作。嚴粲宗族多以詩聞名，唯粲以經學著稱。三十六卷之《詩緝》即爲宋代《詩經》學的重要著作之一。此書大抵以呂祖謙《讀詩記》、朱子《詩集傳》爲主，雜採諸說而亦有所發明。據林希逸〈詩緝序〉的記載，嚴粲自謂其《詩緝》乃以「摭諸家而求其是，要以發昔人優柔溫厚之意」爲宗旨。林氏甚至恭維此書之價值在宋朝歐、蘇、王、劉、東萊等諸儒之上。[15]《四庫全書總目》亦評曰：

> 是書以呂祖謙《讀詩記》爲主，而雜採諸說以發明之。舊說有未安者，則斷以己意。……至於音訓疑似，名物異同，考證尤爲精核。宋代說詩之家與呂祖謙書並稱善本，其餘莫得而鼎立，良不誣矣。[16]

　　嚴粲除以經學傳世之外，亦頗有詩名。宋末元初閩人黃

---

15 林希逸：〈詩緝序〉，嚴粲：《詩緝》，頁 1。按：林氏謂歐、蘇、王、劉諸儒爭出新意，而得失互見，東萊呂氏　缺渙散，未爲全書，而嚴粲則可以度越諸子。

16 《四庫全書總目》（台北：藝文印書館，1974 年），卷 15，第 1 冊，頁 344。按：據筆者統計，《詩緝》引「朱氏曰」者 577 處，引《詩記》或「呂氏曰」者 175 處。詳本書附錄。

公紹〈滄浪詩話序〉云：「江湖詩友爲三嚴。」嚴粲與嚴羽、
葉紹翁、林希逸等皆爲宋代閩籍重要之江湖派詩人。[17]嚴粲
詩之大抵師學杜甫，戴復古〈祝二嚴〉詩即云：「粲也苦吟身，
束之以簪組，遍參諸家體，終乃詩杜甫。」林希逸〈詩緝序〉
謂華谷嚴君坦叔早詩名江湖」，其詩「幽深夭矯，意具言外」、
「窮諸家閫奧而獨得風雅餘味」《重纂邵武府志・儒林傳・邵
武縣》亦認爲嚴粲善爲詩，清迥絕俗，與羽爲群從兄弟而異
曲同工。[18]《宋百家詩存》評曰「其詩清迥，脫去季宋翕膩
之習」。[19]然標舉神韻的清人王士禎則獨排衆論，認爲《華谷
集》「氣格卑弱」。《居易錄》云：

> 宋嚴粲坦叔《華谷詩集》一卷，氣格卑弱，類晚唐之
> 靡靡者，一二絕句稍有可觀。……又稱其五七言幽深
> 夭矯，意具言外，觀此集殆不然也。[20]

顯然嚴粲的詩作獲得了兩極化的評價，雖則清迥絕俗與氣格
卑弱都屬印象式批評，不過，筆者傾向於支持王說，主要是
因嚴粲有許多作品是將經驗（包括感情、思維、事件）很單
純地當作詩的內容而將之傾入形式中，但整體給人的感覺是
欠缺靈活與深度，有時僅是刻板的紀錄，很難引領讀者進入

---

17 陳慶元：〈劉克莊和閩籍江湖派詩人〉，《福州師專學報》（社會科學
　　版），第 15 卷第 2 期（1995 年 6 月），頁 28-29。
18 《重纂邵武府志》，頁 4。
19 曹庭棟編：《宋百家詩存》，《四庫全書》，集部，第 416 冊，頁 882。
20 王士禎：《居易錄》，卷 2，《四庫全書》，子部，第 175 冊，頁 326。

新穎的世界，而讓其有更高一層的思想與更有深度的感情、更爲廣闊的視野。[21]另一方面，嚴粲的部分作品是以詩代書，這種作品有互訴心曲的功能，其中幽微奧深之情，局外之人實難體得其意。

　　嚴粲很年輕就中了進士，在科舉昂揚的年代，這是一個光宗耀祖的榮銜，這是一個官場晉升的登雲梯。但是以嚴粲在歷史的默默無名來看，其仕宦生涯並沒有留下太深的足跡，看來他不是一個追逐名利的俗官。嚴粲以詩聞名當世，或許他最喜歡這個身份。戴復古點出嚴粲與嚴羽兩人在創作過程的區別：「粲也苦吟身」、「羽也天姿高」。嚴粲的苦吟，醞釀不出杜甫的深厚；嚴羽的天資，卻在文學批評史上綻放出耀眼的光芒。當嚴粲辛苦地想要抓住創作詩文的靈感之時，他一定沒想到只爲童蒙之用所寫的《詩緝》，卻成爲《詩經》學史上的煌煌大作。學者的嚴粲，獲得後人最多的尊敬，那也是學術史爲他留下的定位！

21　按：此處所述係運用劉若愚〈做爲境界和語言之探索的詩〉一文之理論，詳劉若愚著，杜國清譯：《中國詩學》（台北：幼獅文化公司，1979年），頁 137-150。

貳、嚴粲《詩緝》的解經態度與方法及其在經學史上的意義

一、前　言

　　南宋《詩經》學名家嚴粲（1197～？），字坦叔，一字明卿，號明谷，福建邵武莒溪人。[1]寧宗嘉定十六年（1223）登進士第後，官授全州清湘令之職。其群從兄弟嚴羽、嚴仁、嚴參、嚴肅、嚴嶽、嚴必振、嚴必大、嚴奇與嚴若鳳等九人俱有詩名，其中尤以撰寫《滄浪詩話》的嚴羽為最。然而在嚴粲群從兄弟之中，唯粲嘗官登進士第而任官，且以經學傳世。《重纂邵武府志‧儒林傳‧邵武縣》即云：「嚴氏有群從九人，皆能詩，惟粲以經學傳。」[2]

　　嚴粲之著作有二：《華谷集》一卷、《詩緝》三十六卷。前者為詩學之著，後者則是經學之作。據林希逸〈詩緝序〉的記載，嚴粲蓋以「摭諸家而求其是，要以發昔人優柔溫厚

1　李清馥：《閩中理學淵源考》，《四庫全書》（台北：台灣商務印書館，1984 年），史部，第 218 冊，頁 140。
2　王琛等修，張景祈等纂：《重纂邵武府志》（台北：成文出版社，1967年），卷 21，頁 4。

之意」爲著作《詩緝》之宗旨，林氏且認爲《詩緝》之價值在宋朝歐、蘇、王、劉、東萊等諸儒之上。[3]這樣的好評固然不免誇大，但《詩緝》與《華谷集》在經學史與文學史上的份量輕重之差異確實是相當懸殊的。

　　《詩緝》一書使用經學、理學、文學三條進路來解經，本文要考察的是其經學面向的風貌，由方法論的角度切入以說明嚴粲的解經特質。方法作爲一種實際操作的手段，有時（**尤其在面對中國傳統經典時**）與態度之間有極爲密切的關係，甚至有時也很難作截然的劃分。不過，若說方法可以是一種態度，不如這樣說：態度往往是決定方法的重要關鍵。[4]因此，本文雖是從方法論來研究嚴粲《詩緝》的解經特質，更多時候其實也是在觀察他對《詩經》或整體《毛詩》學派系統的態度。在進入研究主題之前，對於本文所使用之「經學的面向」一詞也必須略加說明。如果把一個詞語孤立地來看，則對於這個詞語的意義、內涵的把握，與把它放在其他語言脈絡中來解讀，二者所得出的意義一定有差異。而且「經學的」一詞本身就具有了濃厚的歷史性，它不是一個科學符號，具有絕對的定義範疇，也不是一個具體的物品，可以進行成分的分析。它是一個人文的傳統名詞，具有歷史的成分，

3　不僅如此，林希逸甚至如此推崇《詩緝》：「《易》盡於伊川，《春秋》盡於文定，《中庸》、《大學》、《語》、《孟》盡於攷亭，繼自今，吾知此書與之　行也。」〈嚴氏詩緝序〉，《詩緝》（台北：廣文書局，1983 年），頁 1。

4　就猶如有人說他們使用解構的方法來閱讀，但解構其實不是一種理論、模式或方法，而是一種思考的態度。詳楊容：《解構思考》（台北：商鼎文化出版社，2002 年），頁 25-26。

與這些傳統有千絲萬縷的關連，亦即，「意義」無法單純地只透過客觀或孤立的語句就能完全加以解釋，「意義」往往是經過脈絡化的，必須藉助語境的支撐才得以顯豁。[5]因此，當我們在運用或解說「經學的」一詞時，無法脫離整個中國學術史的歷史性脈絡來解說，相反的，必須深入到它的歷史背景與傳統中來看待其意義。所謂「經學的面向」指的是經學家的解經向度，尤其是經學家解釋傳統經典的眼光、態度與方式這個層面。我們標舉這樣的向度自有意義，這表示了經學家與與其他學者解釋經典的重點取向有明顯的不同之處。經學家與文學家、理學家、政治學家或歷史學家等解釋經典的著重點之不同，可以從兩方面來說。第一，從對待經典的態度而言，經學家注重對於個人人格教化修養的作用與影響方面。其次，在解經方法上，經學家講究一套有效的、嚴謹的解釋程序，講究以經解經、以傳解經及對訓詁名物的重視。如此界定經學家的解經心態與理念，並不是說文學家、理學家、歷史學家、政治學家解說經書並沒有這二種傾向（尤其是對於人格修養的注重本為中國傳統士子所具有的共識，也是中國儒學詮釋學的特質），[6]而是說明對於《詩》教的重視，

---

5 施萊馬赫（Friedrich Ernst Schleiermacher，1768-1834）認為解釋者必須排除自己的觀點，一段文字必須放在它原來所處的脈絡中去瞭解。他強調，所理解的本文必須置於它賴以形成的那個歷史語境中。從時間順序上看，理解部分之前必定要對整體有所瞭解。詳潘德榮：《詮釋學導論》（台北：五南圖書公司，1999 年），頁 44-45。此外，關於「語言」與「意義」之間的討論，可參蔡英俊：《中國古典詩論中語言與意義的論題》（台北：學生書局，2002 年），頁 1-36。
6 關於儒家詮釋學的特質，可參黃俊傑：〈從儒家經典詮釋史觀點論解經

經學家更是遠遠重於其他解經與讀經者，強調《詩》教的內容與作用一向都是傳統經學家解釋三百篇時的基本立場。至於對《詩》中名物制度的解說，則為經學家的另一種解經特色，迥異於文學家、理學家等對三百篇的解說方式，經學家經常以經傳解經，詳解《詩》中字詞及名物制度，這些都具體地表現在嚴粲的著作中。藉由這種解經態度與方法的分析，可以讓我們對嚴粲《詩緝》的本質有更清楚的認識。

二、從傳統的《詩》教觀考察嚴粲的解經態度

（一）《詩》教的特質

「《詩》教」作為孔門的教育理想為後儒所重視，也是《詩經》學史上最重要的一個傳統議題。但是對於《詩》教的實際內涵卻未見精密的分析，包括「《詩》教」所指稱的範圍、特質及其定義。[7]的確，為一個人文學科的名詞作西方科學、

者的歷史性及其相關問題〉一文。詳黃俊傑編：《中國經典詮釋傳統（一）：通論篇》（台北：喜馬拉雅研究發展基金會，2002 年），頁337-347。黃氏云：「因為儒家經典具有強烈的『實存』的內涵，而經典詮釋活動也是一種『體驗』之學，所以，中國的儒家詮釋學就成為一種以『人格』為中心而不是以文字解讀為中心的活動。」並且以范佐仁（Steven VanZoeren）的研究為例，說明「這種中國詮釋學的特質，在《詩經》的詮釋學中表現得最為明顯。Steven VanZoeren 最近的研究證實中國的《詩經》詮釋學確實以詩的作者及解讀者的『人格』為中心。」

7 今人康曉城曾對「《詩》教」的觀念作解說，但康氏的解說過於寬泛，他說：「所謂『詩教』，可解為最適合於健全人格之教育。」包括了今日教育中「德育」、「美育」、「智育」、「群育」之教育功能。《先秦儒家詩教思想研究》（台北：文史哲出版社，1988 年），頁 27-30。

哲學似的精確分析有相當的困難，更何況要做到如分析語言學般的精密，幾乎不可能。雖然，我們可以從另一個角度來嘗試分析「《詩》教」的內涵，藉以釐清學術史上某些灰色的地帶。

　　首先要澄清的是今人所說的《詩》教爲誰的《詩》教？按「《詩》教」一詞首先出現於《禮記・經解》：

　　　　孔子曰：「入其國，其教可知也。其爲人也，溫柔敦厚，
　　　　《詩》教也。……其爲人也，溫柔敦厚而不愚，則深
　　　　於《詩》者也。」[8]

古籍中的「子曰」，以《論語》的可信度最高，而仍有僞託者，[9]何況是性質爲儒學雜編而各篇完成時代又不易確認的《禮記》，還且還是褒貶不一的〈經解〉？[10]此段文字雖題爲孔子所言，但從《禮記》的成書背景看來，應該爲後人倚託之言，

8　《禮記正義》（台北：藝文印書館，1976 年），頁 845。
9　詳張心澂：《僞書通考》（台北：宏業書局，1975 年），頁 450-461。
10　趙匡：「《禮記》諸篇，或孔門之後末流弟子所撰，或是漢初諸儒私撰之。」陸淳：《春秋集傳纂例》，卷 2，《四庫全書》，經部，第 140 冊，頁 399。這是個寬泛卻又正確的概念。〈經解〉的完成時代則以主張西漢時代者爲多，但未必是定論。至於〈經解〉所獲評價之不一，如程頤《河南程氏粹言》卷 1 云：「《禮記》之文多謬誤者〈儒行〉、〈經解〉非聖人之言也，夏后氏郊鯀之篇，皆未可據也。」《二程集》（北京：中華書局，1981 年），第 4 冊，頁 1201。徐復觀則認爲〈經解〉是出於荀子門人之手，是「六經」完成的首次宣告。《中國經學史的基礎》（台北：學生書局，1982 年），頁 49。姜義華：「本篇列述六經的根本精神，特別是禮的社會作用，還是很有價值的。」《禮記讀本》（台北：三民書局，2000 年），頁 687。

並非眞出孔子。朱自清（1898～1948）將此文與《淮南子·
泰族訓》相比對，推測爲漢儒根據《淮南子·泰族訓》而寫。
[11]然而，即便非孔子親身之論，也無礙以含蓄和諧的中和之
美爲特徵的「溫柔敦厚」之說的確道出了孔子的《詩》教觀，
[12]而後人也一直沿用這四個字，而以之爲孔門《詩》教的核
心觀念。[13]也許，從《論語》到《禮記·經解》、《毛詩序》，
《詩》教的觀念已非單純的「溫柔敦厚」四個字就可以涵蓋
殆盡，但整個《詩》教確實可用這代表儒家的理想性情的四
個字來作貫穿，而且這也是儒者長久以來所致意的學《詩》
之道。[14]

11　朱自清：《詩言志辨》（上海：華東師範大學出版社，1996 年），頁
　　103-104。
12　梁啓超《要籍解題及其讀法》以爲《禮記》「各篇所記『子曰……』、
　　『子言之……』等文，不必盡認爲孔子之言。蓋戰國秦漢間孔子已漸
　　帶有『神話性』。許多神秘的事實皆附之於孔子，立言者亦每託孔子
　　以自重，此其一。『子』爲弟子述師之通稱，七十子後學者於其本師，
　　亦可稱『子』。例如〈中庸〉、〈緇衣〉……，或言採自《子思子》，則
　　篇中『之』子亦可認爲指子思，不必定指孔子，此其二。即使果爲孔
　　子之言，而輾轉相傳，亦未必無附會或失眞，此其三。要之全兩部《禮
　　記》所說，悉認爲儒家言則可，認爲孔子言則須審擇也。」《梁啓超
　　學術論叢》（台北：南嶽出版社，1978 年），第 2 冊，頁 1089-1090。
　　徐復觀：「〈經解〉……開始『孔子曰，入其國，其教可知也』。這裡
　　的『孔子曰』，未必是出於孔子，但必出於先秦傳承之說。漢儒斷沒
　　有無所傳承而憑空捏造孔子之言的。」《中國經學史的基礎》，頁 47。
13　如朱自清雖以爲《禮記·經解》這一段文字出自於《淮南子·泰族訓》
　　之後，非孔子之言，但卻也說：「孔子的時代正是《詩》以聲爲用到
　　《詩》以義爲用的過渡期，他只能提示《詩》教這意念的條件。到了
　　漢代，這意念才形成，才充分的發展。不過無論怎樣發展，這意念的
　　核心只是德教、政治、學養幾方面……也就是孔子所謂興、觀、群、
　　怨。『溫柔敦厚』一語便從這裡提煉出來。」《詩言志辨》，頁 123。
14　虞集：「聖賢之于《詩》，將以變化其氣質，涵養其德性，優游厭飫，
　　詠嘆淫泆，使有得焉，則所謂溫柔敦厚之教，習與性成，庶幾學《詩》

　　接著需要說明的是「《詩》教的範疇」。孔子雖然為《詩》教思想的總源頭，但是經過春秋戰國到《毛詩》的確立、成形，原本的《詩》教意涵難免有所擴增、調整與轉變，這種擴增、調整與轉變可以在《毛詩序》找到蹤影。《毛詩序》最重視的是詩歌的美刺、諷喻作用與其對社會風俗、國家政治的影響，對於興發感動人心的溫柔敦厚之說則比較不去強調，這種調整或許與荀子有關。[15]這裡牽涉到《詩》教中的另一個問題，即先秦時的《詩》教觀念與漢代之後的《詩》教觀念的差異。今人研究先秦時的《詩》教觀念所取用的材料與研究兩漢之後的《詩》教材料上的差異，是值得我們注意的。因為取材的對象與典籍的性質不同，以致觀點上出現落差，乃是合理且必然的現象。研究先秦時期的《詩》教觀

之道也。」《道園學古錄》，卷31，《四庫全書》，集部，第146冊，頁450。

15 朱自清以為漢儒著述引《詩》學荀子，漢人的《詩》教當以荀子為開山祖師，並以汪中《述學・荀卿子通論》為證，說明荀子為漢人六學開山祖師，四家《詩》除《齊詩》外都有他的傳授，可見他在《詩》學方面的影響。《詩言志辨》，頁111-112。若從《荀子》一書引《詩》用《詩》的一般情形，也可以見出荀子對政治言行的注重。《荀子》書中出現《詩經》句子的地方共83處，其中有7處出自孔子之口，一處為出自曾子，一處為後人所引，真正出自荀子之徵引者共計七十四處。若仔細分析荀子所引用《詩經》的內容，則以大小〈雅〉最多，計〈大雅〉28處，〈小雅〉25處，〈國風〉10處，〈周頌〉7處。在所引〈小雅〉中，有近於〈國風〉的，有近於〈大雅〉的，荀子又偏愛後者。今人蔣年豐分析荀子引《詩》偏重〈雅〉、〈頌〉的原因，歸結於〈雅〉、〈頌〉本身的特點為表現文采教化，勸勉修身修德的特質，及荀子本身注重憲法制的功能。蔣年豐：〈荀子「隆禮義而殺詩書」涵義之重探-從「克明克類」的世界著眼〉，《第一屆中國思想史討論會論文集》（東海大學文學院編印，1989年12月），頁124。從荀子引用〈雅〉、〈頌〉的實際內容也可以見出他注重客觀的社會秩序、理想的政治組織，這和《毛詩》偏於用美刺說《詩》的情況相近。

點或用《詩》方式無疑是以《左傳》、《國語》或子書爲主，
如《論語》、《孟子》、《荀子》、《墨子》等等，春秋的外交使
節、儒生與戰國諸子面對三百篇與後來漢代建立學官之後諸
儒對待《詩經》的態度有明顯的不同。書中引用的詩句，目
的在爲自己的學說作爲張本，或訴諸權威，或顯示博學，或
純爲修飾之用。[16]亦即，此一時期的引《詩》用《詩》，都把
《詩》當作工具來使用，爲自己的學說服務。眞正闡釋的主
體是自己的學說主張，三百篇的詩句成了輔助性的證明或強
化材料，不是詮釋的主體。因此，由此材料所考察出來的《詩》
教觀一定帶有某種程度的各學派主張在內。[17]相反的，兩漢
之後，《詩經》成爲官方承認的國家經典，儘管有古今文之爭，
四家《詩》的解釋也不盡相同，但是對待經典的態度則是一
致的與先秦有所分別。當《詩經》成爲一專門學科時，闡釋
的主體即落實到三百篇本身，而不再是個人的學說主張，[18]因

---

16 參何定生：《詩經今論》（台北：商務印書館，1973 年），頁 11-72、
　　吳萬鐘：〈先秦引詩用詩與毛詩的解釋〉，《經學研究論叢》（台北：學
　　生書局，1999 年），第 7 輯，頁 123。另外要特別強調的是，這裡以
　　《論》、《孟》爲子書，是還原到其在先秦的性質。
17 林耀潾的說法也可參考：「先秦之詩教，就其應用之方式言之，概可
　　分爲二義：以禮樂用途之詩教，典禮歌詩以爲之節，此詩、禮、樂三
　　者相需爲用也；一爲義理用途之詩教，挾詩義以獨行，以詩義爲道德、
　　教育之用也。」〈先秦詩教義述〉，《孔孟學報》第 55 期（1988 年 4
　　月），頁 59。
18 屈萬里：「西漢的博士們好假借經書，來發揮他們的政治哲理（原註：
　　本傅孟眞先生說）因爲要把經學配合政治，就不得不利用經文替自己
　　作註腳，於是『郢書燕說』就疊見層出了。」《詩經詮釋》（台北：聯
　　經出版公司，1986 年），頁 18。話雖不錯，但此爲評論者之語，西漢
　　博士當然自認研究的對象乃是三百篇本身，而其引伸的發揮並非郢書
　　燕說，而是通經致用的靈活詮解。

此，所得出的《詩》教觀自然與先秦時期的《詩》教觀有所差異，特別是，就整個兩漢歷史而言，經學始終佔據著思想文化的統治地位，講究師承與家法的儒者當然不會允許學者讀《詩》可以像以往一樣隨意斷章取義，只是，因為三家《詩》的陸續亡逸，後儒就自然地多以《毛詩》為研究的主體，所說的《詩》教也集中在《毛詩》身上，尤其是《毛詩序》提供的諸多論點。因此我們可以說，自漢以後，經學家眼中的《詩》教主要是指《毛詩》學派的《詩》教，亦即，《毛詩序》不只本身成為研究與解釋的對象，也是塑造經學家《詩》教觀的源頭。《毛詩序》裡的《詩》教觀包括〈大序〉所提點的有關《詩》教的幾個重要觀念，以及〈小序〉慣常運用的「美刺」詮釋方式。我們檢視〈大序〉中蘊含的《詩》教觀點，如由上至下的風化觀、音樂與政治的關連、風雅正變的分隔……等等，[19]以及具體發揮《詩》教的〈小序〉對各篇的詮釋，不難發現這些內容雖然稍微超過了孔子的「興觀群怨」

19　《詩序》：「〈關雎〉，后妃之德也，風之始也，所以風天下而正夫婦也，故用之鄉人焉，用之邦國焉。」這裡已經暗示一種順序，先由夫婦而及於天下，由鄉人而至邦國。故《孔疏》云：「施化之法，自上而下，當天子教諸侯，教大夫，大夫教其民。今此先言風天下而正夫婦焉，既言化及于民，遂從民而廣之，故先鄉人而後邦國也。」《詩序》強調政治與音樂的關係，詩歌反映政治的興衰之說為：「治世之音安以樂，其政和。亂世之音怨以怒，其政乖。亡國之音哀以思，其民困。」《孔疏》：「詩述民志，樂歌民詩，故時政善惡見於音也。」《序》又謂變風變雅之起因為：「至于王道衰，禮義廢，政教失，國異政，家殊俗，而變風變雅作矣。」《孔疏》：「至于王道衰，禮義廢而不行，政教施之無所，遂使諸侯國國異政，下民家家殊俗。詩人見善則美，見惡則刺之，而變風變雅作矣。」《毛詩正義》（台北：藝文印書館，1976），頁 12-16。

之見，但整體《詩序》的內容依然是典型的儒家詩論，其闡述背後，依然蘊藏了「聖人」的觀點。「聖人」當然包含孔子在內，而且還是以孔子為主，但孔子一人的《詩》教觀既然不足以涵蓋所有大、小《序》所揭示的倫理教化之說，故所謂的「聖人」顯然已成複數的集合名詞，且《詩序》也非完成於一人一時之手，因此對於其形成過程與作者身份的討論才會歷經二千年，而迄今仍無眾所公認的定論，亦即，我們在言及《詩序》之來歷時，必須肯定其非固定之某人所作，而是出自所謂的「作者群」。

　　既然後儒所謂《詩》教多集中在《毛詩》的整體教化觀點與詮釋內容上，那麼檢視一位《詩經》學者對於《詩序》的接受程度，就是瞭解其解經態度的最便捷方式了。嚴粲如何看待《詩序》？基本上他尊重《詩序》，但認為篇題之下一句為國史所題，其下為說《詩》者之辭；前者他名為「首序」，後者為「後序」。（詳《詩緝》卷前〈詩緝條例〉，頁 6）他接受首序對詩篇主題的詮釋，至於後序，他則視情況來決定是否接受。如〈周南·葛覃·序〉云：「〈葛覃〉，后妃之本也。后妃在父母家，則志在於女功之事，恭儉節用，服澣濯之衣，尊敬師傅，則可以歸安父母，化天下以婦道也。」嚴粲云：「本者，務本也。國史所題，此一語而已。其下則說《詩》者之辭，如言在父母家，則志在女功之事，非詩意也。」（《詩緝》，卷 1，頁 18）不過他對於後序也多數尊重，並且不忘提醒讀者，後序有其價值，例如〈常棣·序〉云：「〈常棣〉，燕兄弟也。閔管蔡之失道，故作〈常棣〉焉。」嚴粲特別標出這一

句：「讀此詩，知後序亦有不可廢者矣。」（卷17，頁10）至於〈詩大序〉的諸多論點，他在《詩緝》卷一中有詳細的申述，僅對〈大序〉以「政有小大」來作大小二〈雅〉的區分標準表示異議：

> 以政之小大為二〈雅〉之別，驗之經而不合，李氏以為大序者，經師次輯其所傳授之辭，不能無附益之失，其說是也。……〈雅〉之小大，特以其體之不同耳。蓋優柔委曲，意在言外者，風之體也。明白正大，直言其事者，雅之體也。純乎雅之體者為雅之大，雜乎風之體者為雅之小。（卷1，頁10）

此外，他認為〈關雎・序〉所云「樂得淑女」以下數語，乃「經師因孔子之言而增益之耳，所謂不淫其色，哀窈窕，皆非詩之旨也」，（《詩緝》，卷1，頁14），但若依朱子之見，〈大序〉指的是〈關雎・序〉從「詩者，志之所之也」至「詩之至也」一段，[20]則嚴粲對於〈大序〉所批評仍僅一處。撇開這些細節不論，我們可以說嚴粲撰寫《詩緝》時，對於《詩序》說教型的詮釋是接受的，而這也正表示他撰寫《詩緝》的目的依然是「以《詩》說教」。

（二）聖人的解釋觀點

20　《朱子語類》（台北：華世出版社，1987年），卷80，第6冊，頁2071。

　　傳統經學家視《詩》為「聖經」，嚴粲在解說三百篇時，也常常運用聖人的視界，從聖人《詩》教的角度去解說詩旨。如〈邶風‧綠衣‧序〉云：「衛莊姜傷己也。妾上僭，夫人失位而作是詩也。」嚴粲則云：「莊公溺愛亂常，實胎衛禍。聖人存〈綠衣〉以明夫婦治道之原，申二〈南〉之義，以垂世戒，非取女子之怨也。」（卷3，頁6）解釋《詩序》的「傷己」之說，以為《詩經》中保存〈綠衣〉並非純粹只是說明莊姜個人的處境，只取其自怨自艾之詞，而是聖人要以之為垂教後世的教材。對夫婦之道為治亂之源始之說，同樣的見於對〈邶風‧二子乘舟〉的詩旨解釋。對於衛宣公殺伋、壽二公子，以朔為世子，引起衛國的內亂，最後導致戎狄滅國的命運，嚴粲以為：「推原亂根，始於夫婦之不正，衽席之禍一至於此邪！以是知《詩》首〈關雎〉，聖人之意深遠矣。」（卷4，頁24）

　　依嚴粲之理解，聖人《詩》教的內涵除了具體表現在《詩序》的文字裡，也可以從聖人對《詩經》的編輯次序與詩篇的取捨中見出端倪。如聖人收錄〈鄘風‧柏舟〉的用意在於彰顯「禮義」教化作用之深厚，雖亂世亦不改其初衷。〈鄭風‧狡童〉之「狡童」非指鄭昭公，因為「聖人刪《詩》以垂世教，安取目君為狡童乎？」而面對「鄭聲淫」卻又存〈鄭風〉的矛盾，嚴粲以聖人「所存以為世戒」來詮釋。〈齊風‧雞鳴〉有兒女綺旎之語，聖人卻存之，其用意在於「著此以見閨門淫昵之私，無隱不顯也，為戒深矣」。〈陳風‧宛丘‧後序〉之說導致後儒解說為淫人自作之詩，嚴粲嚴正地予以推翻，

並解說爲「作者刺淫者，非淫者自作」，理由是「聖人何取淫人之言著之爲經，而使天下後世諷誦之邪！」〈陳風·澤陂〉亦爲「刺淫之詩，非淫者自作」，因爲「聖人存之以立世教，使後世知爲不善於隱微之地，人得而知之，惡名播於無窮而不可湔洗，欲其戒愼恐懼也」。〈大雅·生民〉中姜嫄履帝之跡而生后稷之說不可信，除了「《詩》、《書》凡言天帝而假人事言之者，皆形容之詞」外，還有另一原因，即「姜嫄無人道而生子，謬於理而防於教，莫此爲甚。神怪之事，聖人所不語。若詩言巨跡，聖人刪之久矣」。[21]這種聖人藉刪存《詩經》以見其教化的用心之說不是嚴粲個人獨創的觀點，也不能說僅是得自《史記》的啓發，[22]因爲在他之前，呂祖謙與朱子就辯論過相關議題，呂祖謙認爲：

　　　仲尼謂「《詩》三百，一言以蔽之，曰：思無邪」。詩

21　嚴粲於〈鄘風·柏舟·序〉下云：「衛風靡矣，女子之著然自守者不多得也，故聖人錄之。禮義之在人心，雖大亂而不泯，其王澤之猶存也歟！」卷5，頁1。〈鄭風·狡童〉之說見卷8，頁28-29。關於「鄭聲淫」的說法，見卷8，頁42。嚴粲於〈溱洧〉詩後云：「鄭衛皆淫聲⋯⋯孔子所存以爲世戒也。聖筆所刪多矣，鄭聲淫者舉其大體言之。」〈齊風·雞鳴〉之說見卷8，頁3。〈陳風·宛丘〉之說見卷13，頁3。〈齊風·澤陂〉之說見卷13，頁15。嚴粲又云：「讀《詩》者能無邪爾思，則凜然見聖人立教之嚴矣。」〈大雅·生民〉之說見卷27，頁3。

22　〈孔子世家〉：「古者詩三千餘篇，及至孔子，去其重，取可施於禮義，上采契、后稷，中述殷、周之盛，至幽、厲之缺，始於衽席，故曰關雎之亂以爲風始，鹿鳴爲小雅始，文王爲大雅始，清廟爲頌始。三百五篇，孔子皆弦歌之，以求合韶、武、雅、頌之音。禮樂自此可得而述，以備王道，成六藝。」《史記》（台北：啓業書局，1977年），第3冊，頁1936-1937。

人以無邪之思作之，學者亦以無邪之思讀觀之，閔惜懲創之意，隱然自見於言外矣。……詩，雅樂也，祭祀朝聘之所用也。桑間、濮上之音，鄭、衛之樂也，世俗之所用也。雅、鄭不同部，其來尚矣。戰國之際，魏文侯與子夏言古樂、新樂，齊宣王與孟子言古樂、今樂，蓋皆別而言之，雖今之世太常教坊各有司局，初不相亂，況上而春秋之世，寧有編鄭、衛樂曲於雅音中之理乎？〈桑中〉、〈溱洧〉諸篇作於周道之衰，其聲雖已降於煩促，而猶止於中聲，荀卿獨能知之，其辭雖近於諷一勸百，然猶止於禮樂，〈大敘〉獨能知之。仲尼錄之於經，所以謹世、變之始也，惜使仲尼之前，雅鄭果嘗龐雜，自衛返魯正樂之時，所當正者無大於此矣。……於鄭聲亟欲放之，豈有刪詩示萬世，反收鄭聲，以備六義乎？[23]

依呂氏之意，孔子所謂「思無邪」意指詩人作詩之時，心思無邪，故讀者只要以無邪之思讀詩，自可見出詩的言外之意，而孔子雖自言「鄭聲淫」，[24]但聲與詩可以分離，故「鄭聲淫」不必然表示「《鄭風》淫」。朱子的看法與之不同，他說：

孔子之稱「思無邪」也，以為《詩》三百勸善懲惡，

---

23 《呂氏家塾讀詩記》，卷 6，《四庫全書》，經部，第 73 冊，頁 390。
24 〈衛靈公〉記載：「顏淵問為邦。子曰：『行夏之時，乘殷之輅，服周之冕，樂則〈韶〉舞。放鄭聲，遠佞人。鄭聲淫，佞人殆。』」《論語注疏》（台北：藝文印書館，1976 年），頁 138。

雖其要歸，無不出於正，然未有若此言之約且盡者耳。非以作詩之人所思皆無邪也。今必曰：彼以無邪之思，鋪陳淫亂之事，而閔惜懲創之意，自見於言外，則曷若曰：彼雖以有邪之思作之，而我以無邪之思讀之，則彼之自狀其醜者，乃所以為吾警惕懲創之資邪？而況曲為訓說，而求其無邪於彼，不若反而得之於我之易也。巧為辨數，而歸其無邪於彼，不若反而責之於我之切也。[25]

又說：

雅、鄭二字，「雅」恐便是大、小〈雅〉，「鄭」恐便是〈鄭風〉，不應概以〈風〉為「雅」，又於〈鄭風〉之外別求「鄭聲」也。聖人刪錄，取其惡者以為戒，無非教者，豈必滅其籍哉？[26]

這是以為孔子所說的「思無邪」指的是詩人作詩之時帶有邪念，讀者只要以無邪之思閱讀其作品，仍可收提點警醒之效，而孔子既然說「鄭聲淫」，那麼〈鄭風〉當然就是惡詩，聖人保存這些作品自有其告誡之用心。

　　嚴粲對於此一問題的意見，我們可以從其解說〈鄭風‧

25 郭齊、尹波點校：《朱熹集》（成都：四川教育出版社，1996 年），第6 冊，頁 3650-3651。

26 朱鑑：《詩傳遺說》，卷 2，《通志堂經解》（台北：漢京文化公司，1985 年），第 17 冊，頁 10081。

溱洧〉與〈陳風‧澤陂〉見出頭緒：

> 鄭、衛多淫詩，衛由上之化，鄭由時之亂也。……鄭、
> 衛皆淫聲，孔子獨先於鄭，今鄭之淫詩顧少於衛，何
> 也？詩之見在者，孔子所存以為世戒也。聖筆所刪多
> 矣。言鄭聲淫者，舉其大體言之，不繫今詩之多寡，
> 不必盡黜國史所題，例目之為男女之詩，以求合於「鄭
> 聲淫」之說。（卷8，頁41～42）……此詩（按：指〈澤
> 陂〉）言寤寐無為，刺靈公君臣惟知好色而不知其他
> 焉。知為作者刺淫者，變風多男女之詩。或疑似後世
> 艷曲，聖人宜刪之，非也。刺淫之詩，非淫者自作，
> 乃時人作詩，譏刺其如此，所謂「思無邪」也。聖人
> 存之以立教，使後世知為不善於隱微之地，人得而知
> 之，惡名播於無窮，而不可澌洗，欲其戒謹恐懼也。
> 讀詩者能無邪爾思，則凜然見聖人立教之嚴矣。（卷
> 13，頁15）

除了孔子自言「鄭聲淫」，《禮記》亦謂「鄭衛之音，亂世之
音也，比於慢矣」，[27]因此嚴粲承認鄭、衛「多淫詩」、「皆淫
聲」，這非常接近朱子「鄭聲淫即鄭詩淫惡」之說，差別在於
他強調〈鄭風〉中的淫詩少於〈衛風〉，當然這是以所謂國史
所作的〈首序〉之解題來作判斷，不足為據，但如此一來就

27　《禮記正義》，頁665。

與朱子所說的有些許差異了。此外，嚴粲認爲與男女情愛有
關之詩爲刺淫之作，特爲聖人所存留以立教，故解「思無邪」
爲作者無邪，讀者也需無邪，此一見解與呂祖謙同。因此，
與其認爲嚴粲的聖人藉刪存詩篇以見其教化的用心之說得於
《史記》，毋寧說是來自朱子與呂祖謙詩論的整合。不過，嚴
粲對於〈魯頌〉另有一番見地，他同意孔穎達、成伯璵、歐
陽修、王質等人之說，以爲〈魯頌〉乃「變〈頌〉」，但他特
別強調聖人不刪〈魯頌〉之用意爲「著魯之僭，而傷周之衰」，
而嚴粲所以如此推論，其背後的用心仍在於對《詩》教的堅
持。[28]當然，這個決定詩篇去留，藉著刪存以見《詩》教的

---

28 嚴粲把〈魯頌〉說成「變〈頌〉」，認爲是魯國僭越周王朝的制度，竟
　然用了天子才能有的體裁「頌」來寫詩，而孔子卻又不刪，反而保存
　下來，其用心在於彰顯魯國之惡。嚴粲云：「〈雅〉、〈頌〉天子之詩也，
　〈頌〉非所施於魯，況頌其郊乎？考其實則非，揆其禮則誅。汰哉克
　也，不如林放矣！」《詩緝》，卷 35，頁 2。按：孔穎達云：「僖公能
　遵伯禽之法，尙爲魯人所頌，則伯禽之德，自然堪爲頌矣。所以無伯
　禽頌者，伯禽以成王元年受封於魯，於時天下太平，四海如一，歌頌
　之作，事歸天子，列國未有變風，魯人不當作頌。」《毛詩正義》，頁
　762。孔氏謂成王盛世，不得有變風，魯人自然不當爲伯禽作頌，言
　下之意，東周惠王、襄王時代的僖公有頌，即爲變詩。依成伯璵之見，
　「有正即有變，〈風〉、〈雅〉既有變，〈頌〉亦有變，自〈王〉、〈衞〉
　至〈豳〉詩爲變〈風〉，自〈六月〉之詩至〈何草不黃〉爲變〈小雅〉，
　自〈民勞〉至〈召旻〉爲變〈大雅〉。〈風〉、〈雅〉之變自幽、厲尤甚；
　魯、殷爲變〈頌〉，多陳變亂之辭也」。《毛詩指說》，《四庫全書》，經
　部，第 64 冊，頁 172。孔、成二氏未說明孔子保留變詩之〈魯頌〉
　之故，嚴粲則直指聖人不刪〈魯頌〉之用意爲「著魯之僭，而傷周之
　衰」，這當然是純屬推測之辭，不過，我們無法確定此說是否得自歐
　陽修的啓發，歐陽修認爲，〈魯頌〉非頌，乃不得已而名之，「四篇之
　體，不免變風之例爾，何頌乎！〈頌〉惟一章，而〈魯頌〉章句不等。
　頌無頌字之號，而今四篇皆有，其《序》曰：『季孫行父請命于周，
　而史克作之。』亦未離乎彊也。……聖人所以列爲〈頌〉者，其說有
　二，貶魯之彊，一也。勸諸侯之不及，二也。請於天子，其非彊乎？

聖人，嚴粲認同司馬遷的意見，乃是孔子。[29]

（三）「美刺」之說的繼承

1.美刺說與《春秋》書法相通

　　嚴粲繼承的《詩》教觀除了傳統的聖人之說外，對於〈小序〉裡的「美刺」說也全部接受。他對「美刺」說的闡釋除了用溫柔敦厚的風教觀點解說之外，也從「《春秋》書法」一字寓褒貶的角度來解釋。如〈衛風・芄蘭・序〉云：「刺惠公也。」嚴粲將〈芄蘭〉與〈鄭風・有女同車〉、〈山有扶蘇〉、〈蘀兮〉、〈狡童〉等篇〈小序〉云「刺忽也」對看，以爲：「〈首序〉稱『惠公』稱『忽』皆用《春秋》書法，知經聖人之手矣。」所以，類似的話又出現在〈鄭風・有女同車・序〉下：「此〈首序〉稱『忽』，〈擊鼓〉稱『州吁』、〈墓門〉稱『陳佗』，皆用《春秋》書法，知經聖人之手矣。」[30]因此，嚴粲

特取於魯，其非勸乎？或曰：何謂勸？曰：僖公之善，不過復土宇，修宮室，大牧養之法爾。聖人猶不敢遺之，使當時諸侯有過於僖公之善者，聖人忍絕去而不存之乎？故曰勸爾。而鄭氏謂之備三頌，何哉！大抵不列於風，而與其爲頌者，所謂『憫周之失，貶魯之彊』是矣，豈鄭氏之云乎！」《詩本義》，卷14，〈魯頌解〉，《四庫全書》，經部，第70冊，頁298-299。

29 〈孔子世家〉之說與嚴粲的〈溱洧〉已見前引，嚴粲又於〈豳風〉之首云：「變風迄〈豳〉，反周之初。……今《詩》之次第，孔子所定也。降秦於唐而擊豳以終之，蓋一經聖人之手而旨趣深矣。」《詩緝》，卷16，頁2。

30 嚴粲於〈衛風・芄蘭・序〉下云：「衛惠公、鄭昭公皆見逐。惠公拒天子之師以入衛，《春秋》不言『復』。然以其終得國也，故出入皆稱『衛侯』。忽以世子當立，然以其終失國也，故出入皆稱『忽』。此聖人書法之嚴也。」卷6，頁19。於〈鄭風・有女同車・序〉下云：「《春

以爲，〈鄭風・叔于田・序〉云「刺莊公也」與「《春秋》書『鄭伯克段』譏失教之意同」（詳卷 8，頁 8）；〈清人・序〉云「刺文公也」與「《春秋經》書『鄭棄其師』」罪文公之意同（詳卷 8，頁 14）；〈豳風・鴟鴞・序〉云「周公救亂也」之「救亂」也是用《春秋》書法。（詳卷 16，頁 18）。

　　嚴粲將《詩經》與《春秋》相連著看，以爲兩者間可以相通，而相通的基礎就在於教化的功能。「美刺」與「褒貶」都有諷喻、警惕、教化之用，而這也和《孟子》「《詩》亡，然後《春秋》作」的說法相通。孟子也是從兩者實際的政教功能來連結《詩經》與《春秋》。[31]雖然如此，但也偶有遭遇《春秋》與《詩》相矛盾的時候，依《春秋》的記載，某位王公的形象應該是負面、否定的，但是《詩序》卻說是「美」。如此一來，爲了消除兩者相衝突的矛盾，嚴粲只好花費更多的心血來調解中間的對立。如〈秦風・無衣・序〉云：「美晉武公也。」但是從《春秋》上的記載，武公曾五次入晉，奪取晉國王位，而國人都拒絕承認武公的正當性。直到武公以

秋》桓五年，經書『鄭忽出奔衛』，以其失國故不稱『子』。十五年，經書『鄭世子忽復歸于鄭』，以其歸國故稱『世子』，以其終失國，出入皆不稱『鄭伯』。」《詩緝》，卷 8，頁 23。

31 糜文開、裴普賢：「在孟子的心目中，《詩經》是負有時代使命的（客觀地說是王者之迹的表現與記錄），地位極高，說孔子作《春秋》來接替《詩經》的時代使命，所以提高《春秋》的地位。孟子以前沒有人講到《春秋》的，從孟子開始才推崇《春秋》，所以要與大家重視的《詩經》來比附。」《詩經欣賞與研究》（台北：三民書局，1991年），第 4 冊，頁 163-164。二氏以爲孟子是從《春秋》具有記載王者之　的功能，具有與《詩經》相類似的「美刺」諷喻功能，所以才推崇《春秋》，將《春秋》與《詩經》相比附；筆者認爲此一判斷是合理的。

寶器賄賂周僖王，晉人才迫於王命不得不承認武公。嚴粲稱
武公先有「無王之心，而後動於惡」，以一臣子的身份行篡弒
之事，是「王法之所不容誅也」。而《詩序》云「美」，是武
公之大夫爲之請命於周天子，故而稱美之，非晉人稱美。又
以唐代藩鎮爲例，說武公「與唐藩鎮戕其主帥而代之，以坐
邀旌節者無以異」，而《詩經》中收錄此篇，聖人不刪的原因
就在「著世變之窮而傷周之衰也」。傷周王朝王權衰落，無法
掌控諸侯國，使諸侯國篡亂，綱紀蕩然，名分不存。所以用
司馬光作《資治通鑑》始於三家分晉爲例，說明司馬光之意
與聖人之意同。（詳卷 11，頁 21～23）由此可知嚴粲對《詩》
教中「名分」的重視，所以花費了七百一十六個字來闡述他
的看法。

2.美刺說與言外之意的關聯

　　《詩》教中的美刺說除了可以從「《春秋》書法」的觀點
來解說，嚴粲也從「言外之意」的方式來發揮這種「美刺」
之說。與「《春秋》書法」不同的是，嚴粲在拿《春秋》來解
說《詩經》時，是把二者放在等同的位置看待，將詩與史視
爲具有等同的鑒戒作用，注重「刺」的作用。而用「言外之
意」的解釋策略來解說《詩序》的「美刺」時，強調的是「感
化」的作用，強調「溫柔敦厚」的體會方式。前者較爲生冷
剛硬，而後者則較爲溫厚柔軟。這種說《詩》方式才是嚴粲
與人印象最深的解《詩》方式，也最能表現嚴粲的《詩》教
觀。

在說明嚴粲以「言外之意」解說《詩經》之前，必須對「言外之意」的意義稍作解釋。與「言外之意」相對的就是「言內之意」，一首詩如果同時具有言內與言外二種「意」，則何者才是這首詩眞正的「意」？顯然的，傳統的文論家或讀者，都以「言外之意」爲他們論說闡述的重點。而以「言外之意」來解說《詩經》時牽涉了二個重要的問題。其一爲「言外之意」的「意」所指爲何？其二爲「言外之意」爲何人之意？「意」有「意義」、「意味」、「意涵」等許多不同的解釋可能。而「言外之意」的「意」字，應該更傾向於「意味」的解釋。如徐復觀（1903～1982）先生所說的，傳統對於詩歌作品中所呈現的「意」的理解，絕不單純是指稱以詞本身爲基底的所謂「意義」的意，而應該是比語詞本身明確的指示意義有更寬廣的情感層次上所謂「意味」的意。[32]這個強調「情感」的意味的「意」，不止說明了作者（詩人）創作時的內在心緒，也說明了詮釋者在詮釋時追求的最終目標。

　　將「言外之意」歸屬於詩人的言外之意，而且是後來詮釋者追求的最終目標，和中國的詮釋傳統有關。[33]且就中國

---

32 徐復觀：「意義的意，是以某種明確的意識爲其內容；而意味的意，則並不包含某種明確意識，而只是流動著一片情感的朦朧縹緲的情調。此乃詩之所以爲詩的更直接表現，所以是更合於詩的本質的詩。」〈釋詩的比興－重新奠定中國詩的欣賞基礎〉，《中國文學論集》（台北：學生書局，1974 年），頁 114。

33 車行健在說明《詩經》的多重義旨時曾區分出「本義」與「旁義」，又以美國文論家赫許（E.D.Hirsch，Jr.，1928~）對「意義」（meaning）與「意含」（significance）的界定爲例，判定從追求詮釋的妥效性或尋求正確解釋的角度而言，仍應以「本義」或「正義」爲詮釋的目標、對象。而「本義」可能有兩個層次：由語言文字所構成的文本本身所

文化傳統而言，一旦論及「意義」時，必然要涉及「作者意
向」的層次，最明顯的莫如漢代學者對孔子《春秋》中微言
大義的詮釋。因此，在這種文化傳統中，「語言的使用反映了
使用者對於人物或事件的情感態度與道德裁斷等主觀的個人
意向」，[34]這說明了漢儒解釋《詩經》時傾向於從政治、道德
的角度看待三百篇的原因。但是擺在《詩經》詮釋史上來說，
後來的學者在詮釋三百篇的詩文時，他們所追求的言外之意
往往不只是作詩者的言外之意，而是編《詩》者、序《詩》
者的聖人、國史之意。嚴粲就是如此，從上述嚴粲對「聖人」
《詩》教觀的堅持便可知一二。因此，在《詩緝》裡說的「言
外之意」有絕大部分其實都是聖人、國史的言外之意。

　　嚴粲的「言外之意」解釋策略，對於《詩序》的「美刺」
說具有一定的調解作用，如詩文本身言美，但《序》卻言刺，
或詩文言刺，《序》文卻言美，此時其策略就產生了效果。[35]

顯示的意義，即「作品本義」；隱藏在文本之外的作者創作意圖，即
「作者本意」。這二重意（義）之間何者為優？車氏以為在儒家「託
意言志」的傳統之下，詮釋者追求的目標當然是以「作者本意」為終
極的詮釋目標。詳《詩本義析論》（台北：里仁出版社，2002 年），
頁 6-29。
34 關於中國文化傳統一旦論及「意義」時，必然要涉及「作者意向」的
層次，且是偏向於道德裁斷的意向之說，參見蔡英俊：《中國古典詩
論中語言與意義的論題》，頁 14-15。
35 詩文本身言美，但《序》卻言刺，如〈鄘風·君子偕老·序〉言：「刺
衛夫人也。夫人淫亂，失事君子之道，故陳人君之德，服飾之盛，宜
與君子偕老也。」但全詩皆言夫人服飾之盛，容貌之尊，不及淫亂之
事。嚴粲除了說詩文中間「子之不淑」一句透露了譏刺之意外，又說
末章重言「瑳兮瑳兮」，又形容其眉目額角之美，但是「嘆息不滿之
意見於言外」。卷 5，頁 9。詩文言刺，《序》文言美，如〈齊風·雞
鳴·序〉：「思賢妃也。哀公荒淫怠慢，故陳賢妃貞女，夙夜警戒，相

此外，嚴粲更常將「言外之意」與「風」字相結合，強調「諷刺」與「風化」的作用。因此，二〈南〉之詩多風化，十三國之詩多諷刺。如說〈周南・葛覃〉：「味詩人言外之意，可以見文王齊家之道矣。」（卷1，頁19）說〈螽斯〉：「此詩之意全在『宜爾』二字，風人意在言外。見后妃子孫眾多，但言宜其如此，使人自思其所以宜者何故，而不明言之，謂由不　忌而致此也。」（卷1，頁26）說〈召南・鵲巢〉爲：「風人意在言外。凡言人之賢，但稱其服飾之美，此言夫人之德，亦但稱其坐享成業，是其有德以稱之，自見於言外矣。」（卷2，頁2）說〈邶風・綠衣〉：「風人含不盡之意」。因爲「此但敘離別之恨，而子弒國危之戚皆隱然在不言之中矣。」（卷3，頁9）將「風人之意」說成寄寓於「言外」，顯然嚴粲強調體悟、默會的作用。所以解說〈衛風・河廣〉云：「思子之情，隱然於言外矣。」（卷6，頁22）說「昭公若會其（按：指〈唐風・山有樞〉）言外之意，必矍然知懼，汲汲然思所以爲防患之計」，（卷11，頁7）說召康公作〈卷阿〉欲以戒成王，欲其求賢用吉士。其詞「婉轉反覆，使人再三歌詠而後悟。蓋其深意所寓，實在此篇」，而成王若深味乎康公之言，則「可以默會矣」。（詳卷28，頁16～17）類此例子極多，而嚴粲的好將「風」與「意在言外」相連結，除了說明他重視《詩》教中風刺、風化的作用，也和他對〈國風〉這一詩體

成之道也。」全詩內容卻只描寫一怠慢偷惰之情態，似未見有思賢之意。嚴粲云：「此詩直刺荒淫，《序》言『思賢妃』者，詩人言外之意也。」卷9，頁2。

的基本認識有關。嚴粲說：「蓋優柔委曲，意在言外者，風之體也。」（卷 1，頁 10）又說：「變〈風〉之體，意在言外。」（卷 9，頁 22）「〈國風〉、〈小雅〉多寓意於言外。」（卷 23，頁 20）這種見解當然源自於傳統的《詩》教觀。

三、以經解經、以傳解經的詮釋法

　　以經解經、以傳解經為傳統的解經方法，不只是傳統經學家的治經方法，也是理學家、文學家都會運用的方法。但是他們彼此之間對於這些方法的運用顯然有差別，這也是本節所欲說明的。以經、傳解經作為一種傳統的解經方式，可上溯至兩漢時期經生的章句訓詁之學。這種解經的概念和西方詮釋學中要求客觀詮釋的詮釋方法很接近。36就經學史上

36　例如義大利的貝蒂（Emilie Betti）就是把方法問題當作詮釋學的基礎，他的詮釋的四個原則中，很重要的一個是，詮釋的客體之自律性（Autonomie）原則。依他之見，「含有意義的形式」，即被理解的「本文」是獨立存在的。本文的獨立性意味著，它的意義不僅不依賴於理解者，而且不取決於它的作者。雖然作品凝結了作者的主觀性，它的形成過程為作者的主觀意向所制約，但它一經形成，並作為人們的理解對象，便具有獨立的意義。本文在理解者面前只是一個客觀的對象，它的意義存在於它的內在結構之中。意義的客觀性之根據便在於此。貝蒂強調被理解對象的內在意義，他認定對象獨立於理解者，任何被理解的「本文」，都有其「客觀意義」，理解從主體的參與入手，達到的是客體化的建構。因此，闡釋者所能夠完成的，只是闡明含有意義的形式本身蘊含的內容，他應排除自己的旨趣和意向中的隨意性，尊重本文所賴以形成的時尚和倫理價值觀，把握事實真相。詳潘德榮：《詮釋學導論》，頁149-150。另外，哲學詮釋學的第一位經典作家狄爾泰（Wilhelm Dilthey, 1833-1911），也有學者指出，其「客觀詮釋」的主張，使他的詮釋學依然停留在施萊馬赫的「方法論詮釋學」的範疇內，詳陳榮華：《葛達瑪詮釋學與中國哲學的詮釋》（台北：明文書局，1998 年），頁 9-12。

所謂漢學、宋學的不同學派爭論來看，以經、傳解經爲清代
漢學家所強調的根本方式之一。因此，無論從源頭還是發展
的末流，嚴粲的以經、傳解經治經方法，都與漢代、清代的
經學有關。所謂「有關」不是指學術史上學派之間的影響或
傳承關係，而是指方法上的相近問題。從嚴粲解《詩》的方
法與漢代、清代經學家相近的這一點，可以突顯出某些問題，
包括漢宋學之爭中對宋學的定位問題，以及嚴粲《詩緝》的
特殊性。

　　以經、傳解經的具體內涵爲何？它除了是一種具體可行
的解經方法、操作手段之外，筆者以爲在解經的過程中，其
實蘊含了另一層次的問題。即「以經、傳解經」不只是方法
上的技術問題，也是對待經書的態度問題。嚴粲在解說三百
篇各章義旨、字句意義時，用其他篇章的字句來解說此章，
除了反映他對《詩經》文本的尊重態度，也透露了他在解經
前預存的基點，把三百篇視爲一個整體、完整的意義結構。
所有個別的字句，其意義必須在整體的三百篇背景之下詮
釋，如此所得出的意義才是最正確的。這種詮釋觀點說明了
嚴粲追求「客觀」詮釋的傾向，這種「客觀」的詮釋角度與
當時宋代流行的學風相比，自然有其特殊的意義。同樣的，
以傳解經的方式表現在《詩緝》裡，也有著不同的意義。嚴
粲在解說章句或字義時，都會參考舊有的注疏之說，若無異
議，則直接引用，若有異議，則加以辯別。這種對舊注疏之
說的重視，與當時宋人解說《詩經》的擺落舊說、舊注，以
一己之見解釋詩句、詩旨的方式相比，更顯得他「經學家」

的特色。

（一）以經解經的具體內涵分析

　　所謂「以經解經」的詮釋方法，並無具體的條例可循，但其主要的觀念在於強調經文本身的權威，強調經文的意旨是由經文中的字句的意義所決定，而經文字句的意義又與經文的意旨脫離不了關係。類似於西方詮釋學所說的「詮釋循環」，整體與部分之間的關係。[37]而以「經」解「經」的種類大約可分為二種，以本經解本經與以他經解本經。就解釋的效力而言，又以前者為最佳，後者居次。以下就這二種類型的解經方法分別加以論述。

1.以本經解本經

　　以本經解釋本經為追求客觀詮釋最佳的解經方法，也是嚴粲最常用的解《詩》方式。在諸多以《詩》解《詩》的具體行文裡，可以把握嚴粲追求客觀的解《詩》方法，大約有

---

37 施萊馬赫認為一段文字必須放在它原來所處的脈絡中去理解，而理解部分之前得先理解整體，理解了部分之後，更能理解意義的掌握，最終掌握作者的想法。不過，影響及施萊馬赫的阿斯特（Ast Georg Anton Friedrich, 1778-1841）已經非常堅持詮釋學中的部分與整體之解釋的循環了，詳洪漢鼎：《詮釋學史》（台北：桂冠圖書公司，2002年），頁 60-66。按：在西方，循環論的的理解觀點起源於對《聖經》的解釋。神學家從語意分析的角度總結出了詮釋學的一個基本規則：單個的語詞只有被置於本文的整體之中，才能被正確理解。不過這種關係不是單向的，被正確理解的語詞復又深化了對本文整體的理解，在語詞（部分）和本文（整體）之間形成了一個詮釋的循環。他們認為，唯有通過此一循環，才能揭示經典中所隱含著的「神聖絕對」的意義。詳潘德榮：《詮釋學導論》，頁 102。

幾項：同一詞句在《詩經》裡有幾種意思；以上下文意脈絡解詩；以句法、句型解詩；以古人行文習慣解詩等等。在這些方法中，最能凸顯以本經解釋本經特色的為第一種。透過歸納的方式，考察同一組詞句出現在三百篇中，具有幾種意義，藉著基本的統計與歸納，證明凡是經中出現這一組詞語，都作某解，或者計有某幾種解釋。如同一「德音」，在《詩經》中共出現過十次，總的解說為「有德之聲音」，但「有德之聲音」又包含了三層意思，即「言語」、「教令」與「聲名」。嚴粲解〈大雅‧假樂〉之「威儀抑抑，德音秩秩」云：

> 音，聲也。德音，有德之聲音也。言語、教令、聲名，皆可稱德音也。此詩「德音秩秩」可以為言語、教令，不可以為聲名；〈皇矣〉「貊其德音」可以為教令、聲名，不可以為言語；〈南山有臺〉「德音不已」、「德音是茂」及〈有女同車〉「德音不忘」、〈車舝〉「德音來括」，皆聲名也；〈小戎〉「秩秩德音」、〈鹿鳴〉「德音孔昭」、〈日月〉「德音無良」、〈邶‧谷風〉「德音莫違」，皆言語也。（卷27，頁29）

這種歸納分析的解釋方法，其背後的依據全是《詩經》本文，除非其資料有疏漏，或解讀出了差錯，其得出的結論擁有很高的可信度。[38]上述實例可以見出嚴粲不拘執於一種解釋，

---

38 徐復觀曾經表示歸納法遠勝演繹法：「其（按：指王念孫）《讀書雜志》一書，為治國學者所必讀之書，蓋彼在文義上有切近之歸納勾稽，而

仍會由上下文意判斷「德音」的可能意涵，作出三種「德音」
的主要意義，可見他客觀、審慎的解經態度，以是，即使常
常駁斥嚴粲的陳啓源也不得不接受他的說法。[39]又如說《詩》
中有六個「祁祁」，共有二種意義，即舒遲與眾多：「〈采蘩〉
『被之祁祁』，《傳》云：『祁祁，舒遲也。』〈甫田〉『興雨祁
祁』，《傳》云：『徐也。』〈韓奕〉『祁祁如雲』，《傳》云：『徐
靚也。』皆爲舒遲之意。此〈七月〉及〈出車〉『采蘩祁祁』、
〈玄鳥〉『來假祁祁』，皆爲眾多。」（卷 16，頁 6）[40]嚴粲對
「祁祁」的解釋依據，顯然來自於《毛傳》，但從〈采蘩〉的

不輕作臆測式之演繹也。其子王引之，則多走向演繹一途矣。」《中
國思想史論集》（台北：學生書局，1979 年），頁 208。按：與徐氏所
說相反，演繹法是公認有效的論證方式，當然論證的所有前提若都是
真的，那才是真正的安當論證。歸納論證則是要我們突破個別事例的
限制，從中推論出具有普遍性的結論，但此種論證卻非有效論證，其
所得到的結論不必然爲真，只是，作爲前提的個別事例若數量多、範
圍廣，則前提對結論的支持也會顯得強勁。總之，歸納與演繹兩法各
有得失，前者所得之結論不必然爲真，後者雖然論證方式有效，但若
前提若是假的，則其結論依然錯誤。詳伊文・柯比（Irving M. Copi）
著，張身華譯：《邏輯概論》（台北：幼獅書店，1972 年），85-212。
杜松柏：《國學治學方法》（台北：弘道書局，1980 年），頁 269-278。
另外，我們也必須指出，本文所謂嚴粲採用歸納的方式解經，主要是
說他探取整理歸結的工夫，與一般我們常說的歸納論證法仍有些許差
異。

39 《四庫提要》謂陳啓源《毛詩稽古編》：「所辨正者，惟朱子《集傳》
爲多，歐陽修《詩本義》、呂祖謙《讀詩記》次之，《嚴緝》又次之。」
《四庫全書總目》，第 1 冊，頁 359。又陳啓源於《毛詩稽古編》第 3
卷〈邶・谷風〉下亦云：「德音屢見《詩》，或指名譽，或指號令，或
指語言，各有攸當。《嚴緝》辯之甚詳。」《皇清經解毛詩類彙編》（臺
北：藝文印書館，1986 年），頁 27。
40 此段文字「甫田」應作「大田」，〈大田〉屬〈甫田之什〉，或許嚴粲
筆誤亦未可知。

上下文句訓解可知《毛傳》的解釋並非絕對無暇，[41]一旦《毛傳》說解有誤，嚴粲的歸納結果就未必可信。雖然如此，這裡恰好也透露出嚴粲對古訓的重視，這種心理或習性，和傳統經學家有些相似。

　　然而，我們若因此而認爲《毛傳》在嚴粲的心目中具有不可侵犯的神聖性，那就與事實不合了。以〈邶風・谷風〉爲例，《毛傳》以「習習」爲「和舒貌」，「東風謂之谷風。陰陽和而谷風至，夫婦和則室家成，室家成而繼嗣生」，嚴粲認以谷風爲生長之風是錯誤的，他從〈小雅・谷風〉來考察，〈小雅・谷風〉第二章顯示了谷風爲暴風，並非和調之風，第三章言及草木的枯萎死亡，那更非生長之風。嚴粲云：

> 《詩》多以風雨喻暴亂，「北風其涼」喻虐風；「風雨淒淒」喻亂風；「風雨飄搖」喻危；「大風有隧」喻貪。故〈風〉、〈雅〉二〈谷風〉，〈邶〉下文言「以陰以雨」喻暴怒，猶「終風且曀」喻州吁之暴也。〈雅〉下文言「維風及雨」喻恐懼，猶後人以「震風凌雨」喻不安也。（卷4，頁2～3）

從這一則「谷風」的訓解中，可以見出嚴粲解釋《詩經》的特色，除了用歸納統計的基礎方式外，也注重三百篇的創作

41　〈采蘩〉第三章爲：「被之僮僮，夙夜在公；被之祁祁，薄言還歸。」馬瑞辰：《毛詩傳箋通釋》卷3云：「《廣雅・釋訓》：『童童，盛也。』〈大雅〉：『祁祁如雲。』祁祁，盛皃。僮僮、祁祁皆狀首飾之盛。」（北京：中華書局，2004年），頁76。

方式或修辭方法。嚴粲在這裡歸納出《詩經》以風雨比喻暴亂的常例，因此就算嚴粲不是從聲音、文字的語意訓詁，或者假借通假等樸學家的解經方式去解釋「谷風」的意義，但所得出的結果仍讓人信服。從這一例證也透顯出本文所欲強調的「經學家」的解經法的特點，即「經學家」的解經法不是侷限於某一時代、某一種學派的解經方法，尤其是一般人常將經學家與漢學家，尤其是清代漢學家畫上等號，又將經學家的解經方式侷限於文字、聲韻、訓詁的專門方式，忘記傳統經學家解經的精神，以經解經才是根本（包含「以本經解本經」與底下所要討論的「以他經解本經」，但仍以前者效力較強）。質實以言，我們不可以用清代以後才發展出來的樸學方法來檢驗南宋時代的學者的漢學式治學程度，或逕以清代的樸學治學方法爲經學家傳統的解經方式，因爲嚴粲不可能超越當時代學術的侷限而採用清代的樸學治學方式解經，且清代的樸學治學方法也不能視同等於傳統的漢儒治學方法。不過，嚴粲已經注意到使用歸納的基礎方式，分析同一詞句出現在《詩經》裡所可能有的意義，然後辨析每一處應有的意義，將他們安置在應有的意義脈絡中，這樣就表現出後代樸學家的治學精神了。我們可以再舉例說明，依嚴粲的觀察，「周行」一詞在《詩》中出現三次，解釋則有道路及道義兩種；「振振」一詞共出現三次，但有「盛」與「信厚」二種解釋；「爰」放在開頭，有二種意義，但止有一處作「何」解釋；《詩經》中的植物名「荼」字，有三種不同的品種；同一「罔極」有善的罔極與惡的罔極的區別；同一「瞿瞿」有

驚懼與驚愕二種解釋;《詩經》中有四個「茨」字,但有蓋屋用之「茅茨」與有刺之「蒺藜」二種;同一「潰」字有「潰遂」、「潰亂」、「潰怒」三種意義……等,[42]凡此皆類似清代漢學家的耐煩求實態度。

　　前云嚴粲通過歸納的方法,分析某一詞句的可能意義,然後將所可能的意義安置在個個意義脈絡中。這種解釋方法,其背後的設準為視三百篇為一完整的意義全體,每一章句、詞語的意義都必須經過全體的意義驗證才可以確定其最終的解釋。強調部分與全體之間的關係,而從上下文意脈絡的通順與否來解釋章句、字詞,則是強調部分與部分之間的和協與一致。雖然如此,部分的意義仍必須與整體相配合,如此才是最佳的解釋。如〈豳風·東山〉首章:「蜎蜎者蠋,烝在桑野。敦彼獨宿,亦在車下。」嚴粲對「烝」字的解釋云:「烝有三義:眾也、進也、久也。此詩言烝在者二,以為進則可以言蠋,不可以言瓜。以眾為喻,則獨宿不取眾義也。此詩皆言久役之情,則久役為勝。」(卷16,頁23)行役之人因途經桑野,見蜎然微動之桑蟲處於桑野之葉中,有感而歎曰:我亦如此桑蟲,敦然不移而獨宿於此車下。以本詩主題為言行役之久,故取久之意,不取其餘二種意思。其實,除了這三種解釋,「烝」字在《詩經》中還可以作「君」解,

---

42　「周行」見《詩緝》卷1,頁26-27;「振振」見卷1,頁26;「爰」見卷3,頁7;「荼」見卷四,頁3-4;「罔極」見卷6,頁15;「瞿瞿」見卷頁8;「茨」見卷23,頁6;「潰」見卷31,頁29。

而朱子《詩集傳》「烝，發語聲」的解釋也廣爲後人接受。[43]
但由這一例證可以見出嚴粲釋經的特色，他是在整體的意義
脈絡考量下決定字詞可能的意義。如上云部分與整體之間的
關係，部分的意義取決於整體，部分的意義必須以整體的意
義爲判斷的依準。從這種釋義的方法而言，嚴粲的確把握到
了其中的精神，能遵循以整體決定部分的重要規則，但是從
釋義的結果來說，則其詮解仍然未必是唯一的可能，亦即，
方法合理仍不能保證結果的顛撲不破。因爲，同樣的由上下
文意脈絡的發展來說，此二句有可能是一種比喻或起興的關
係，蠋與行役之人的關係猶如第三章末四句「有敦瓜苦，烝
在栗薪。自我不見，于今三年」之瓜與我的關係。雖然嚴粲
於此同樣解「烝在栗薪」之「烝」爲「久」意：久在栗薪上
之瓜，如久役於東之人。[44]因此，在桑野之蠋與在車下之我
也是一種比喻關係。如果所見在桑野之蠋爲獨宿，則與獨宿

43　〈大雅・文王有聲〉：「文王烝哉。」《毛傳》：「烝，君也。」〈豳風・
　　東山〉：「蜎蜎者蠋，烝在桑野。」朱子解「烝」爲「發語聲」，《詩集
　　傳》（台北：蘭台書局，1979 年），頁 94。對於「烝」爲何解釋爲發
　　語詞，清人馬瑞辰有較詳細的解說，參見《毛詩傳箋通釋》，卷 16，
　　頁 479。馬氏以爲「烝」爲「曾」的假借字，「曾」義爲「乃」，因此
　　「烝」作發語詞「乃」解釋。屈萬里：《詩經詮釋》，頁 272。糜文開、
　　裴普賢：《詩經欣賞與研究》，第 2 冊，頁 712。朱守亮：《詩經評釋》
　　（台北：學生書局，1994 年），頁 429。對於「烝」字的解釋都直接
　　取用發語詞之說。

44　雖然仍從比喻的角度說，但此章見此瓜之人已經不是行役之人，而是
　　行役之家人，爲行役人設想在家的婦人見此瓜而有感，與第一章親見
　　蠋之人爲行役之人不同。嚴粲云：「又想其婦見有瓜之苦者，人所不
　　取，敦然圓成，久在栗薪之上，如我之匏繫於東……此皆想其婦在家
　　之歡望。蓋行人念家之情如白居易詩云：『想得家中深夜坐，還應說
　　著遠行人』也。」卷 16，頁 25。

於車下之我相似，二者可以相比喻，因此「烝」解作發語詞亦可通。[45]由此亦可見出這種解經方式所可能蘊藏的缺點，即從整體與部分之間的關係來解釋詞句意義，當整體的意義並不明確，或者說整體的意義可能包含數種，則所追尋出來的字詞意義也跟著多義、不確定起來。如本詩為歎行役之詞，或者如《詩序》所說，為周公勞歸士之詞。在行役的主題之下，如何表現行役之苦，有數種可能，就好像桑野之蠋與行役之人之間的關連性，除了有久處於野的可能，也有獨宿的可能，如再加上牽涉到詩的作法與修辭的問題等，則解釋的空間也跟著加大了。[46]

這種從整體意義來決定部分意義的解經方式，用在《詩》三百上面，還存在另一種問題，即所謂的整體的意義指的是哪一層次的意義？哪一層次的整體？因為《詩經》常有所謂

---

45 馬瑞辰解釋「蜎蜎」二字，以蜎蜎為獨行之貌，云：「詩以興人之獨宿。」《毛詩傳箋通釋》，頁 478-479。近人糜文開、裴普賢亦從「獨宿」的角度解釋「蜎蜎者蠋」四句，把「烝」解釋為發語詞。不過其看待蠋與行役之人的比喻之處多了「彎曲」這一意象。野蠶彎曲著身子獨宿於桑林田野之間，猶如蜷曲著身子獨宿於車下的行役之人。《詩經欣賞與研究》，第 2 冊，頁 710。

46 以〈小雅〉的〈南有嘉魚〉為例，嚴粲以為陸佃把「嘉魚」當作一種魚的專名是不對的。他認為〈南有嘉魚〉是興體詩，首章「南有嘉魚，烝然罩罩」與三章「南有樛木，甘瓠纍之」皆有比喻的成分，「下文樛木非木名，則嘉魚亦非魚名。要之詩人以魚之嘉者，瓠之甘者喻賢。」因此，「嘉魚」非魚名可知。詳卷 18，頁 2-3。按：嚴粲所謂興體詩有兼比的與不兼比的兩種，而以前者為多，這一類的作品，他直標「興也」，後者則標「興之不兼比者也」。詳《詩緝》，卷 1，頁 14-15。我們若從比喻的角度來看，嚴粲之說似乎可以成立。但仔細比對，則「嘉魚」應與「樛木」同為比喻之喻體，非首章以嘉魚為喻體，三章以甘瓠為喻體。亦即，詩人以用以比喻賢者的乃是樛木，而非甘瓠。當然，若不認同興詩可以兼比則另當別論。

的言外之意，如上所云，嚴粲自己常常以言外之意解釋詩旨，
爲的是將《詩序》的美刺之說能與詩文文句表面字義相配合。
如此一來，就有了二種整體的意義，一種是詩文字句表面的
意義，一種是文外之旨、言外之意的意義，那麼在解釋詞句
時，要以何種意義爲最終的依準？這造成了兩種意義之間的
斷裂，如何彌補這個斷裂是個棘手的問題。就嚴粲個人而言，
他並沒有自覺到這個問題，因此我們在閱讀《詩緝》時可以
發現這種斷裂之處。如〈齊風・南山・序〉云：「刺襄公也。
鳥獸之行，淫乎其妹，大夫遇是惡，作詩而去之。」嚴粲只
同意首序之說，反對後序「鳥獸之行」等語。他反對後儒以
前二章刺齊襄，後二章刺魯桓，是因爲如此解釋則「上下章
辭意不貫」。因此在解說〈南山〉整體篇章的意義時說：「一
章以『雄狐』喻魯桓之求匹；二章以『屨』、『綏』喻魯桓之
得耦；三章四章以『藝麻』、『析薪』喻魯桓以正禮取文姜，
上下辭意乃歸一。」（詳卷 9，頁 10～11）爲了求上下文意的
一貫，他將整篇解釋爲刺魯桓公之詩，但首序明明說是「刺
襄公」，於是他只好用「辭雖歸咎於魯，所以刺襄公者深矣」
這種迂曲的解說，以彌補二說之間的裂縫。當然，筆者並不
是說所有這一類的解詩法都有缺陷，只是提出對以文意脈絡
解釋脈絡中的字詞之意有可能出現看不見的盲點，其實這樣
的解經結果，絕大多數都很能令人首肯的。例如解釋〈齊風・
載驅〉第一章「載驅薄薄，簟笰朱鞹。魯道有蕩，齊子發夕」，
以爲皆言文姜，非如舊說以上二句言襄公，下二句言文姜，
因「一章四句之內分作二人，辭意斷」。（詳卷 9，頁 18）。〈衛

風‧考槃〉每一章末「弗諼」、「弗過」、「弗告」之意為「極
言賢者山林之樂，以見其時之不可為，而賢者無復有意於仕，
所以刺其君之不能用也」。（詳卷 6，頁 4～5）解釋〈大雅‧
板〉第二章「辭之輯矣，民之洽矣。辭之懌矣，民之莫矣」，
以為兩「辭」為凡伯告戒眾人之詞，欲眾人言辭輯睦、悅懌，
非如舊說為王者出令之辭。（詳卷 28，頁 23～24）都極為貼
近詩意。

　　除了以上所說的歸納統計與注重詮釋循環之解《詩》法，
嚴粲也運用了其他的解經方式，如觀察《詩經》中經常出現
的句子，以為《詩》中凡「薄言」皆作語詞解（詳卷 1，頁
31）；〈都人士〉之「士」為通貴賤之稱，凡《詩》中以「士」
對「女」相稱，「士」皆指男子，非具有階級的大夫士之士（詳
卷 24，頁 13）。[47]或者用《詩》文的行文習慣解說字詞，如
云〈鄭風‧山有扶蘇〉的「扶蘇」、「游龍」為小木、凡草，
與「荷華」、「喬松」等名花、名木相對，意在美惡相形。因
為「凡《詩》言山隰有草木，其草木皆相類，不必分別」，唯
有〈山有扶蘇〉以扶蘇對荷華，以喬松對游龍，皆不相類，
可見其相對有特別的意思。（詳卷 8，頁 26）。又或以相似的
句法、句型解釋詩句，如〈小雅‧甫田〉首章「我取其陳，
食我農人」，嚴粲反對舊說以兩個我都屬同一身份，都是在上
位者。以為「此以文害辭也。〈七月〉『采荼采樗，食我農夫』，

---

47 按：《詩經》有九篇出現「薄言」兩字，有三十一篇出現「士」，嚴粲
　在解說時，並未作全面性的彙整歸納，所以本文認為嚴粲在此只是運
　用粗略的觀察方式。

豈亦上之人復爲農夫采荼采樗乎？二文句法一同，皆農人自
我也」。(詳卷 23，頁 3)這些解釋的結果雖則亦非全然有效，
[48]但是從其解說的背後所透顯出的精神，以及以《詩》文本
身爲最終依準而言，都可說與清代經學家的精神相通。由以
上這些例證，可以說明嚴粲訓釋語詞的特點，即注重統計的
功夫，以同一詞語在其他篇章中出現的解釋有幾種，然後進
行歸納、分析，最後得出可能的幾種解釋。近人也曾就此點
而給予好評：「在語詞訓釋方面，終於取得同時學者難以比擬
的成績。」[49]

2.以他經解本經

　　當嚴粲面對《毛傳》、《鄭箋》、《孔疏》的解釋都不滿意，
或毛、鄭、孔對詩文未作解釋時，他經常採取另一種解釋策
略，即透過其他經書來解釋《詩經》中的相關字句。「以他經
解本經」的解釋效力雖然不如「以本經解本經」，但如果把五
經視爲一個意義的整體，則各經都屬於經學傳統下的一個部
分，那麼「以他經解本經」就成了部分意義與部分意義之間
的相互解釋或支援，此時也具有某種程度的效力。「以他經解
本經」也牽涉另一個問題，即各經都是一個完整的封閉意義

---

48 如解說「食我農人」一句，以「食我農夫」和本句句法相同爲例，說
　　明「食我農人」的我爲農人自我，其分析顯然很牽強。雖然運用的方
　　式爲相似句型的比附，但從〈七月〉的「食我農夫」句意考察，則「我」
　　仍爲在上位者自稱之詞，由下一章「嗟我農夫，我稼既同」可知。再
　　者，三百篇中未見將「食我」之我作自我解釋之例。
49 洪湛侯：《詩經學史》，上冊，頁 357。

系統，二種不同的意義系統間必有差異。因此，以他經解本
經所要解決的問題（本經），或所運用的材料（他經），並不
涉及其背後的完整意義系統，只是注重解說單字、詞語的字
義而已。以他經中某個單字詞語的意義來解釋本經中相同或
相似的單字詞語，亦屬漢學家常見的解經方式，此一解經法
最晚可溯源自鄭玄，到了清初才為儒者所公開重視，[50]嚴粲
繼承漢儒此種解經法，可見其傳統經學家氣息頗重。這種「以
他經解本經」的方式，最常出現的是對於單字詞語意義的解
釋，另外也出現在對名物制度的解釋，以他經有記載的名物
制度來解釋《詩經》中的名物制度。嚴粲使用這樣的方法來
解經，其所得之結果有時令人首肯，有時未必，以下分從這
二方面解說嚴粲的「以他經解本經」法。

　　對單字詞語的意義之解說，如解〈大雅・文王〉第四章
「侯于周服」云：

> 舊說以侯為君，謂君於周九服之中……今考《釋文》

---

50 關於鄭玄善於運用他經來解釋本經，可參章權才：《兩漢經學史》（台
北：萬卷樓圖書公司，1995 年），頁 282-289。此外，鄭吉雄之說亦
可參閱：「最早提出『以經釋經』這個觀念的是清初的黃宗羲、萬斯
大和毛奇齡等幾位浙東學者，文獻的出處是黃宗羲所撰〈萬充宗墓誌
銘〉、萬斯大〈讀禮質疑序〉和毛奇齡《西河合集・經集・凡例》等
幾處。他們提出：治一部經書，不能只通一部經書，要『通諸經始可
通一經』；至於其它晚出的傳注，則依序居次要、再次要的地位。通
諸經以通一經，等於將儒家幾部經典結合起來，互相解釋，互相引證，
這是所謂「以經釋經」，也等於是『利用經部文獻本身互相釋證』。」
〈錢穆先生治學方法的三點特性〉，《文史哲》第 2 期（山東大學，2000
年），頁 24。

云：「服，事也，用也。」故為臣而見用謂之服，言服
行其職也。〈曲禮〉云「艾，服官政」、〈酒誥〉云「服
休、服采」、〈多士〉云「有服在百僚」、〈多方〉云「有
服在大僚」。〈多士〉、〈多方〉皆誥殷士，而謂之有服，
言其見用之意，即此詩所謂「商之孫子，侯于周服」
也。」（卷25，頁6）

用《禮記》與《尚書》多篇文字證明「侯于周服」的「服」
作「職位」、「職事」解，以此而謂該句意為商之孫子為周所
用，故而反對《鄭箋》「九服」之說。不過，我們發現嚴粲在
此對「服」的解釋仍有猶疑不定的缺失，事實上此句「侯于
周服」與下一章「侯服于周」一句同意，則二處之「服」當
作同樣的解釋才對，但是嚴粲卻解釋「侯服于周」之「服」
為「服職」，服成為動詞，與名詞的職位解說不同。且所舉〈曲
禮〉、〈酒誥〉之「服」字，也不作「職位」解釋。[51]若從〈文
王〉之上下文意脈絡而言，「侯于周服」乃「侯服于周」之倒

---

51 嚴粲於〈文王〉第五章下云：「五章述殷士裸將之事，以為戒也。商
之孫子而維服職於周，見天命之不常，惟德是歸也。」卷25，頁7。
《禮記‧曲禮上》：「人生十年曰幼，學。二十曰弱，冠。三十曰壯，
有室。四十曰強，而仕。五十曰艾，服官政。六十曰耆，指使。」由
上下文意言，則知「服」為動詞解，作專事或專治解。《孔疏》：「五
十是知天命之年，堪為大夫。服，事也。大夫得專事其官政，故曰服
官政也。」《禮記正義》，頁16-17。〈酒誥〉：「王曰：『……矧惟爾事，
服休、服采。』」《孔疏》：「鄭玄以服休為燕息之近臣，服采為朝祭之
近臣。」《尚書正義》（台北：藝文印書館，1976年），頁210。蔡沈：
「服休，坐而論道之臣；服采，起而作事之臣。」《書集傳》（台北：
大方出版社，1978年），頁147。

裝，以「服」字與同章之「止」、「子」、「子」、「億」押韻，解釋為「臣服」較通，且具有說服力。因為「以他經解本經」的效力次於以本經解本經。[52]這種「以他經解本經」的特性由於不牽涉到他經經文背後的系統意義，因此所解釋的對象以單字字義為多，如解說〈邶風‧終風〉「不日有曀」的「有」字、〈鄘風‧載馳〉「既不我嘉」的「嘉」字、〈曹風‧候人〉「不遂其媾」的「媾」字、〈小雅‧甫田〉「禾易長畝」的「易」字、〈大雅‧皇矣〉「克明克類」的「類」字、〈大雅‧行葦〉「既挾四鍭」的「挾」字、〈大雅‧既醉「景命有樸」的「樸」字、〈大雅‧抑〉「洒掃廷內」的「廷」字、〈大雅‧桑柔〉「民靡有黎」的「黎」字等，[53]都是使用此一方法。

　　解說名物制度的如〈鄘風‧柏舟〉「髧彼兩髦」，《毛傳》：「髦者，髮至眉，子事父母之飾。」鄭玄在此處沒有對「髦」作解釋，在注解《儀禮‧既夕禮》及《禮記‧內則》時都表示「未聞」其形象、形制。[54]嚴粲在引鄭玄《儀禮‧既夕禮》

52　以江有誥之古韻二十一部而言，此章押之部上聲韻，而清代中葉治《詩》三大家，胡承珙、馬瑞辰、陳奐都把「侯服于周」、「侯于周服」視為同義之句，且皆說「服」為「臣服」之意。見胡承珙著，郭全芝點校：《毛詩後箋》（安徽：黃山書社，1999 年），下冊，頁 1223。馬瑞辰：《毛詩傳箋通釋》，下冊，頁 798。陳奐：《詩毛氏傳疏》（臺北：學生書局，1995 年），頁 644。

53　以上所舉諸例分見《詩緝》卷 3，頁 17；卷 5，頁 24；卷 15，頁 4；卷 23，頁 5；卷 26，頁 10；卷 27，頁 18-19；卷 27，頁 24；卷 29，頁 9；卷 29，頁 19。

54　《儀禮‧既夕禮》：「既殯，主人說髦。」鄭玄云：「髦之形象未聞。」《禮記‧內則》：「子事父母……拂髦、冠、緌、纓。」鄭玄云：「髦，用髮為之，象幼時鬌，其制未聞也。」《孔疏》於此詩句下引鄭玄二處之語，嚴粲一時不察，誤以為《孔疏》之語，以為孔穎達亦不知髦之形制。卷 5，頁 2。

「既殯，主人說髦」之注後，[55]云：「〈內則〉云『子事父母……
總，拂髦』是也。父母既沒則去，〈玉藻〉云『親沒不髦』是
也。親死猶幸其生，未忍脫之，故士待既殯，諸侯待小斂而
後脫之也，此設髦之制耳，非詩意也。」（卷5，頁2）在這
裡，嚴粲不止說明「髦」為子事父母之髮型，也分辨《禮記》
與《儀禮》中對髦的禮制規定，以為禮制之說非〈柏舟〉本
意。但是對於「髧彼兩髦」的主詞解說，嚴粲顯然與舊說不
同，毛、鄭、孔都以為共伯，而嚴粲則說成是共姜自己。[56]

又如〈小雅·蓼莪〉「缾之罄矣，維罍之恥」之句，嚴粲
除了解說句意之外，也用《周易·井卦》之「羸其瓶」以證
瓶為汲水器；用《周禮·鬯人》「社壝用大罍」，〈司尊彝〉祠、
禴、嘗、烝皆有罍，以證罍為盛酒器，而《儀禮》罍水在洗
東，則罍又作盛水之用；本詩以缾罍並言，則指罍之盛水者。
（卷22，頁5）嚴粲引《周易》、《周禮》、《儀禮》等經文中
「瓶」、「罍」的用法，說明此處之瓶、罍皆為盛水之器，其

---

55 嚴粲原文作：「今曰〈內則·注〉云：『髦，象幼時髦。小兒剪髮也。
兒生三月翦髮為鬌，男角女羈。夾囟曰角，兩髦也。午達曰羈，三髦
也。否則男左女右，長大猶為之飾。存之謂之髦，所以順父母幼小之
心。』」今之《十三經注疏》本與嚴粲不同。《儀禮·既夕禮·注》：「兒
生三月翦髮為鬌，男角女羈。否則男左女右，長大猶為之飾。存之謂
之髦，所以順父母幼小之心。」無「夾囟曰角，兩髦也。午達曰羈，
三髦也」等字。「夾囟曰角，午達曰羈」則為《儀禮·既夕禮》「既殯，
主人說髦」下孔穎達《正義》所引，不過孔氏云此八字為鄭玄〈內則·
注〉之文，但查今之〈內則·注〉亦未見此八字。

56 〈鄘風·柏舟〉共二章，首章與末章第三、四句作「髧彼兩髦，實維
我儀」、「髧彼兩髦，實維我特」。嚴粲解釋「儀」為共姜寡居時的儀
容，「特」為獨，指獨寡之人，即共姜。但透過《毛傳》的訓詁可知
「儀」與「特」都指匹配之意。因此，「髧彼兩髦」所指的人應該是
共伯，共姜之丈夫。

理由為「瓶」於經書中只作汲水之用，而「罍」雖有盛水與盛酒之不同作用，但因此處罍與瓶並言，則「罍」當作盛水之器，非盛酒器。不過，《禮記・禮器》有「尊於瓶」之記載，瓶正為裝酒之器，並非如嚴粲所以為的，諸經的「瓶」字只有作盛水之用。[57]可見此處「瓶」與「罍」不一定僅能當盛水之器，也可以作盛酒之器。且以三百篇論，「罍」共出現過三處，〈周南・卷耳〉、〈大雅・泂酌〉都作酒器解釋，則此處「罍」作盛酒之器解的可能性較大。[58]

　　除了以固有的典籍或相關注解作為考證的基礎材料，嚴粲有時也從材料中發現某種規律、某種古人用字造詞的習慣，然後推知某些字詞的特定意義。如〈小雅・桑扈〉：「交交桑扈。」《毛傳》：「桑扈，竊脂也。」依《爾雅・釋鳥》，可知「桑扈」有二種：一種為青色，「嘴曲，食肉，好盜脂膏」。一種為白色，翅膀與頸部有花紋。因此〈小雅・小宛〉「交交桑扈，率場啄粟」說的是前一種好盜脂膏的桑扈；〈小雅・桑扈〉「交交桑扈，有鶯其羽」說的是後一種，強調其羽毛顏色的桑扈。又以《爾雅・釋獸》「虎竊毛，謂之虦貓」、「魋，如小熊，竊毛而黃」之記載，推知「竊毛」為淺毛之意，而《爾雅・釋鳥》「夏扈竊玄。秋扈竊藍。冬扈竊黃。桑扈竊脂。棘

57　五經中還有另一處「瓶」字作盛水之器解，見《左傳・襄公十七年》：「衛孫蒯田于曹隧，飲馬于重丘，毀其瓶。」

58　《禮記・禮器》：「夫奧者，老婦之祭也，盛於盆，尊於瓶。」說的是祭竈神之禮卑，祭禮簡薄，只以瓶作為盛酒之尊。〈周南・卷耳〉第二章：「我姑酌彼金罍，維以不永懷。」〈大雅・泂酌〉第二章：「泂酌彼行潦，挹彼注茲，可以濯罍。」嚴粲對二處之「罍」都解作酒器，卷一，頁 23；卷 28，頁 9-10。

扈竊丹」中的「竊玄」、「竊藍」、「竊黃」當云淺黑、淺青、淺黃，則「竊脂」爲淺白，乃爲後一種白色，翅膀與頸部有花紋的桑扈。（詳卷 21，頁 9）嚴粲的說法是否受到《孔疏》的啓發，我們不得而知，[59]但是將《詩經》中出現的二處桑扈作同名二物之解說，似乎都能說得通，而且擺在二詩中，從上下文意的發展而言，也都能自成一理。[60]但是名物的考證不能只以上下文意的說解是否通順作爲判斷的依據，還要有其他的佐證。如從版本上言，今本《爾雅·釋鳥》「桑扈」下「桑扈竊脂」四字爲唐《石經》重出，原本無此四字，若然則「竊脂」就無淺白之意，[61]如此也對嚴粲的解釋就頗爲不利了。

　　當然，在解說《詩經》中的許多名物時，一定會牽涉到基本的經書，如談到禮制的問題一定要引用三《禮》，草木鳥獸蟲魚的問題必須參考《爾雅》。因此，在「以他經解本經」這一類方法中，《詩緝》廣爲運用了三《禮》與《爾雅》。這

---

59 孔穎達於《左傳·昭公十七年》昭子問郯子何以少皥氏以鳥名官一段文字下云：「《爾雅·釋獸》云：『虎竊毛，謂之虥貓。』、『魋如小熊，竊毛而黃。』竊毛皆謂淺毛，竊即古之淺字。但此鳥其色不純，竊玄，淺黑也。竊藍，淺青也。竊黃，淺黃也。竊丹，淺赤也。四色皆具，則竊脂爲淺白也。」

60 嚴粲云：「所謂『交交桑扈，率場啄粟』者，正以其性之竊脂者言之也，故以啄粟爲失其性。『交交桑扈，有鶯其羽』者，正以其色之竊脂者言之也，故其《序》曰：『君臣上下動無禮文焉』。蓋君臣素以爲質，而文之者禮也。」卷 21，頁 9。

61 邵晉涵《爾雅正義》根據賈逵、舍人、樊光及《說文》、《獨斷》諸書所敘述《左傳·昭公十七年》「九扈」之次第，推斷出「桑扈竊脂」四字爲唐《石經》重出於「桑扈」之下。且又舉〈小雅·桑扈〉「有鶯其羽」、「有鶯其領」《毛傳》云「鶯然有文章」，說「鶯」爲只其色之青翠者，則桑扈本爲青色之鳥，並無淺白之種。

除了說明嚴粲對於經典的嫻熟與重視外，也可以見出其屬於
傳統經學家的一面，即對於名物制度不厭其煩地進行分析與
辨別，這是嚴粲與當時治《詩》學者的差別之處，也是嚴粲
解《詩》的一大特點。

（二）以傳解經的具體內涵分析

　　本節所討論的「以傳解經」，「傳」為廣義性的注解之說，
而且指的是經書中最早期的注解。因此就《詩經》而言，指
《毛傳》與《鄭箋》；就《尚書》說，指《孔傳》；就三《禮》
言，指鄭玄《注》；《周易》言，指王弼、韓康伯《注》；就三
《傳》言，指杜預、何休、范寧《注》；就《論語》言，指何
晏《注》；就《孝經》言，指唐玄宗《注》；就《爾雅》言，
指郭璞《注》；就《孟子》言，指趙岐《注》。「以傳解經」大
約可分成二種方式：「以本傳解本經」與「以他傳解本經」。
這二種解經方式都屬於傳統的解經法，但如何透顯嚴粲在運
用這些方法解經時，具有經學家的特質？筆者從基礎的整理
與閱讀，觀察出兩條重要的線索，透過這兩條線索可以說明
嚴粲解經方法的特色，也可以看出他具備了傳統經學家的特
質。就「以本傳解本經」而言，當嚴粲面對毛鄭所未注解的
《詩》文時，他有時以借用其他詩句中的《毛傳》或《鄭箋》
來解說，更多時候則是將注意力擺在毛、鄭的說解上，亦即
嚴粲會仔細地比較、析論《傳》、《箋》之說，或單論或綜論
《傳》、《箋》之解，然後視情況或採用或駁斥或發明毛鄭之
見解。這種解經的傾向，不僅說明嚴粲對古傳注的重視，也

說明他的眼光其實是傳統的經學家的眼光，藉由解決古傳注
的糾葛來解決《詩》文的意義，因為解釋或析論毛、鄭之說
的目的仍在於釐清三百篇的意義。至若就「以他傳解本經」
而言，嚴粲的目標仍投注在三百篇中的名物制度的辨析。筆
者只用「辨析」而不是「考證」來形容嚴粲的解經特色，是
因為從這些例子中可以發現嚴粲的解經傾向在於分辨、判
別，與清儒廣搜資料再進行研判的功夫不盡相同。當然，跟
多數宋儒相比，嚴粲解經所掌握的資料不可謂不多了，他往
往羅列許多可能的說法，或者盡力蒐集相關文獻，從中判別
對錯，或者統整出新說。這種解經的功夫，是一般宋代新派
說《詩》者所欠缺的。

1.以本傳解本經

　　嚴粲在解說《詩經》時，對於古注的安排方式是先《毛
傳》、《鄭箋》，其後是《孔疏》。若無毛、鄭之說則補以近人
之說，或自己作注。若毛、鄭之說有問題，包括說解的文字
太簡略，或者出現矛盾、錯誤的現象，則加以申述或辨析。
為毛、鄭之說作補述的如〈召南‧摽有梅〉「摽有梅，傾筐塈
之」，《毛傳》云：「塈，取也。」嚴粲引伸解釋為「取之於地，
霑地濕也」。（詳卷 2，頁 17）〈小星〉「三五在東」，毛說太簡，
嚴粲以〈唐風‧綢繆〉之《毛傳》補充此句之義，他認為所
謂「在東」意為「列宿始見於天，則在東方。始見於東，喻
始進御於君」。（詳卷 2，頁 17）〈邶風‧泉水〉「載脂載舝」
之句，嚴粲以為毛云「脂舝其車」乃是區別「載脂」與「載

羣」二事，不是混言之。（詳卷 4，頁 16）〈鄘風‧蝃蝀〉與
〈曹風‧候人〉兩個「朝隮」毛說不同，嚴粲加以說解區別
之。（詳卷 5，頁 17）〈王風‧中谷有蓷〉，毛云：「蓷，鵻也。」
〈大車〉，毛云：「菼，鵻也。」嚴粲表示前一「鵻」只是借
用鵻字之音讀而已，非謂蓷草又名爲鵻。（詳卷 7，頁 10）〈陳
風‧衡門〉，毛云：「泌，泉水也。」〈邶風‧泉水〉，毛云：「泉
水始出，毖然流也。」嚴粲以爲此二處之「泌」、「毖」爲字
異義同，皆爲「泉水之流貌」，非謂泌爲泉水之名。（詳卷 13，
頁 5）

　　除了申述、補充、辨析《毛傳》之說，嚴粲在其他地方
也發出反對毛公的意見，並不是一味地贊成毛說。如以《禮
記‧內則》本文及《鄭注》、《孔疏》駁斥毛解「芼」爲擇。（詳
卷 1，頁 18）以《禮記‧月令》本文及《鄭注》、《左傳》等
相關記載駁斥「騶虞」爲義獸之說。（詳卷 2，頁 25）以《漢
書‧顏師古注》駁斥毛公「契闊」爲勤苦之說。（詳卷 3，頁
17）甚至追溯毛公說之源頭，以爲始於《荀子》，《荀子》之
說本已出錯，是以毛公之說不可信。[62]從以上的說明可以得
到一初步印象，即嚴粲對《毛傳》說的器重，而且從這些文

62　〈小雅‧小旻〉：「不敢暴虎，不敢馮河。人知其一，莫知其他。」《毛
　　傳》云：「他，不敬小人之危殆也。」嚴粲以爲毛公之說源於《荀子‧
　　臣道篇》：「仁者必敬人。凡人非賢，則案不肖也。人賢而不敬，則是
　　禽獸也；人不肖而不敬，則是狎虎也。禽獸則亂，狎虎則危，災及其
　　身矣。《詩》曰：『不敢暴虎，不敢馮河。人知其一，莫知其它。戰戰
　　兢兢，如臨深淵，如履薄冰。』此之謂也。故仁者必敬人。」荀子引
　　此章本爲斷章取義，此詩原本並無不敬之意，故毛說不可信。詳《詩
　　緝》，卷 21，頁 4-5。

字中，也讓我們看到了嚴粲傳統經學家的影子，因為不管申成或駁斥毛說，嚴粲都提出了根據，或以經典，或以史書，或以傳注古說，而非依靠主觀的好惡或粗糙的推測，在這樣的情形之下，他說出「古訓不可廢」這種類似樸學家的話，就不會讓我們感到訝異了。古訓之所以不可廢，就在於有源流，而嚴粲自己原本就是尊重古訓的宋儒。[63]由此也可見江藩所說的宋儒解經的特色是「凡事皆決於理，理有不合，即捨古訓而妄出以己意」云云，[64]完全是以偏蓋全之論。

　　相較於《毛傳》，嚴粲對於《鄭箋》的解說較少，而其態度依然是客觀的，補充、申述、辯駁都有，但無論是用哪一種方式，其最終目的仍在詩句意義的詮釋。如〈鄘風・君子偕老〉之「副笄六珈」句，《毛傳》云：「笄，衡笄也。珈笄，飾之最盛者，所以別尊卑。」《鄭箋》云：「珈之言加也，副既笄而加飾，如今步搖上飾。」嚴粲以為毛公之說以「笄」

---

63 嚴粲對於〈周頌・敬之〉「陟降厥士」《毛傳》「士，事也」的解釋為：「或以士為人材，然『勿士行枚』只得訓『事』，古訓不可廢也。」卷 34，頁 5。〈鄭風・羔裘〉「三英粲兮」《毛傳》云：「三英，三德也。」嚴粲對於毛說有些不滿意，以為：「三英或以為裘之英飾前後有三，如五紽、五緎、五總之類，只是臆度無文可據。毛氏以為三德，或疑牽合於三之數。今攷〈立政〉『三俊』《注》以為剛柔正直，英即俊也。毛氏之說有源流矣。此詩每章第二句皆言德美，知三英非言英飾。」卷 8，頁 18。

64 江藩以為漢儒釋經皆有師法，宋儒不然，只要理有不合即捨古訓，江氏並要學者治經宗漢儒，立身宗宋儒，詳《經解入門》（台北：廣文書局，1977 年），頁 43。按：宋代有些儒者的確為了探索文本內蘊的的深層意義，的確不認為文字的表面解釋有那麼重要，但這些學者都是所謂的宋代新儒家（如伊川云：「學者多蔽於解釋注疏，不須用功深。」朱子云：「人看文字，只看得一重，更不去討他第二重。」），其時代性再怎麼鮮明，依舊不能代表集體宋儒。

即「衡笄」，而鄭玄於《周禮·天官冢宰·追師》有關於「衡笄」之注解，將「衡笄」視爲二物，故於此也將「衡笄」視爲「衡」與「笄」兩種物品。（詳卷5，頁6）到底「衡笄」爲一物或二物？講究考證名物的清代樸學家對於這個問題在歷經努力之後也未能找出真確的答案，但是傾向於接受毛公之說，以衡笄爲一物。[65]對於考證各種名物的方法，要到清代才發展完全，也許嚴粲的考證方法仍嫌不夠細膩、完整，但是嚴粲在這裡卻能指出毛、鄭說的差異，且爲之下判斷，這已經接近清代漢學家的治經態度與方法了。又如論〈大雅·文王〉「維周之楨」，《傳》云：「楨，榦也。」《箋》云：「是我周之幹事之臣」。嚴粲以《爾雅·釋詁·舍人注》與《毛傳》解說相同，〈大雅·王文有聲〉的「王后維翰」、〈崧高〉的「維周之翰」，《毛傳》都解「翰」爲「榦」，以此駁斥鄭玄之說，以爲「楨」、「翰」、「榦」爲同一物，即築牆所立之木。（詳卷25，頁4）不過，在此我們要提出來的是，嚴粲的解釋應該

---

65 陳啓源以爲嚴粲誤會毛公之意，毛公連引「衡笄」，是重在說明此處之笄爲玉作的，因爲衡也是玉作的。《毛詩稽古編》，《皇清經解毛詩類彙編》，頁34。馬瑞辰以爲：「此《傳》以笄爲衡笄，則似以衡笄爲一，以別於尋常固髮之笄。」《毛詩傳箋通釋》，上冊，頁171。胡承珙則引伸馬瑞辰之說，以爲此處之笄與尋常固髮之笄名同而實異，「蓋笄爲婦人禮服之首飾，而副笄有六珈，其飾更盛，或獨爲后夫人之所服，故毛以副笄之笄爲衡笄耳。」《毛詩後箋》，上冊，頁238-239。馬、胡二對衡笄是否爲一物，皆不確定，唯有陳啓源說嚴粲誤會毛公之意。但精於三《禮》之學的金鶚則以爲鄭司農注解〈追師〉「衡笄」時，只解釋衡，不解釋笄，可見鄭司農以「衡笄」爲一物。又從《左傳》「衡紞」及《周禮·弁師》「玉瑱玉笄」等記載，推知衡即笄，並駁斥鄭玄之說。《求古錄禮說》，《續經解三禮類彙編》（台北：藝文印書館，1986年），第1冊，頁168。

有誤，包括誤讀了《爾雅・舍人注》及不知鄭玄只是發揮「榦」的引伸之意。[66]

　　嚴粲對於《鄭箋》絕無偏見，因此雖然有所駁斥，但也常為之申述或補充，如〈王風・大車〉「毳衣如菼」，《毛傳》：「菼，鵻也。蘆之初生者也。」《鄭箋》：「菼，薍也。……毳衣之屬，衣繢而裳繡，皆有五色焉，其青者如鵻。」《正義》對毛、鄭之說無法調和，說鄭玄「似如易《傳》」、「復似從《傳》」。嚴粲則分辨之，以為鄭玄所說的「鵻」為鳥名，毛公所說的「鵻」為草名，而菼與薍本為異名同實之草，與蘆草為不同之草，故嚴粲不用毛說而接受鄭說。（詳卷 7，頁 17）又如〈大雅・生民〉云：「載燔載烈。」《箋》云：「燔烈其肉。」但鄭玄於〈小雅・楚茨〉「或燔或炙」句云：「炙，肝炙也。」而此詩「烈」也是「炙」之意，則鄭玄當以〈楚茨〉為言宗廟之祭以肝配燔，所以解「炙」為炙肝，此詩則皆言較祭之事，所以烈為烈其肉。（詳卷 27，頁 12～13）

　　《毛傳》、《鄭箋》的訓詁內容一直為研經之士經學家所重視，但是常有毛、鄭二說互相衝突之處，[67]此時調解或辨

66　嚴粲：「〈釋詁〉：『楨、翰、儀，榦也。』舍人云：『「楨，築墻所立兩木也」。『王后維翰』及『維周之翰』，《傳》皆云『榦也』。《疏》云：『榦者，築牆所立之木。』然則楨也、翰也、榦也，一物也。』但今本《爾雅・舍人注》於「榦」下又云：「榦，所以當墻之兩邊障土者也。」可見楨與榦為二物。胡承珙云：「《爾雅》、《毛傳》蓋以皆築墻所用之木，故渾言之曰『楨，榦也。』木所立表曰榦，因而人之立事亦曰榦，此義之引申者。……《箋》所以申《傳》，非易《傳》也。」《毛詩後箋》，下冊，頁 1221-1222。

67　其實《鄭箋》之所以有價值正因不僅是箋釋《毛傳》而已，鄭玄《六藝論》云：「注《詩》宗毛為主，其義若隱略，則更表明；如有不同，

析毛、鄭之說自然成為必要的解經步驟，嚴粲也是如此。他並未追隨時人常以主觀的意見解經之潮流，[68]而是秉持客觀徵實的精神，採取重視古說的傳統解經態度。如〈大雅·棫樸〉：「左右奉璋。」《毛傳》：「半圭曰璋」。《鄭箋》：「璋，璋瓚也。祭祀之禮，王裸以圭瓚，諸臣助之，亞裸以璋瓚。」嚴粲以為「璋」有璋瓚、璋玉之不同。璋玉為禮神朝聘之用，璋瓚為裸宗廟時所用。此處毛公解為璋玉，鄭玄釋為璋瓚，二說不同；嚴粲以《孔疏》及《禮記·郊特牲》等文字，證明此處之「璋」應如鄭說，即作璋瓚解。[69]又如對於《詩經》中出現的八個「京」字，〈大雅·文王〉「裸將于京」、〈大明〉「日嬪于京」、「于周于京」、〈思齊〉「京室之婦」、〈皇矣〉「依其在京」、〈公劉〉「乃覯于京」、「京師之野」、「于京斯依」，毛、鄭之說或不同，或相同，嚴粲皆一一為之解說。（詳卷25，頁8～9）這樣的努力，充分表現了漢學家的本色。

2.以他傳解本經

以其他經書的舊有注解來解說本經，這種解釋法相當傳

則下己意，使可識別也。」《毛詩正義》，頁 12。為《毛傳》作補充與訂正的工作，本來就是鄭玄作《箋》的目的之一。

68 關於宋代經學的特色可參皮錫瑞：〈經學變古時代〉，《經學歷史》（台北：藝文印書館，2000 年），頁 237-298。郝明工：〈宋代經世致用的功利派經學〉，吳雁南、秦學頎、李禹階主編：《中國經學史》（福州：福建人民出版社，2001 年），頁 269-323。

69 關於「璋」的解說，嚴粲先於〈小雅·斯干〉：「載弄之章」下提及（卷19，頁 24），主要分辨璋瓚、璋玉的不同，此處「載弄之章」的「璋」為璋玉。對於〈大雅·棫樸〉：「左右奉璋」毛、鄭說的差異只說二說不同，並未辨析誰是誰非。直到〈大雅·棫樸〉「左右奉璋」（卷 25，頁 31）下才作解說。此處的「璋」為璋瓚。

統，當然其效力稍遜於前面那幾種方式。[70]《詩緝》中到底運用多少種其他經書的注解來解經？就初步的觀察而言，除了《詩經》之外，其餘十二經的注解都有採用，只是數量的多寡有別而已。大抵說來，用最多的當屬三《禮》與《爾雅》。筆者以嚴粲解說三百篇的名物制度為例，欲說明嚴粲的解經方式屬傳統經學家的方式，除了是嚴粲採用三《禮》與《爾雅》的注解最多之外，也和注重名物制度這一取向有關。從分辨、考證這些名物制度的文字中，我們可以見出一個不同於其他宋代學者面貌的嚴粲，一個屬於傳統經學家的嚴粲，這也是《詩緝》特殊的地方。

除了運用其他經籍的注解說明名物制度，嚴粲也採用許多前人的說法，然後加以辨析。從他所取用的材料以及解釋的方法，可以明顯的看出嚴粲與宋代學者不同的地方。採用經籍注解是一種基礎的、客觀的蒐集資料，羅列前人的意見則是整理相關的解釋，而且不是陳列而已，還需要加以分類、區別。因此，這其中有歸納、分析、比較等功夫。最後，也是嚴粲最擅長運用的解經法，辨析諸家之說或諸種可能的解釋。所以，除了歸納之外，還有判斷，而判斷的依據並不是個人的好惡或主觀識見，而是將蒐集到手的相關資料予以統整，並澄清概念。因此，蒐集整理、分析考辨成了嚴粲解經

---

70 林尹：「引證舊典，是以其間相去的年代愈近愈為可信，盧文弨說：『欲識訓詁，當於年代相近者求之。』因此，若就六藝而言，六藝本書中的訓詁，年代相同，最為可信；其次是傳注中之訓詁，漢人注解去古未遠，學有師承，較為可信。」《訓詁學概要》（台北：正中書局，1974年），頁78。

方式的特點，也是區分他與宋代治《詩》學者最明顯的標誌。

如〈召南·何彼穠矣〉「唐棣之華」，嚴粲先舉《爾雅·釋》文、郭璞《注》及陸璣《疏》、陸佃《俾雅》說明唐棣的其他名稱及其開花特性，然後說：

> 〈七月·疏〉鬱是車下李，薁是薁李。陸璣以唐棣為薁李，則薁李非車下李矣。璣又云薁李一名爵梅，亦名車下李。《本草》有郁李，人亦云一名爵李，一名車下李，則薁李又有車下之名。蓋由二者相類，故名稱相亂也。（卷2，頁21）

嚴粲依《孔疏》得知「鬱」是車下李，「薁」是薁李，故薁李非車下李。但透過陸璣、《本草》等記載，又得出薁李又有車下之名，蓋由二者相類，故名稱相亂。在這一條例中，可以見出嚴粲對於名物名稱的辨析之重視，也可管窺其辨析的方法。透過相關的文字去判斷「鬱」、「薁」的差別，而判斷的依據當然是相關的註解資料，並非自己的識見。不過在此再次強調，這樣的判斷只是粗淺的考辨而已，與後來清代樸學家的考證，其間的精疏粗細自然不可同日而語。[71]

71　筆者說嚴粲的考證方式比起清代樸學家而言，相對地較為粗疏，其理由大約有二。第一為其所掌握、運用的資料較少，第二為運用的方法較為簡單，大致上只是比較整理，從而進行簡略的分析而已。且不以專門研究《爾雅》的樸學家如郝懿行、邵晉涵作為比較的對象，只就專治《詩經》的樸學家如清代中葉的胡承珙、馬瑞辰、陳奐等三人而言，其所運用的資料不止有《本草》，陸璣《疏》，還有《說文解字》、《廣雅》、郭璞〈上林賦注〉、〈開寶本草注〉、《太平御覽》等相關資

　　又如〈小雅・蓼蕭〉「蓼彼蕭斯」之句，嚴粲的解釋過程是：依《毛傳》「蕭，蒿也」及《爾雅・釋草》「蕭，荻」與李巡、郭璞之注，蕭即是蒿，但《爾雅》又說：「蒿，菣。蔚，牡菣。」依郭璞注解，菣為今青蒿，蔚為牡菣，即菣之無子者，如此則蕭與蒿又不同。最後依陸佃、陸璣等說，得出蒿為總名，蕭為蒿之香者。稱菣者為青蒿，稱蔚者為牡蒿。（詳卷 18，頁 8～9）這裡，嚴粲仍然運用分析的方式推出蒿為總名，蕭為小別名的結論，不只論述的材料客觀、充實，論述的理路也清晰明白。又如〈唐風・揚之水〉「素衣朱襮」句，嚴粲透過《禮記・玉藻》「以帛裏布，非禮也」、《鄭注》「中外宜相稱也。冕服，絲衣也，中衣用素。皮弁服、朝服、玄端，麻衣也，中衣用布」之資料，又補充《孔疏》對古代諸侯穿衣的次序：先穿明衣，次加中衣、褋衣、朝服，冬天則於中衣上加裘，最後以《鄭注》為基礎，推知本詩所穿的衣服為冕服，因為中衣的材質為絲。（詳卷 11，頁 9）清楚地掌握主要原則，然後作為推論的主要依據，說明詩中名物制度，這種客觀求實的精神與傳統經學家相近。

　　再如論及〈秦風・蒹葭〉的「蒹葭」與〈豳風・七月〉的「萑葦」，蒹、葭、萑、葦為二種不同植物，但卻有十一種異名，常常為人所混淆。嚴粲論述的方式為：蒹為小者，又名薕、荻，一物三名；葭為大者，又名蘆葦、華、葦，一物四名；萑為中者，又名菼、薍、鵻，一物四名。而「蒹」又

　　料。就考證的方法來說，胡承珙等人還能運用版本學的勘誤、聲韻學的假借旁通等方法，這些都是嚴書所欠缺的。

為「萑」之小者，因此「蒹、薕、荻」與「萑、菼、薍、雚」為同一類植物，與「葭、蘆葦、華、葦」為不同類。因此，對於〈王風・大車〉「毳衣如菼」，毛公把葭、菼當作同一物，嚴粲駁斥之，以為葭為「蘆」，菼為「薍」，蘆、薍為不同之草。[72]在論述的過程中，除了引用《爾雅・釋草》「葭華。蒹，薕。蘆，菼，薍」之說，以及郭璞《注》、陸璣《草木鳥獸蟲魚疏》、孔穎達《正義》等相關文字，嚴粲對於這些名稱相近或相關的事物，往往不輕易放過，仔細地分別其間的異同。這種態度與眼光，和後來的清代漢學家極為相似，就以清代晚期專門治《爾雅》的著作而論，嚴粲對「蒹、葭、萑、葦」的分別，除了引用的資料較缺少之外，整個論述的過程與分辨的細膩、眼光的獨到等未必就亞於清人。[73]

四、經學史上的意義

西漢《詩經》學雖然是三家《詩》的天下，但《毛詩》

---

72 嚴粲對蒹、葭、萑、葦的辨說分見〈秦風・蒹葭〉，卷 12，頁 12-13。〈豳風・七月〉，卷 16，頁 7。又〈王風・中谷有蓷〉下也提及菼、薍、萑、雚為一物四名。卷 7，頁 9。《毛傳》於〈王風・大車〉「毳衣如」下云：「菼，雚也。蘆之初生者。」

73 以郝懿行（1757-1825）《爾雅義疏》為例，郝氏除了將「葭華」二字歸於上一條「葦醜，芀」下，對於〈釋草〉：「蒹，薕。葭，蘆。菼，薍」的解釋與嚴粲相似。他以為萑、薍（荻）、薕、蒹為一物，蒹為萑之未秀者。葭、葦、蘆為一物。未秀者為蘆，已秀者為葦。菼、薍、蒹、薕為一物。已秀者為萑，未秀者為菼。因此，按照郝氏的論述，「萑、薍（荻）、薕、蒹」與「菼、薍」為同一物，而「葭、葦、蘆」為另一物，故而文末同樣的對《毛傳》將菼、蘆視為一物之說駁斥之。《爾雅義疏》（台北：藝文印書館，1987 年），頁 1061-1062。

自有其支持者，否則不會僅因劉歆一人的推薦就可於平帝時代設博士之官，[74]及至鄭玄爲《毛詩》作《箋》，四家《詩》的勝負幾乎已經可以判定。

　　由於三家《詩》的陸續亡逸，《毛傳》、《鄭箋》自然成爲傳統解經學者關注的重心，不只是毛公、鄭玄的時代接近《詩經》創作的時代，最接近聖人之意，也因爲毛、鄭之說本身具有平實、客觀的特點。[75]《四庫提要》總說經學的流變時，強調宋代學術的特點爲:「擺落漢、唐，獨研義理，凡經師舊說，俱排斥以爲不足信，其學務別是非，及其弊也悍。」[76]這裡的觀察過於粗淺，涵蓋面不足，且用字也太武斷，但仍點出了宋學的兩個鮮明特色:擺落舊說與務別是非。擺落舊說與務別是非的目的相同，都在追求義理。因此，義理成了最基本的詮釋目標。義理如果說的具體一些，幾乎就等同於聖人之意。聖人之意存藏於經典之中，如何透過經典以取得、瞭解聖人之意，這是古代許多詮釋者的努力目標。但是在解經的過程中，傳統舊說在許多宋人的眼中成了絆腳石，而不

74　《漢書·儒林傳》:「平帝時，又立《左氏春秋》、《毛詩》、逸《禮》、古文《尚書》，所以罔羅遺失，兼而存之，是在其中矣。」《漢書》（台北:洪氏出版社，1975 年），第 5 冊，頁 3621。王先謙僅因劉歆在〈移讓太常博士書〉中未比較《毛詩》與三家《詩》的優劣，就在〈詩三家義集疏序〉中批評《毛詩》:「私意牽合，一任自爲，其居心實爲妄繆，宜劉子駿不敢以之責太常也。」這是基於門戶之見而有的過度引伸。王說見《詩三家義集疏》（台北:明文書局，1988 年），上冊，頁 3。
75　詳黃永武:〈怎樣研讀詩經〉，中華民國孔孟學會主編:《詩經研究論集》（台北:黎明文化公司，1981 年），頁 19-33。夏傳才:《詩經研究史概要》（台北:萬卷樓圖書公司，1993 年），101-109。
76　《四庫全書總目》，第 1 冊，頁 62。

是通達聖人之意的階梯，此所以《四庫提要》使用「擺落舊說」四字來形容當時解經的情況。一旦擺落舊說，則原來的解經標準、依據頓失，因此必須另闢途徑，尋求另一種依據，那就是解經者個人的識見，此亦宋代之新派《詩經》學產生背景之一。《四庫提要》又說：「宋人學不逮古，而欲以識勝之，遂各以新意說《詩》。」且舉出當時最流行的解《詩》法，有文士與講學者二種：「蓋文士之說《詩》，多求其意；講學者之說《詩》，則務繩以理。」但無論哪一種說《詩》法，都失之主觀、臆斷，如楊簡說《詩》太過高明，而「高明之過，至於放言自恣，無所畏避」。[77]嚴粲雖然在當時甚有詩名，[78]再加上林希逸爲《詩緝》作《序》云「逆求情性於數千載之上」，嚴粲於〈自序〉亦云「涵泳三百篇之情性」，《詩緝・條例》也說「求吟詠之情性」，這些介紹性的文字都會讓人誤以爲嚴粲是十足的文學家或理學家，而逕自採用文學家、理學家的角度解釋三百篇。透過上面的例證，可知這種印象是錯誤的。

---

[77] 「宋人學不逮古」一段話，見《四庫全書總目》，第 1 冊，頁 338。「蓋文士之說《詩》」見《四庫全書總目提要》，第 1 冊，頁 335。「高明之過」一段話，見《四庫全書總目》，第 1 冊，頁 341。清人甘鵬雲則沿用《四庫提要》之說，分析當時的學術流衍云：「廢《序》者排斥《傳》、《注》，擅長義理。其弊也至程大昌《詩議》出，妄改舊名，顛倒任意，徒便己私。……宗《序》者，篤守古說，長於考證，與文士說《詩》專求其義，講學家說《詩》務繩之以理者，絕不同。」《經學源流考》（台北：廣文書局，1977 年），頁 90-91。

[78] 王琛等修，張景祁等纂：《重纂邵武府志・儒林傳・邵武縣》說嚴粲：「善爲詩，清迥絕俗。」《重纂邵武府志》，卷 24，頁 4。又戴復古稱嚴粲詩學杜甫，著有《華谷詩》一卷，見清人莊仲方編：《南宋文範・作者考》（台北：鼎文書局，1975 年），頁 10。林希逸於《詩緝・序》云：「華谷嚴君坦叔早有詩名。」

實際上，嚴粲採用經學、理學、文學三條進路來詮解《詩經》，而三者的最重份量與表現最醒目的依然在經學這個部分。

前云《四庫提要》對於宋學的總結不夠全面，原因之一是宋儒仍不乏繼續唐代經籍義疏之學者，[79]且「擺落漢、唐，獨研義理，凡經師舊說，俱排斥以爲不足信」指的是宋儒經學中的最大特色，是宋人反抗性強的突出表現，並非所有宋儒說經都可以貼上這樣的標籤。錢穆曾說：「宋學應該分兩部分講：一部分是理學家以前的宋學，一部分是理學家以後的宋學。」[80]其實，宋代開國之初，學術承襲唐人《五經正義》舊規，比較淳實，仁宗慶曆年間以後風氣才有所轉變，錢穆主張以理學家的出現來作宋學的分期研究，不容易取得時代上的客觀標準，且即使講理學家以後的宋學，也應該再分爲兩部分，因爲理學家的時代來臨，只代表學術主流的成形，並非所有的儒者都是理學家。

當然，再怎麼說我們也要承認「擺落漢、唐，獨研義理」是理學家時代來臨時最引人矚目的解經特質。宋代新儒家，與他們的先行者相比，在闡釋經典傳統方面，給自己留有相當多的自主權。他們對於以往經學家的採用一種注重字面意義、語言學上的解釋方式不能接受，以爲這樣的解經方式無法尋索文本所內蘊的更深一層也更爲重要的眞義。[81]嚴粲是

79 詳李師威熊：《中國經學發展史論》（台北：文史哲出版社，1988 年），頁 289-293。

80 錢穆：《經學大要》（台北：蘭台出版社，2000 年），頁 324。

81 詳賈德訥（Daniel K. Gardner）：〈宋代思維模式與言說方式〉，田浩（Hoyt Cleveland Tillman）編：《宋代思想史論》（北京：社會科學文獻出版社，2003 年），頁 400。

南宋中期的儒者，他身處這樣的學術環境中完成《詩緝》，自
然有其特殊的意義。早在北宋時代，治經已然出現趨於主觀
的現象，及至理學成為學術主流，多數的經典詮釋者當然也
想擺脫舊說束縛，以開創另一片新天地，此時嚴粲的《詩緝》
一方面配合時代的需求與習尚，以理學與文學來說《詩》，一
方面卻又守住傳統的研經方式，解經時尊重舊說，還為毛、
鄭之說費心辨解、析論，這種多重視維的解經方式在當時反
而顯得別樹一格。更進一步，我們可以說嚴粲的解經是以經
學為主，理學與文學為輔，亦即他屬於「舊中帶新」的說《詩》
人物。假如硬要以新舊二分法來說明他的《詩緝》質性，那
我們必須說這仍然是一本舊派之作，而且是尊古而不泥古之
作。拿《四庫提要》所讚賞的「古之學者」范處義來跟嚴粲
相比，范氏《詩補傳》執著於《詩序》的神聖而不可廢，[82]但
是卻又用偏於直觀的方式來解說《詩序》或篇旨，其解說的
過程與方式其實已經帶有明顯的宋人說《詩》風味，與「古
之學者」的解《詩》法反而有明顯的落差。[83]換言之，《詩補
傳》的「古」只表現在絕對尊《序》、守《序》的心態而已，

82　《四庫提要》：「處義篤信舊文，務求實證，可不謂古之學者歟？」《四
　　庫全書總目》，第 1 冊，頁 338。范處義於《詩補傳・序》自云：「《補
　　傳》之作以《詩序》為據。」，其原因在於：「《詩序》嘗經聖人筆削
　　之手，不然則取諸聖人之遺言也。故不敢廢《序》者，信六經也，尊
　　聖人也。」《詩補傳》，《四庫全書》，經部，第 72 冊，頁 2-3。
83　筆者將范處義《詩補傳》的解經法歸為宋人的解經方式，這裡所謂的
　　「宋人解經方式」是指一種用理識、用意見去解說《詩》旨的解經法。
　　相對於理識、意見的解經方式，從根本的字句訓詁解說《詩》旨則為
　　傳統的「古之學者」的解經方式。范處義雖然嚴守《詩序》古說，但
　　在解釋《詩序》或詩意時，卻不是從文字句意處入手，跳過根本的文
　　字訓解，直接以說理的方式來解釋詩意。

詮釋的過程未必眞的復古。相較之下，嚴粲才是所謂「古之學者」，不僅尊重《詩序》，也尊重古說，尊重之餘還能爲之辨析，不附會，不盲從，呈現出十足的經學家氣息。[84]

　　既然稱呼嚴粲爲傳統的經學家，則除了章句訓詁之外，名物制度的是否講究也須拿來一併檢驗。從前面所引嚴粲對名物制度的說解文字中，我們已可見出嚴粲一貫的解經精神，即講求客觀實證，無論是判斷或推理，也是以舊有的說法、資料爲基礎，然後一步步地索解。在解釋的過程中，先從蒐集整理資料開始，然後仔細加以辨析，所以《詩緝》中常出現這樣的敘述，某物在《詩》中共有幾種，或者某物一物具有幾名等等，對於相近、相似的名物更要作比較分析。[85] 在整理、辨析的過程中，其實已經透露出嚴粲徵實、客觀的解經方式。因此，筆者除了從具體的詮解方法來說明嚴粲具有傳統經典詮釋者的精神之外，也從心態與視野的的層面來觀察他的解經特色，包括他對毛、鄭之說的重視與評判，對名物制度的解說與辨析等等。閱讀《詩緝》這類型的文字有時會讓人誤以爲嚴粲是漢代或清代傳統的治經學家，而不是生長在宋代那種新潮學風下的學者。

　　當然，就考證所運用的資料與方法來說，嚴粲所作的工夫和清代樸學家相較可說僅屬初階，於是，擺在整個《詩經》

84　筆者以爲，嚴粲這樣的態度才眞是對於古說的尊重。若對古說只是一味地接納，那僅是一種避重就輕的敷衍態度，也是預設立場的我執表現。

85　以對《詩》中名物的訓解而言，嚴粲曾統整出：經文之棘有二種（卷3，頁19、卷22，頁27皆有說明）；鴟有二種（卷31，頁25）；蒹葭爲一物十名（卷12，頁12-13）等。

學史上來看，嚴粲就稱不上是一位極爲優秀的名物考證學者
了。也就因爲如此，對於那些誇言《詩緝》的考證功力之言
論，我們必須謹愼面對。如林希逸恭維《詩緝》一書：「音訓
疑似，名物異同，時代之後前，制度之纖悉，訂正精密，開
卷瞭然。」善本書室藏書目載明味經堂翻刊本也說：「於音訓
疑似，名物異同，最爲精覈。」《四庫提要》則採用前二說，
稍加改變云：「音訓疑似、名物異同，考證尤爲精核。」86用
「考證精核」形容嚴粲對音訓、名物的解釋成績，是有誇大
之嫌，但是說他注重音訓、名物則爲確切不移之論。

五、結　語

　　經學史上關於宋代《詩經》學的整體發展敍述，大抵著
眼在對學者對《詩序》的態度上，對於《詩序》的忠誠度愈
高者，愈是容易被歸畫到舊派的陣營中。面對〈大序〉，嚴粲
除了對其大小二〈雅〉的區隔標準表達異議之外，其餘都接
受並且特別予以闡論，至於各篇〈小序〉，他接受了所謂國史
所作的首序，對於〈後序〉雖有些更正，但反對的是其說詩
的細部內容，並非其說詩方式；嚴粲因此而被派分到守《序》
的陣營之中。87因此，多數人對於對於《詩緝》一書的性質

86　林希逸之說見《詩緝・序》。味經堂翻刊本之說見丁丙：《善本書室藏
　　書志》（台北：廣文書局，1967年），頁70。《四庫提要》之說見《四
　　庫全書總目提要》第1冊，頁344。
87　《詩序》的價值與存廢問題本爲兩宋治《詩》學者關注的重心，因此
　　成爲後人研究《詩經》宋學的重點之一，所以歷代學者爲劃分宋代的

定位大概都僅於「守舊的經學著作」這樣的印象。這種判斷方式無疑過於粗枝大葉，籠統而模糊。本文由解經態度與方法的角度切入，說明嚴粲《詩緝》一書的解經特點是，尊重而非篤守《詩序》，且另有屬於傳統經學家或者說清代漢學家的精細治經表現。從他對毛、鄭之說的解說與辨析中，可以得知嚴粲對待古訓的態度，也從其辨析舊說的文字中，看到嚴粲迥異於宋代解《詩》學者的慣用手法。他非常強調客觀實據，能運用基礎的統計與比對，然後推論、說解《詩》中的字詞句意，所得出來的結果自然常有說服力，因為那些推論的依據是來自客觀的本經、本傳、他經、他傳等實有的文字記載，不是文學家、理學家賞析、體會式的理解。

　　當然，既然嚴粲《詩緝》一書同時使用經學、理學、文學三條進路來解經，要對其書有全面的理解並給予合理的評價，必須針對經學、理學、文學三個層面都加以考察才行。

治《詩》流派，都以《詩序》為觀照的重要基點。如林葉蓮分宋代《詩經》學著作為八派，其中有「廢〈小序〉」、「存毛鄭〈小序〉」二派，而將嚴粲歸入「存毛鄭〈小序〉」一派中。《中國歷代詩經學》（台北：學生書局，1995 年），頁 247。陳文采：《兩宋詩經著述考》分為五派，其中有「廢《序》」、「守《序》」兩派。嚴粲亦屬「守《序》」派。（台北：東吳大學中文研究所碩士論文，1988 年），頁 5。李莉褱：《嚴粲詩緝之研究》則分為四派：疑《序》派、廢《序》派、守《序》派、名物訓詁派。嚴粲仍屬守《序》派。（中興大學中文研究所碩士論文，1998 年），頁 6。又如在大陸學者洪湛侯〈關於反序存序的爭論〉之文中，嚴粲隸屬於「存《序》派的代表人物」之一。《詩經學史》，頁 357-360。戴維則從時代先后討論南宋《詩經》研究，著眼點仍在《詩序》的存廢。嚴粲為南宋後期的學者，屬呂祖謙一派，呂氏為守《序》派。《詩經研究史》，頁 383-388。

參、嚴粲《詩緝》的以理學說《詩》及其在經學史上的意義

一、前　言

　　嚴粲（1197～？），字坦叔，一字明卿，號明谷，南宋福建邵武菖溪人。[1]嘉定十六年（1223）登進士第後，官授全州清湘令之職。其群從兄弟嚴羽、嚴仁、嚴參、嚴肅、嚴嶽、嚴必振、嚴必大、嚴奇與嚴若鳳等九人俱有詩名，其中尤以撰寫《滄浪詩話》的嚴羽爲最。然而在嚴粲的諸多從兄弟之中，僅有他曾登進士第而任官，且以經學傳世。《重纂邵武府志‧儒林傳‧邵武縣》即云：「嚴氏有群從九人，皆能詩，惟粲以經學傳。」[2]

　　嚴粲之著作有二：《華谷集》一卷、《詩緝》三十六卷。前者爲詩學之著，而後者則爲經學之作。據林希逸〈詩緝序〉的記載，嚴粲蓋以「摭諸家而求其是，要以發昔人優柔溫厚

1　李清馥：《閩中理學淵源考》，《四庫全書》（台北：台灣商務印書館，1984 年），史部，第 218 冊，頁 140。
2　王琛等修，張景祈等纂：《重纂邵武府志》（台北：成文出版社，1967 年），卷 21，頁 4。

之意」爲著作《詩緝》之宗旨，林氏且認爲《詩緝》之價值在宋朝歐、蘇、王、劉、東萊等諸儒之上。[3]

嚴粲除以經學傳世之外，當年亦有詩名，與嚴羽、葉紹翁、林希逸等皆爲宋代閩籍重要之江湖派詩人。[4]嚴粲之詩大抵師學杜甫，戴復古〈祝二嚴〉詩即云：「粲也苦吟身，束之以簪組，遍參諸家體，終乃師杜甫。」[5]林希逸〈詩緝序〉謂「華谷嚴君坦叔，早有詩名江湖間」，其詩「幽深夭矯，意具言外」、「窮諸家閫奧而獨得風雅餘味」，[6]《重纂邵武府志·儒林傳·邵武縣》亦認爲嚴粲善爲詩，清迥絕俗，與羽爲群從兄弟而異曲同工。[7]《宋百家詩存》評曰：「其詩清迥，脫去季宋翁臑之習。」[8]然清人王士禎獨排眾論，認爲《華谷集》「氣格卑弱」。[9]整體而言，嚴粲雖能作詩，但是文名仍略遜

---

3 不僅如此，林希逸甚至如此推崇《詩緝》：「《易》盡於伊川，《春秋》盡於文定，《中庸》、《大學》、《語》、《孟》盡於攷亭，繼自今，吾知此書與之並行也。」〈嚴氏詩緝序〉，《詩緝》（台北：廣文書局，1983 年），頁 1。

4 陳慶元：〈劉克莊和閩籍江湖派詩人〉，《福州師專學報》（社會科學版）第 15 卷第 2 期（1995 年 6 月），頁 28-29。

5 戴復古：《石屏續集》，陳思編，陳世隆補：《兩宋名賢小集》，卷 273，《四庫全書》，集部，第 303 冊，頁 214。

6 〈嚴氏詩緝序〉，《詩緝》，頁 1。按：林希逸能寫詩，故其評論嚴粲詩作，應具某種程度的公信力，此人在詩學史上份量不重，但隨著晚進研究對象的的增加，林希逸也逐漸被注意到，除了註四所云陳慶元作有專門之評介外，衣若芬也在專文中指出林氏〈漁村晚照〉的從自己生活出發，呼應漁村晚景的和樂氣象。詳衣若芬：〈「江山如畫」與「畫裏江山」── 宋元題「瀟湘」山水畫詩之比較〉，《中國文哲研究集刊》第 23 期（2003 年 9 月），頁 47。

7 《重纂邵武府志》，頁 4。

8 曹庭棟編：《宋百家詩存》，《四庫全書》，集部，第 416 冊，頁 882。

9 王士禎：「宋嚴粲坦叔《華谷詩集》一卷，氣格卑弱，類晚唐之靡靡者，一二絕句稍有可觀。……又稱其五七言幽深夭矯，意具言外，觀此集殆不然也。」《四庫全書》，子部，第 175 冊，頁 326。

於諸位從兄弟，這是不容否認的，[10]不過嚴粲在《詩經》學史上很有地位，他的《詩緝》是宋朝《詩經》學的代表作之一，受到歷來學者的重視，也深具影響力，這一點，同族兄弟無人能及。[11]

近代研究嚴粲《詩緝》的著作不多，學者所關注的焦點多在《詩緝》的經學成就以及其中的文學評論部分。[12]但是

---

10 王琛：「（嚴粲）善爲詩，清迥絕俗，與羽爲群從兄弟而異曲同工。天台戴氏之贈以詩曰：『粲也苦吟詩，束之以簪組，遍參諸家體，終乃師杜甫。』其相許如此。粲既工於詩，而經學尤深邃。……嚴氏有群從九人，皆能詩，惟粲以經學傳。」《重纂邵武府志》，卷21，頁4。按：《邵武府志》爲清代編修，去宋時已久。此處言嚴粲生平，僅能輯錄各家詩文，並略作推言。其引「天台戴氏」之詩，即戴復古〈祝二嚴〉詩句，該詩爲贈答之作，難以證明嚴粲工於詩、善爲詩。由《邵武府志》尚可得知，除了嚴粲之外，邵武嚴氏家族尚有嚴羽、嚴仁、嚴參之傳記，號稱三嚴，嚴粲未在其中。該文僅說「群從九人皆能詩」，並未強調嚴粲本身長於詩。據何望海考證，三嚴與嚴蕭、嚴嶽，嚴必振、嚴必大、嚴奇、嚴若鳳，號稱「九嚴」，見《重纂邵武府志》卷21，頁20。假如嚴粲當時已是著名之詩人，理應有「十嚴」之名。由此可知，，王士禎對嚴粲《華谷集》詩集一卷所作的負面評論，不容刻意漠視。

11 《四庫提要》評介《詩緝》：「是書以呂祖謙《讀詩記》爲主，而雜採諸說以發明之，舊說有未安者，則斷以己意。……深得詩人本意。至於音訓疑似、名物異同，考證尤爲精核。宋代說《詩》之家，與呂祖謙書並稱善本，其餘莫得而鼎立，良不誣矣。」《四庫全書總目》（台北：藝文印書館，1974年），第1冊，頁344。姚際恆（1647-1715）云：「嚴坦叔《詩緝》，其才長於詩，故其運辭宛轉曲折，能肖詩人之意；亦能時出別解。第總囿於《詩序》，間有齟齬而已。惜其識小而未及遠大，然自爲宋人說《詩》第一。」《詩經通論》，《姚際恆著作集》（台北：中央研究院中國文哲研究所，1994年），第1冊，頁7。按：透過本編所附的統計表，《詩緝》採朱子之說最多，《提要》謂是書以呂祖謙《讀詩記》爲主，恐非是。

12 清人劉燦蒐集歷來引用《詩緝》諸說，並加以校定，寫成《嚴氏詩緝補義》（台北：中央研究院傅斯年圖書館館藏清嘉慶間刊本），這算是最早對嚴粲進行研究整理專著。我們發現這些引用嚴粲說法的清儒大部分屬於漢學派學者。如朱鶴齡（1606-1683）《詩經通義》、陳啓源

考察嚴粲所處的時代，正是理學發展成熟之時，理學的基本理論已經完備，並且藉由各種方式散布，發揮其影響力。嚴

《毛詩稽古編》、胡承珙（1776-1832）《毛詩後箋》等等。但是調查學者引用《詩緝》次數的多寡，只能證明《詩緝》被後人重視的程度，無法說明《詩緝》的性質與意義。喬衍琯有〈國立中央圖書館善本書志 ──《詩緝》〉（《國立中央圖書館館刊》新 1 卷，第 3 期，1968 年），主要討論館藏《詩緝》的版本問題。過去研究《詩緝》者，主要是在討論其對「比」、「興」的意見，而且往往將嚴粲與朱熹在此課題上做比較性研究。如趙制陽《詩經賦比興綜論》（新竹：桐城出版社，1975 年）第八章提及言賦比興的意見，並批評其矛盾之處。裴普賢《詩經研讀指導》（台北：東大圖書公司，1977 年）中收有〈詩經興義的歷史發展〉一文，其中討論到朱熹與嚴粲對興義的看法，並且製作了「朱《傳》嚴《緝》興詩比較表」，以此明兩家在實際解《詩》之異同。蘇伊文《詩經比興研究》（台北：臺灣師範大學國文研究所，1981 年）檢視諸家對「比」、「興」的意見，嚴粲《詩緝》當然為討論對象之一。程克雅《朱熹、嚴粲二家比興釋詩體系比較及其意義》（中壢：中央大學中國文學研究所碩士論文，1991 年），討論朱、嚴二家「比興」釋《詩》體系，以及兩人在《詩經》詮釋上的意義，其結論為「朱熹《詩集傳》實遜於嚴粲《詩緝》。朱熹只提供了一套形構化的比興釋《詩》用語與條例，而嚴粲則能就興義的闡發，補充、匡正《毛傳》的缺失，抉發《詩經》豐富的可詮釋性。」本書雖僅由「比、興」觀念討論朱、嚴兩者不同，但是對闡明嚴粲《詩緝》的價值仍有相當的助益。歐天發〈《詩》「興而比」、「興兼比」說析論〉（《嘉南學報》第 27 期，2001 年）則討論朱熹、嚴粲、姚際恆對「比」、「興」的意見，其內容與研究方式尚未能脫前人窠臼。李莉褒《嚴粲詩緝研究》（台中：中興大學中國文學研究所碩士論文，1998 年）企圖對嚴粲《詩緝》進行全面性研究，不過其討論的焦點主要在嚴粲對〈國風〉地理世次的意見、《詩序》的取捨、「六義」的界義與說明。論及嚴粲的解經方法則從取證來源、修辭章法、訓詁優劣等方面來討論，屬於基礎研究，對於某些重要觀念未能深入探查。在大陸學者的研究方面，洪湛侯《詩經學史》在第三編第六章「宋代學者已注意到《詩》的文學特點」列出歐陽修、王安石、鄭樵、王質、朱熹、嚴粲六人論述，其中嚴粲部分僅三頁，內容主要舉例說明嚴粲以文學的角度看待《詩經》。再從網路資料庫「中國期刊網」得知，從 1994 年至 2005 年，大陸方面對嚴粲的研究幾乎可以說是一片空白，筆者對此現象極感訝異。由上可知兩岸對嚴粲的研究相當缺乏，連基礎的研究都尚未架構完成，實有進一步論述的必要。

粲雖然不是知名的理學大家，但是在《宋元學案補遺》中，被列於〈東萊學案〉。在《閩中理學淵源考》中，嚴粲也列名其中。[13]雖然在這些書中關於嚴粲的記載不是很多，但是仍然可以由此而知嚴粲自有一定的理學素養。因此《詩緝》除了經學與文學評論的部分之外，是否受到理學方法及觀念的影響，很值得研究者細心觀察。因此本文試圖由《詩緝》一書中找出具有理學意義的說解，藉以瞭解嚴粲以理學說《詩》的時代背景與其中涵蘊的理學觀念，並且解析嚴粲以理學說《詩》在經學史上的意義。

二、《詩緝》援理學解經

（一）對前人以理解《詩》方式的繼承

　　經學史上的「宋學」標誌了宋代學術重義理弘揚的特色，若單就經學的角度言，宋代的經學特色大約有四：以義理解經、擺脫注疏、疑經改經、以性理說經。[14]第一與第四兩種說法相近，而「義理」與「性理」實已標出宋學的內在特色。清儒顧炎武有「經學即理學」的命題，[15]不過，傳統的經學在宋代學者的眼中，本來就是理學。或者倒過來說，就經學

13　詳《閩中理學淵源考》，《四庫全書》，史部，第 218 冊，頁 140-141。
14　關於經學史上「宋學」的內涵，可參蔣秋華：《二程詩書義理求》（台北：台灣大學中國文學博士論文，1991 年），頁 17-21。
15　顧炎武：「理學之名，自宋人始有之。古之所謂理學，經學也，非數十年不能通也。」〈與施愚山書〉，《顧亭林文集》（台北：三民書局，2000 年），頁 262-263。

史的角度觀之，理學也就是經學，是經學發展的一個階段。[16]
對宋儒來說，任何經典都可以就「性理」、「義理」的向度來
詮釋，但「性理」、「義理」氣味的濃稀，還得看經書各自的
內容質性而定，是以，最能表現出宋人以理解經的特色的經
典，乃是《論語》、《孟子》、《大學》、《中庸》以及《易傳》。
《詩經》也可以從理學的角度來加以詮釋，但就宋人詮釋的
結果而言，其理學的色彩遠不如前面這幾種經籍來得濃厚。
就宋代《詩經》的詮釋史觀察，使三百篇帶有性理色彩的學
者，當以二程與朱子為主，當然「義理」始終是二程及朱子
治學的重點。程子云：「孔子刪《詩》，豈只取合雅頌之音而
已，亦是謂合此義理也。如〈皇矣〉、〈烝民〉、〈文王〉、〈大
明〉之類，其義理，非人人學至於此，安能及此？作詩者又
非一人，上下數千年若合符節，只為合這一箇理，若不合義
理，孔子必不取也。」又說：「聖人刪《詩》，曾刪改〈小序〉
否？」曰：「有害義理處，也須刪改。今之《詩序》，卻煞錯
亂，有後人附之者。」[17]程子以為孔子刪《詩》的標準在於
「義理」，三百篇不只是一般抒情詩歌或燕享之樂，而成了修
養人心、提高道德的義理之書。

　　依程子之見，這種「義理」也是天理，如解〈大雅·文

16 蔣秋華從經學發展的歷史考察宋代學術的性質，以為「理學實孕育於
　　經學之中，且其成長亦以輔翼經學為職志，故自經學發展歷程而言，
　　謂理學即經學，為其發展之一階段，實無不當」。詳《二程詩書義理
　　求》，頁 10-16。
17 《河南程氏遺書》，卷 2 上，程顥、程頤：《二程集》（北京：中華書
　　局，2004 年），上冊，頁 40、229。

王〉「文王陟降，在帝左右。不識不知，順帝之則」為「不作聰明，順天理也」，解〈大雅‧皇矣〉「不識不知，順帝之則」為「民由之而不知，日遷善而不知為之者，是不識不知，而順夫天理也」，[18]這種以「天理」詮釋《詩經》本文的理學觀點，尤其表現在對〈周頌‧維天之命〉「維天之命，於穆不已。於乎不顯！文王之德之純」、〈大雅‧文王〉「上天之載，無聲無臭」、〈大雅‧烝民〉「天生烝民，有物有則。民之秉彝，好是懿德」、〈小雅‧旱麓〉「鳶飛戾天，魚躍于淵」等文字的解釋上。其中尤以〈周頌‧維天之命〉最為顯然。程氏曰：「『天命不已』，文王純於天道，亦不已。純則無二無雜，不已則無間斷先後。」何謂「純」？何謂「不已」？程氏以「誠」、「敬」解釋「純亦不已」，云：「『天地設位而易行乎其中』，只是敬也。敬則無間斷，體物不可遺者，誠敬而已矣，不誠則無物也。《詩》曰：『維天之命，……文王之德之純。』純亦不已，純則無間斷。」將天命與「誠」、「敬」作了連結。又說：「『維天之命，於穆不已。』自是理自相續不已，非是人為之。如使可為，雖使百萬般安排，也須有息時。」[19]誠、敬與天命、天理成為二程解說〈周頌‧維天之命〉章句的基本架構，也是二程理學的重要觀念。由此也可見出二程《詩》學理學化的強烈傾向，因此朱子曾公開說：「伊川解《詩》亦說得義理

18　《河南程氏遺書》，卷 11，《二程集》，上冊，頁 130。《河南程氏經說》，卷 3，《二程集》，下冊，頁 1085。

19　關於〈周頌‧維天之命〉的三段文字解釋，見《河南程氏遺書》卷 5，《二程集》，上冊，頁 77；卷 11，《二程集》，上冊，頁 118；卷 18，《二程集》，上冊，頁 226。

多了。」[20]除了以天理、義理解說《詩經》本文，二程也從
性情、心性、誠意、修身等觀點釋詩，[21]充分發揮理學家的

20　朱鑑：《詩傳遺說》，《通志堂經解》（台北：漢京文化公司，出版社未
　　註明出版年），第 17 冊，頁 10075。按：朱子此言偏向負面性的評論，
　　蓋朱子又言「詩本是恁地說話，一章言了，次章又從而歎詠之，雖別
　　無義理，而意味深長，不可於名物上尋義理。」
21　關於二程以理學解《詩》的討論，參見譚德興：〈試論程顥程頤的詩
　　學思想〉，中國詩經學會編：《詩經研究叢刊》第 6 輯（北京：學苑出
　　版社，2004 年），頁 96-120。覃氏分別從「擺落漢唐，獨研義理」、「《詩》
　　分六興，以興為重」、「性其情與情其性」、「以誠意論《詩》的特殊情
　　懷」等四點敘述二程的《詩》學思想。但透過上舉文字，可知在「天」、
　　「理」、「性」、「命」、「心」、「情」、「誠」、「敬」等理學條目中，二程
　　仍以「天理」為主要闡述的重心，是以近人蔣秋華在分析二程的《詩》
　　《書》義理精神時，特別標舉「維天之命」作為二程的主要《詩》學
　　思想，詳《二程詩書義理求》，頁 267-278。另外，我們也得注意，某
　　些名詞在理學家心目中其實意涵接近，甚至有時看來並無兩樣。例如
　　在《河南程氏遺書》中，明道就這樣說：「窮理盡性以至於命，一物
　　也。」（卷 11，頁 121）伊川云：「窮理盡性至於命，只是一事。纔窮
　　理便盡性，纔盡性便至命。」（卷 18，頁 193）、「孟子曰：『盡其心，
　　知其性』，心即性也。在天為命，在人為性。」（卷 18，頁 204）、「在
　　天為命，在義為理，在人為性，主於身為心，其實一也。」（卷 18，
　　頁 204）「理也、性也、命也，三者未嘗有異。」（卷 21 下，頁 274）
　　這種說法雖然會使讀者在理解時產生一些困擾，但古代思想家對於某
　　些名詞的界定本來就不是非常嚴謹，遠在孟子，心、性、情也是沒有
　　多大分別的。詳徐復觀：《中國思想史論集》（台北：學生書局，1979
　　年），頁 149。此外，徐氏云：「性、心、情、才，都是環繞著心的不
　　同的層次。孟子所說的『惻隱之心』、『羞惡之心』，實際亦即是惻隱
　　之情、羞惡之情。張橫渠謂『心統性情』（《橫渠語錄》）；此就孟子而
　　言，應當是『心統性、情、才』。心是善，所以性、情、才便都是善
　　的。因此，孟子中的性、心、情、才，雖層次不同，但在性質上完全
　　是一樣的東西。」《中國人性論史》（台北：商務印書館，1979 年），
　　頁 174。徐氏從層次與性質來檢視孟子的心、性、情、才諸用字，說
　　亦可參。另外，林月惠認為，依朱熹的思路，「性」是「心」所具的
　　「當然之理」，它自身純粹至善，是道德判斷的標準，既是客觀之理，
　　也是規範之理。相對而言，「情」是「氣」的變化，雖能活動，卻不
　　具理則性與方向性，故其表現有善與不善，有正與不正。……未發為
　　性，已發為情，心統性情。」從未發與已發的功夫來概括朱熹的「性
　　情」論述，其說亦頗細膩，可以參稽。詳林月惠：〈從宋明理學的

義理解經精神，使三百篇呈現與漢唐著作大異其趣的風貌。

延續了二程的解經方法，朱子對於三百篇的詮釋有很多地方仍然以天理、天道爲基點，將《詩經》變成其理學學說的最佳註解。所有具備形而上意義或理學意味的詩篇，如〈大雅・文王〉、〈大雅・烝民〉、〈周頌・維天之命〉等，[22]或者《大學》、《中庸》引用《詩經》的篇章，證明其所謂修身、誠意之理，賦予這些篇章性理氣味，卻未加以申述者，朱子都分別加以闡論。[23]扣除這二類原本就具有或後來被添上理學氣味的篇章，在《集傳》裡仍可見出朱子以義理解《詩》的特色。如解〈小雅・鶴鳴〉云：「蓋鶴鳴於九皋，而聲聞于野，言誠之不可揜也。魚潛在淵或在于渚，言理之無定在也。園有樹檀而其下維蘀，言愛當知其惡也。他山之石而可以爲

「性情論」考察劉蕺山對《中庸》喜怒哀樂的詮釋〉，《中國文哲研究集刊》第 25 期（2004 年 9 月），頁 183-187。

22　〈大雅・文王〉：「假哉天命，有商孫子」、「侯服于周，天命靡常」、「永言配命，自求多福。」的「天命」；〈大雅・烝民〉：「天生烝民，有物有則。民之秉彝，好是懿德。」的「天」；〈周頌・維天之命〉：「維天之命，於穆不已。於乎不顯！文王之德之純。」的「天命」。這些「天命」、「天」都具有「形上學意義的實體」之涵義。

23　《大學》引《詩經》篇章爲例，藉以說明《大學》之理者，共計 12 次 10 篇。除〈大雅・文王〉3 次外，其餘皆爲 1 次，依序爲：〈商頌・玄鳥〉、〈小雅・綿蠻〉、〈衛風・淇奧〉、〈周頌・烈文〉、〈周南・桃夭〉、〈曹風・鳲鳩〉、〈小雅・蓼蕭〉、〈小雅・南山有臺〉與〈小雅・節南山〉。《中庸》引《詩經》篇章爲說明之例證，共計 16 處，14 篇。除〈大雅・抑〉與〈大雅・烝民〉各 2 次外，其餘皆 1 次，依序爲：〈大雅・旱麓〉、〈豳風・伐柯〉、〈小雅・常棣〉、〈大雅・假樂〉、〈周頌・維天之命〉、〈周頌・振鷺〉、〈衛風・碩人〉或〈鄭風・丰〉（按：《中庸》第 33 章引《詩》曰「衣錦尚絅」，此句〈衛風・碩人〉、〈鄭風・丰〉皆作「衣錦褧衣」，一個句子同時出現在兩篇中，在統計上僅算 1 篇）、〈小雅・正月〉、〈商頌・烈祖〉、〈周頌・烈文〉、〈大雅・皇矣〉與〈大雅・文王〉。

錯，言憎當知其善也。由是四者引而伸之，觸類而長之，天下之理庶幾乎。」解說〈大雅・下武〉第二章：「言武王能繼先王之德，而長言合於天理，故能成王者之信於天下也。」[24]

《詩序》：「〈鶴鳴〉，誨宣王也。」只說規誨周宣王之作，《毛傳》標此詩為「興」，朱子則改「興」為「比」，且擴而充之，以誠意、天理及心性之情解說此篇，不僅詩文本身的原意不清，且有可能被譏評犯了以《詩》言理的毛病，例如姚際恆就斥之云：「以《詩》為言理之書，切合《大》、《中》、《論語》，立論腐氣不堪；此說《詩》之魔也」。[25]其他如以「義理」、「天理」解〈邶風・日月〉、〈泉水〉、〈鄘風・蝃蝀〉，以「正心誠意」解〈召南・騶虞〉，以忠恕之道解〈小雅・角弓〉，以性情解〈周南・關雎〉、〈魯頌・駉〉等等，[26]皆可見出朱子以

---

24 朱子：《詩集傳》（台北：蘭台書局，1974 年），頁 121、187。

25 姚際恆：《詩經通論》，頁 285。姚氏言：「解此篇最絓繆者，莫過《集傳》。以『鶴鳴』二句言『誠之不可揜』；『魚潛』二句言『理之無定在』……後二比雖言用人，亦蒙混。且此言用人而上言『誠』言『理』，迥不類。蓋其意以第一比合《中庸》『鬼神之為德』章；第二比合《論語》『仰之彌高』章；後二比合《大學》『修身、齊家』章。」

26 解〈邶風・日月〉末章「報我不述」：「述，循也。言不循義理也。」解〈泉水〉三章：「言如是則其至衛疾矣，然豈不害於義理乎？」解〈鄘風・蝃蝀〉末章：「言此淫奔之人但知思念男女之欲，是不能自守其貞信之節，而不知天理之正也。」分見《詩集傳》，頁 17、24、32；解〈召南・騶虞〉一章大義：蓋意誠心正之功不息而久，則其熏烝透徹、融液周遍，自有不能已者，非智力之私所能及也。」見《詩集傳》，頁 14；解〈小雅・角弓〉第四章：相怨者，各據其一方耳。若以責人之心責己，愛己之心愛人，使彼己之間交見而無蔽，貴豈有相怨者哉？」見《詩集傳》，頁 166；解〈周南・關雎〉篇名：「蓋德如雎鳩，摯而有別，則后妃性情之正，……至於寤寐反側……皆不過其則焉，則詩人性情之正又可以見其全體也。……然學者姑即其詞而玩其理以養心焉，則亦可以得學詩之本矣。」《詩集傳》，頁 2。解〈魯頌・駉〉「思無邪」：「孔子曰：『《詩》三百，一言以蔽之曰「思無邪」。』」

理學解《詩》的特色。

　　嚴粲處在南宋理學盛行的學術潮流之中，對於三百篇的解釋難免受其影響，而帶有些許的道學家色彩。作爲號稱「以呂祖謙《讀詩記》爲主，而雜採諸說以發明之」（《四庫提要》語）的《詩緝》，就理學這一部份而言，嚴粲對於呂祖謙的繼承、取用，顯然很少，不過這並不讓人感到意外，因爲《詩緝》引呂氏之說的本就遠不如朱說爲多，多數經學史沿用《提要》之說，犯了嚴重的錯誤。[27]除了〈小雅·常棣〉第一章下及〈大雅·卷阿〉第二章「有馮有翼」等五句下曾引呂祖謙「本心」、「涵養」之說外，[28]其餘的多爲朱子、程子及其他學者的意見。嚴粲引用許多程朱以理學解《詩》的文字，雖然不見得能絕對代表嚴粲本身的理學思想傾向，但是從中卻可以見出嚴粲對於程朱以理學解《詩》的繼承。將嚴粲對

　　蓋《詩》之言美惡不同，或勸或懲，皆有以使人得其性情之正。」《詩集傳》，頁238。

27　《四庫提要》：「是書以呂祖謙《讀詩記》爲主，而雜採諸說以發明之，舊說有未安者，則斷以己意。」《四庫全書總目》（台北：藝文印書館，1974年），第1冊，卷15，頁344。按：其實《詩緝》引述最多的是朱子之說，達577次，引呂祖謙說僅175次，詳本編附錄。清儒劉燦謂「《詩緝》多采《集傳》」，此一說法是對的。劉燦：《嚴氏詩緝補義》（清嘉慶刊本，中研院史語所傅斯年圖書館藏），〈例言〉，頁2。

28　嚴粲於〈小雅·常棣〉第一章下引《詩記》曰：「疏其所親而親其所疏，此失其本心者也，故此詩反覆言朋友之不如兄弟，蓋示之以親疏之分，使之反循其本也。本心既得，則由親及疏，秩然有序。」《詩緝》，卷17，頁11。又於〈大雅·卷阿〉「有馮有翼，有孝有德，以引以翼。豈弟君子，四方爲則」二章下引《詩記》曰：「賢者之行非一端，必曰『有孝有德』何也？蓋人主常與慈祥篤實之人處，其所以興起善端，涵養德性，鎮其躁而消其邪，日改月化，有不在言語之間者矣。」《詩緝》，卷28，頁14。

於前輩學者以理解《詩》的繼承侷限在程朱身上，除了程朱為理學宗師，深刻影響了宋代學術的發展之外，也因為程朱都有經學的專門著作。他們的經學著作裡帶著濃厚理學色彩的文字，已成為一種時代學術的特色與指標，很自然地就影響了後代學人，嚴粲也不例外。如果程朱巨人的形象長期矗立在宋代學人士子的腦海中，揮之不去，則嚴粲對於程朱的學說也很難擺脫不看。因此，在《詩緝》中，嚴粲所引用的那些具有理學色彩的文字，就以程朱二人為最多，尤其是朱子。[29]

就程子而言，嚴粲對於其以理解《詩》意見之引用以人情之欲蔽、脩身成德之法，及天道、天命等形而上實體的解說為主。其中對天道、天命的解說表現在〈周頌·維天之命〉中，對脩身成德的解說表現在〈小雅·鶴鳴〉第一章「鶴鳴于九皋，聲聞于野。魚潛在淵，或在于渚。……它山之石，可以為錯」章句下。[30]〈維天之命〉、〈鶴鳴〉二處引用程子

29　就「以理解《詩》」的文字而言，嚴粲引用前輩學者的意見大約有 12
　　家，包括：錢氏、張氏、范氏、王氏、楊氏、陳氏、劉氏、曹氏、李
　　氏、張載及二程、朱子。就所有出現的總條數而言，除了朱子 12 處，
　　程子、陳氏有 3 處，張子、范氏、王氏、李氏各 2 處，其餘皆 1 處。
　　總共 31 條，而程、朱便佔了 15 條之多。（按：此處統計不含前註所
　　云兩處簡引《讀詩記》）
30　〈周頌·維天之命〉「維天之命」下引程子曰：「天命即天道也。以其
　　用言之則曰命，造化之謂也。」又曰：「言天命之自然者，曰天道。
　　言天之賦予萬物者，曰天命。」卷 32，頁 3。〈小雅·鶴鳴〉一章下
　　引程子曰：「玉之溫潤，天下之至美也。石之粗糲，天下之至惡也。
　　然兩玉相磨，不可以成器，以石磨之而後玉之為器得以成焉，猶君子
　　之與小人橫逆既加，然後脩省畏避，動心忍性，增益預防，而禮義生
　　焉，道德成焉。」卷 19，頁 9。

之說，以理學角度解詩，和這些文句本身就具有理學氣味有
關（一為天道實體，一為脩身成德），因此嚴粲引用程子之說
並不讓人意外。況且這二處的程子之說已經變成一種經典文
字，宋人凡是解說這二處文字，似乎多會想起程子的說法。
但是另一處引用程子之說則較特殊，也從此可見嚴粲對於三
百篇的基本看法，即注重《詩經》對讀者的情性、情慾之修
治作用。〈豳風・狼跋〉第一章「狼跋其胡，載疐其尾。公孫
碩膚，赤舄几几」下引程子曰：「狼獸之貪者猛於求欲，故陷
於機阱羅羉。周公無利欲之蔽，故雖在危疑之地，安步舒泰，
赤舄然，几几然安也。」（卷16，頁32）從「利欲」的角度
詮釋〈狼跋〉詩句，說明程子對人心情性修治的注重，要求
己心無利欲之遮蔽，然後才能安然自處。嚴粲引用程子之說，
也顯示他對人心情性修養的重視。其實，程子在底下也從「誠
意」的角度解說〈狼跋〉，[31]但是嚴粲不取，可見嚴粲對於「誠
意」或者「存誠」這一類形而上的天道實體，興致比較不高，
又或者，嚴粲對於程子的以「誠意」或「存誠」釋詩，認同
感不夠。進一步，我們再由其引用諸理學家之意見中可知，
心、性、情等修養之說才是嚴粲最為關注的焦點。因此，在
引用前人以理解《詩》的學說時，有關情性、性情、心性、
心理之說就成為嚴粲的主要取資題材了。如其以羞惡之心解
說〈鄭風・溱洧・序〉所云之「刺亂」、以良知良能解說〈大

31　《河南程氏經說・詩解》：「唯其處己也夔夔然有恭畏之心，存誠也蕩
　　蕩焉無顧慮之意，所以不失其聖，德音所以不瑕也。」《二程集》，下
　　冊，頁1069。

雅·皇矣〉三章之「維此王季，因心則友」、以莊敬及慢易之心引起人情之不同且影響及個人行爲來解釋〈大雅·抑〉之首章，[32]都可以清楚看到這樣的傾向。

至於對朱子以理解《詩》的繼承，多表現在二〈南〉中。朱子在解說二〈南〉時常以《大學》八條目中誠意、正心及脩身至平天下爲出發點，如云〈周南〉前五篇：「皆言后妃之德，……其詞雖主於后妃，然其實則皆所以著明文王身脩家齊之效也。至於〈桃夭〉、〈兔罝〉、〈芣苢〉則家齊而國治之效。」[33]又說〈召南·鵲巢〉「南國諸侯被文王之化，能正心脩身以齊其家」；〈騶虞〉「文王之化始於〈關雎〉，而至於〈麟趾〉，則其化之入人者深矣。……蓋意誠心正之功不息而久，則其熏烝透徹、融液周遍，自有不能已者，非智力之私所能及也」；因此爲〈召南〉作一總結云：「〈鵲巢〉至〈采蘋〉言夫人、大夫妻以見當時國君、大夫被文王之化，而能脩身以正其家也。〈甘棠〉以下又見由方伯能布文王之化，而國君能脩之家以及其國也。」這些脩身齊家、誠意正心之說也被嚴粲採納，放入《詩緝》之中，[34]這與之前所說，他對於程子

---

32 〈鄭風·溱洧·序〉下引王氏曰：「羞惡之心莫不有之，而其爲至於此者，豈其人性之固然哉！……然則民之失性也爲可哀，君之失道也爲可刺。」卷 8，頁 13-14；〈大雅·皇矣〉三章「維此王季，因心則友。」下引李氏曰：「孝悌之道豈可以僞爲哉？因其心而然耳。生而無不知愛奇親，長而無不知敬其兄，本於良知良能，豈非因心而然哉？」卷 26，頁 9；〈大雅·抑〉首章下引曹氏曰：「哲人性明，本無過惡。然而外貌斯須，不莊不敬，則易慢之心入之矣。易慢之心一萌，則欲之敗度，縱之敗禮，何所不至？」卷 29，頁 8。

33 《詩集傳》，卷 1，頁 7-8。

34 朱子之說分見《詩集傳》卷 1，頁 8、14。嚴粲引用這些說法分見《詩

之言，偏好的是對人心情性的修治，面對程子的以「誠意」或「存誠」釋詩則不取；出現了一些出入。值得注意的是，對於朱子好以「天理」解《詩》的引用，[35]嚴粲的興趣又顯然不高，引用的次數極少，只有〈秦風・小戎〉與〈大雅・烝民〉二處，[36]反而引用其他學者的意見更多，如〈鄘風・鶉之奔奔・序〉、〈曹風・下泉・序〉言「天理」，〈大雅・烝民〉言「天理」、「天下之理」，〈小雅・斯干〉言性命之理等，[37]而這些「理」、「天理」、「性命之理」似乎已成為一種慣用語，一種宋代學者治經時的口頭禪，罕見學者對之加以辨析。

（二）嚴粲以理學解《詩》的特點

　　嚴粲《詩緝・自序》提到讀《詩》的方法：「古今性情一也。能會孟氏說《詩》之法，涵詠三百篇之性情，則悠然見

　　緝》卷 1，頁 37；卷 2，頁 2；卷 2，頁 24；卷 2，頁 26。另外，嚴粲《詩緝》解〈羔羊〉謂朱氏曰「在位節儉正直，本於國君夫人正身齊家以及其國之效，故曰〈鵲巢〉之功致也」（卷 2，頁 13），此段文字，今本《詩集傳》與《詩傳遺說》未見。

35 以《詩集傳》為例，朱子那些具有理學家氣息的解經文字大約 25 處，其中以「理」或「天理」、「義理」解釋三百篇的地方共計 11 處，接近一半，可見朱子對於「理」的偏好。以此之故，近人彭維杰說：「朱子以理學說詩，使《詩經》的內涵更為深厚，也因此顯現了朱子治《詩》的一大特色。」《朱子詩教思想研究》（台北：中國文化大學博士論文，1998 年），頁 286。

36 嚴粲於〈秦風・小戎・序〉下引朱氏曰：「襄公上承天子之命以報君父之讎，其所以不能自己者，豈忮忿之私心哉？乃人倫之正，天理之發，以大義驅其人而戰之。」卷 12，頁 6；〈大雅・烝民〉第四章下引朱氏曰：「保身，蓋順理以守身，非驅利避害而偷以全軀之謂。」卷 30，頁 22。

37 以上所引諸例分見《詩緝》卷 5，頁 11；卷 15，頁 7；卷 30，頁 19；卷 30，頁 22；卷 19，頁 23。

詩人言外之趣。」孟子曾提出「以意逆志」的讀《詩》方法，[38]嚴粲受其影響，以主體感悟的方式，體會《詩經》蘊藏的性情，得到超脫文字語言的旨趣。〈條例〉云：「集諸家之說為《詩緝》，舊說已善者，不必求異。有所未安，乃參以己說。要在以意逆志，優而柔之，以求吟詠之情性而已。」嚴粲於〈大雅・靈臺〉二章下云：「孟子最善說《詩》，只『民樂其有麋鹿魚鱉』一語，道盡《詩》意。」（卷 26，頁 20～21）林希逸《詩緝・序》也說嚴粲之書「辭錯而理，意曲而通，逆求情性於數千載之上」（《詩緝》，卷前，頁 2）。可見《詩緝》釋詩的主要目的之一在於逆求古人之情性、性情，這也是嚴粲解《詩》所致力之處之一。例如〈大序〉解說詩歌創作的歷程，以及變〈風〉、變〈雅〉之所以作的原因時，嚴粲都從性情的角度解釋。[39]這種以性情為主導的《詩》學觀，

---

38 戰國時代的孟子主張採用「以意逆志」法讀《詩》，他的學生咸丘蒙提出「《詩》云：『普天之下，莫非王土；率土之濱，莫非王臣。』而舜既為天子矣，敢問瞽瞍之非臣如何」之問，孟子的回答是：「是詩也，非是之謂也；勞於王事，而不得養父母也。曰：『此莫非王事，我獨賢勞也。』故說詩者，不以文害辭，不以辭害志；以意逆志，是為得之。如以辭而已矣，〈雲漢〉之詩曰：『周餘黎民，靡有孑遺。』信斯言也，是周無遺民也。孝子之至，莫大忽尊親；尊親之至，莫大乎以天下養。為天子父，尊之至也；以天下養，養之至也。《詩》曰：『永言孝思，孝思維則。』此之謂也。《書》曰：『祇載見瞽瞍，夔夔齊栗，瞽瞍亦允若。』是為父不得而子也？」〈萬章上〉第 4 章，《孟子注疏》（台北：藝文印書館，1976 年），頁 164。文中所引「普天之下」四句在〈小雅・北山〉中，「永言孝思」二句在〈大雅・下武〉中。

39 嚴粲解釋〈大序〉「詩者，志之所之也，在心為志，發言為詩。情動於中而形於言，……不知手之、舞之、足之、蹈之也」云：「蓋詩由所感而作，不能自已，出於人情之真而非偽也。……言心之感於物而有喜怒哀樂之殊，則謂之情。」卷 1，頁 4。又解釋〈大序〉：「上以

爲理學家與文學批評家所共有，因爲《詩》爲言志產品，[40]我們若以「志」包括思想與情感，[41]則《詩》不僅蘊含道德教訓，也是個人情感的表現。劉勰：「詩者，持也，持人情性；三百之蔽，義歸『無邪』，持之爲訓，有符焉爾。人稟七情，應物斯感，感物吟志，莫非自然。」「昔詩人什篇，爲情而造文；辭人賦頌，爲文而造情。何以明其然？蓋風雅之興，志思蓄憤，而吟詠情性，以諷其上，此爲情而造文也；諸子之徒，心非鬱陶，苟馳夸飾，鬻聲釣世，此爲文而造情也；故爲情者要約而寫眞，爲文者淫麗而煩濫。」[42]劉勰是文質並重的文學理論家，他對於詩中的眞摯情感之重要性非常在乎，嚴粲不可能不明白情性、性情的內涵包含情意、情感等，

風化下，下以風刺上，主文而譎諫。言之者無罪，聞之者足以戒，故曰風。……故變風發乎情，止乎禮義。發乎情，民之性也；止乎禮義，先王之澤也。」一段云：「此申說吟詠情性之意。變風發乎喜怒哀樂之情以風刺其上，出於性也。言性動而之情也。其言止乎禮義而不失其性之德，則由於先王教化之澤淪浹於人心者未泯也。夫人之怨怒哀思易爲血氣所亂，往往流於情之過，而失其性之正，非教化入人者深，何以能止於禮義邪？」卷1，頁9。

40　〈舜典〉：「詩言志，歌永言，聲依永，律和聲。」《尚書正義》（台北：藝文印書館，1976年），頁46。〈詩大序〉：「詩者，志之所之也。在心爲志，發言爲詩。」《毛詩正義》，頁13。

41　孔穎達解釋〈詩大序〉「詩者，志之所之也」之言曰：「此又解作詩所由。詩者，人志意之所之適也。」《毛詩正義》，頁13。《左傳·昭公二十五年》：「民有好惡、喜怒、哀樂，生于六氣，是故審則宜類，以制六志。哀有哭泣，樂有歌舞，喜有施舍，怒有戰鬥；喜生於好，怒生於惡。是故審行信令，禍福賞罰，以制死生。生，好物也；死，惡物也。好物，樂也；惡物，哀也。哀樂不失，乃能協于天地之性，是以長久。」《孔疏》：「此『六志』，《禮記》謂之『六情』，在己爲情，情動爲志，情、志一也。」《春秋左傳正義》（台北：藝文印書館，1976年），頁891。

42　以上兩段文字分見《文心雕龍》之〈明詩〉與〈情采〉，周振甫：《文心雕龍注釋》（台北：里仁書局，1984年），頁83、600。

但他在使用這樣的字眼時,則常與理學掛勾,如面對〈大序〉
「詩者,志之所之也。在心爲志,發言爲詩。情動於中而形
於言,言之不足故嗟歎之」之句,嚴粲解釋爲:

> 蓋詩由所感而作,不能自已。出於人情之真,而非僞
> 也。舉手而舞,動足而蹈,身爲心使,不自覺也。虛
> 一而靜者,心也。言心之所主,則謂之志;言心之感
> 於物而有喜怒哀樂之殊,則謂之情。」(卷1,頁3~4)

此處所言心與志、物與情之間的關係,儼然理學家之口吻。
這先天的虛一而靜的靈明之心本是善的,後來因爲受到後天
習氣或物欲的影響,使得天生的善性、善心變得冥昧不覺,
是故《詩緝》於〈大雅・板〉之第六章言:「泛言治民之道也。
言人心本虛明,以物欲窒之,則如牆然,冥昧罔覺。苟能順
天之理,以開明人心,如開牖於牆,復其本然之明也。」(卷
28,頁26~27)這幾乎可說是以詩歌爲理學的註腳了。

　　前面我們已經表明,心、性、情等修養之論述乃是嚴粲
詮解三百篇所關注的焦點,那麼在引用前人以理解《詩》的
學說時,有關情性、性情、心性、心理之說就成爲最主要的
內涵了。其實不僅引用前人的以理學說《詩》,嚴粲自己在說
解三百篇時,也時常從心、性、情等角度來加以詮釋,在扣
除一些非理學意味的心性情之說之後,[43]我們可以發現嚴氏

---

43 如說〈魏風・十畝之間〉的「十畝」爲「詩人性情之言,特甚言之,
　未必盡據名數。」卷10,頁9;說〈豳風・東山〉:「此設爲軍士自道

常將心性與義理、天理互相搭配解說。義理存在人心，當人心純然一片義理時，人心即義理，人心即天理。此時，人心之樂即義理之樂，且天下之人皆可以有此喜樂。其解〈小雅・菁菁者莪〉云：「以君心之樂感人心之樂，義理之樂同也。」（卷18，頁41）人心成了義理是否得以實現的本源，此心澄明除蔽，則義理自見。釋〈小雅・節南山〉曰：「作此歌誦以窮究王致兇亂之由，乃是王心之未回，王庶幾改化其心，以養萬邦，謂心一悔悟，則本原既正而萬物皆理矣。」（卷20，頁9）而此人心之義理又可以用「中」一字來表示。故云「民心莫不有是中」、「中者，民心所自有」。（卷32，頁17）這種說解一見即可知出自宋儒之手。

　　另外，嚴粲也用「良心」來解說詩文，如解〈秦風・渭陽・序〉「康公念母也」為「念母者，康公之良心也。既而不能自充，亟脩晉怨，此之謂失其本心」。（卷12，頁24）「良心」不一定是理學專用語，但這裡顯然帶有理學的意味，因為嚴粲把「良心」與「本心」連結說明，將兩者對看，良心的實體意味也因此跟著顯明了。言及康公之「失其本心」，嚴粲配合《詩序》，把〈渭陽〉與〈權輿〉視為同一組作品。《詩序》：「〈權輿〉，刺康公也。忘先君之舊臣與賢者，有始而無

之辭，反目委折，曲盡人情之私。」卷16，頁23；說〈小雅・四牡・序〉：「此特序詩者之辭，以為使臣有驅馳之勞，而其君能深體之，其心之喜悅當如何？」卷17，頁4；〈小雅・采薇〉「方遣行之初，而豫道其將來之勞苦，見深體之心也。」卷17，頁28；〈小雅・頍弁〉「族人之情迫切如此，豈真望王宴樂哉？」卷23，頁23；〈大雅・公劉〉「公劉猶恐民之初遷有懷，不能以自答，迺復宣導在下之情欲，人人皆得其所也」，卷28，頁3。

終也。」嚴粲謂：「康公其初之待我在渠渠然深廣之大屋，其後待賢之意寖衰，供億寖薄，賢者每食而無餘，即飲食一節，以見其待賢之意衰也，非責其禮也，於是歎之，言不能承繼其始也。」（卷 12，頁 25～26）良心既已本然爲善，那麼又要如何見其良心呢？嚴粲強調的是「興」的作用，例如其解〈小雅・菁菁者莪〉云：「興也。莪蒿雖微物，美而可食，故以喻人才。……喻君子能長育人才，無微不逐也。既見此能育材之君子，則莫不喜樂而有威儀。樂見良心之興起有儀，見善教之作成。」（卷 18，頁 14）「興」作爲《毛傳》解《詩》獨標的表現技巧，[44]其內涵本來極爲豐富，爭議也極多。除了類如「比」般附帶某種比擬的文學技巧之外，「興」本身最主要的是富含另一層次的感發意味。[45]孔子說：「興於《詩》。」（《論語・泰伯》）「《詩》可以興。」（《論語・陽貨》），何晏引包咸及孔安國之注解，一作「起」，一作「引譬連類」，似乎預告了後代解說「興」的二個大趨向。[46]朱子在爲這二處的「興」作解釋時，則顯然地從道德生命經驗去解釋，所以解「興」爲「興起其好善惡惡之心」，爲「感發志意」。[47]此

---

44 按：《毛傳》對於詩之作法僅標興，賦比不標，而其所標「興也」之詩共 115 篇，佔全《詩》的 37.7%。見裴普賢：《詩經研讀指導》，頁 191。（裴書云 27.7%，筆誤）

45 相關問題之討論詳拙著《朱子詩經學新探》（台北：五南圖書出版公司，2002 年），頁 198-209。

46 《論語・泰伯》：「興於《詩》。」包曰：「興，起也。言脩身當先學詩。」《論語・陽貨》：「《詩》可以興。」孔曰：「興，引譬連類。」《論語注疏》（台北：藝文印書館，1976 年），頁 71、156。

47 朱子解「興於《詩》」云：「興，起也。《詩》本性情，有邪有正。其爲言既易知，……其感人又易入，故學者之初，所以興起其好善惡惡

二注解已經觸及了孔子對《詩》與人生的作用的看法。孔子
以爲讀《詩》可以開啓人的生命（尤其是精神的眞實生命），
也是「開啓人的道德生命所必須」。[48]因此，興與道德意識有
關，尤其與「仁」有直接的關連。[49]嚴粲也從感發興起的角
度解說天生的仁心、仁性。如解說〈大雅‧旱麓〉第三章云：

> 鳶飛至天，魚躍其淵，言天壤之內，莫不自得其性，
> 而不知所以然也。豈弟文王，遐不作人乎？言有以興
> 起之，而使之不自已也。遐，言作人之久也。作之以
> 豈弟，是性天感發之妙，自有手舞足蹈而不自知者，
> 惟久於其道者能之。（卷25，頁37）

之心，而不能自己者，必於此而得之。」解「《詩》可以興」則云：「感
發志意。」《四書章句集注》（台北：大安出版社，1999年），頁141、
249。

48 張亨謂《論語》「子謂伯魚」章：「象徵人生命之被堵塞，未讀《詩》
時人的生命是被堵死的，所以讀《詩》正是開啓人之生命。這生命自
然不是指物質的、自然生命，而是指精神的、眞實生命而言。感發志
意也就是豁醒或興起這一眞實生命。因此，『興』與『仁』有關。……
《論語》以仁爲人的眞實生命，又以「興」就是顯現這一眞實生命，
這就無怪其對於詩如此之重視了。這種重視還不像 Arnold 把文學看
成道德的傳達工具，或者認爲文學是一種道德實驗；而是直接從詩（文
學）的本質上去肯定其道德意義。如此，詩不是被研究批評的對象，
而是開啓人的道德生命所必需。」〈論語論詩〉，《思文之際論集》（台
北：允晨文化實業公司，1997年），頁88-91。

49 馬一浮云：「人心若無私係，直是活鱍鱍地，……此便是興。若一有
私係，便隔十重障，……如夢忽醒，如仆者之起，如病者之蘇，方是
興也。興便有仁的意思。是天理發動處，其機不容已，詩教從此流出，
即仁心從此顯現。」《復性書院講錄》，卷2，劉夢溪主編：《中國現
代學術經典：馬一浮卷》（河北：河北教育出版社，1996年），頁145。

這裡的「興起」、「感發」其實為同義詞，都指文王對百姓的教化作用，興起（感發）仁的善心、善性，使其各得天命之本性。所以嚴粲往解釋〈大雅·棫樸〉時又說：「人心之善，作之則興，自暴自棄，習俗益流於下者，由上之人無以興起耳。」並連舉《孟子·盡心下》「經正，則庶民興」、〈盡心上〉「待文王而興者，凡民也」、[50]〈盡心下〉「奮乎百世之上，百世之下聞者莫不興起也」為例，說：「人同此心，心同此理，非外立一道，以疆其所無，特作而興之，使之自不能已，不知所以然而然。」（卷 25，頁 33）「作之則興」、「無以興起」、「作而興之」的「興」，皆是強調對人心善端的感發，人心受到感發，則自然興起奮發。

　　嚴粲從良心的角度詮釋詩文，也觸及到「興」的概念，他解釋〈小雅·菁菁者莪〉的「興」與朱子解釋〈淇奧〉第一章「有匪君子，如切如磋，如琢如磨。瑟兮僴兮，赫兮咺兮」的方式相似，[51]而朱子之前的程子，也曾運用相似的「興」義解《詩》，[52]再由程子往上溯源，則《論語》中孔子與子貢、子夏論《詩》的二段文字才是這種以「興」解詩的最早源頭。

50　今本《孟子·盡心上》作：「待文王而後興者，凡民也。」《孟子注疏》，頁 230。

51　朱子解〈衛風·淇奧〉首章云：「衛人美武公之德，而以綠竹始生之美盛興其學問自脩之進益也。」《詩集傳》，頁 34-35。

52　程頤解〈陳風·防有鵲巢〉云：「有叢林之蔽翳，則鵲巢之，興人心有蔽昏，則讒誣者至。邛，丘也，謂丘原廣平之處，則有苕生之美草，興人心高明平夷，則來善言。……中唐，庶下之地，瓦礫所聚也，興處汙則不善者從焉。」《河南程氏經說》，卷 3，《二程集》，下冊，頁 1062。

[53]嚴粲以興解《詩》，從道德生命的感發詮釋三百篇，自然受到這一系列《詩》教傳統的影響。

　　良心作爲本然的善心，若受到後天的人爲的蒙蔽，則無法展現其澄明的本性。因此，一旦受到感發，則本然的良心便如泉水之湧出、草木之滋長，源源不已、生生不窮地生發。如〈大雅・綿〉「虞芮質其成，文王蹶厥生」之句，嚴粲云：「生者，本然之良心，與生俱生者。以其生生不窮，故謂之生。猶《孟子》言『生則烏可已』。」（卷 25，頁 29）嚴粲用本然的良心解釋「文王蹶厥生」的「生」字之意，此與傳統毛、鄭、孔的注解有所不同，[54]並且舉《孟子》原文爲例，說明此章之意義爲：「述文王有虞、芮質成之事也。虞、芮二國之君以爭田之訟質正而求其平。意謂文王所定曲直必無偏陂也。文王有以感動其本然之良心，乃使之自忘其爭焉。人之良心如木之有根，生生不窮，故謂之生。」（卷 25，頁 29）

53　《論語・學而》記載，子貢曰：「《詩》云：『如切如磋，如琢如磨』，其斯之謂與？」子曰：「賜也，始可與言《詩》已矣！告諸往而知來者。」〈八佾〉記載，子夏問曰：「『巧笑倩兮，美目盼兮，素以爲絢兮。』何謂也？」子曰：「繪事後素。」曰：「禮後乎？」子曰：「起予者商也，始可與言《詩》已矣！」

54　《毛傳》解釋此二句云：「質，成也；成，平也；蹶，動也。」並以虞、芮相爭訟之事言之。並沒有直接解釋「生」字之意。《鄭箋》云：「虞、芮之質平，而文王動其緜緜民初生之道，謂廣其德而王業大。」釋「生」爲緜緜初生之道。《孔疏》直接承繼鄭玄之說，解「生」爲「太王初生之道」。何謂「太王初生之道」？依據鄭、孔之意，當指太王剛創始周王朝之業，「生」指王業之初生。故《孔疏》又云：「此直增動大王民之初生耳，而連言緜緜者，明大王於緜緜之中而初生王業，今文王又動之，見文王所動，大於緜緜後之初生，故連言之。」《毛詩正義》，頁 551。

「生」為生生不窮之意，虞、芮二國國君因為感動於文王的教化，故使其良心興起，生生不窮。這生生不窮的良心有如草木之本根，會一直成長、擴充，百行萬善皆由此良心而出，[55]故詩文的「生」當指此生。文王感動了虞、芮二國國君本然之良心，使其生生不窮，嚴粲因此以《孟子·離婁上》為證。再者，《孟子》的「生」也同時被嚴粲賦予不同的涵義，這二處的「生」同時都帶有心理生發、感興不已的意思。[56]

此外，嚴粲《詩緝》也常以四書之義解說經文。相較於前朝，宋代經學的重大改變在於四書地位的提升。五經雖然依舊是重要的經典，地位與價值並沒有降低，但是四書逐漸成為當時學者研究的重點，[57]尤其是理學家對於四書的重視，幾乎可以說是以之為研讀核心，也是發揮義理的重要依憑。嚴粲《詩緝》有援引四書之語說解者，如解〈大雅·文王〉：

---

55 嚴粲又云：「虞、芮以忿爭，汩其良心，如木有物以關，其生理不得遂其暢茂，然其所謂生生不窮者，未嘗絕也。迨夫感文王之化而翻然自悟，如去其壅關，而生意沃然矣。一念既改，百行萬善，皆由是而充之，此之謂『蹶厥生』。」《詩緝》，卷25，頁29-30。

56 今本《孟子·離婁上》原文作「生則惡可已也」。《孟子》本章之意，為說仁、義、禮、智、樂之實。孟子曰：「仁之實，事親是也。義之實，從兄是也。智之實，知斯二者弗去是也。禮之實，節文斯二者是也。樂之實，樂斯二者，樂則生矣。生則惡可已也？惡可已，則不知足之蹈之、手之舞之。」這裡的「生」原指樂之生，因為能節文事親從兄，不失其節，而文其禮敬之容，故中心樂之。樂由此而生。趙岐《注》：「樂此事親從兄出於中心，則樂生其中矣。樂生之至，安可已也！」《孟子注疏》，頁137。

57 或謂宋代四書地位「大大超過了五經」，詳雷紹峰：《中國學術流變史》（武漢：湖北人民出版社，頁167）。未提確證，茲不探。

> 「穆穆」者，《中庸》之「齊莊」、「有敬」，即「雝雝
> 在宮，肅肅在廟」也。「熙緝敬止」者，《中庸》之「至
> 誠無息」，即「純亦不已」也。[58]

嚴粲解釋地很簡潔，將「穆穆」、「雝雝在宮，肅肅在廟」等
同於《中庸》的「齊莊」、「有敬」。將「熙緝敬止」等同於《中
庸》的「至誠無息」、「純亦不已」。這樣的解釋方式跟傳統的
處理不同。解釋經典雖然有諸經互證的方式，可是一般來說
是要在相同的事件或語句下進行比對、補充。如《毛詩正義》
在〈大雅‧文王〉疏文中亦引述《中庸》，但功用在提供訓詁
上的證據。[59]嚴粲不僅引述四書，還將其中的義理用來說解《詩
經》之義，如〈周南‧芣苢〉之〈序〉提到「文王之道」，嚴
粲解釋：「道，謂脩身、齊家之道也。」（卷1，頁32）這就
充分運用了《大學》的思想。《大學》原是《禮記》中的一篇，
內容提出了明明德、新民、止於至善之三綱領與格物、致知、
誠意、正心、修身、齊家、治國、平天下之八條目，三綱八
目成為南宋以後理學家倫理、政治、哲學的基本綱領。嚴粲
在《詩緝》中對《大學》的運用則是偏重在修齊治平之義，

58　《詩緝》，卷25，頁5。按：《中庸》：「唯天下至聖，為能聰明睿知，
　　足以有臨也；寬裕溫柔，足以有容也；發強剛毅，足以有執也；齊莊
　　中正，足以有敬也；文理密察，足以有別也。」《四書章句集注》，頁
　　51。

59　《大雅‧文王‧孔疏》：「『亹亹，勉也』，〈釋詁〉文。『哉』與『載』
　　古字通用。《中庸》言『栽者培之』，注引『上天之載』，是其通也。」
　　《毛詩正義》，頁534。

如解〈大雅・抑〉言「〈抑〉詩多自警之意。所言脩身、齊家、治國、平天下之道，與《中庸》、《大學》相表裏」，「有覺悟者，德行也。有德行，則曰國服從之矣。欲明明德者，先致其知也。用賢脩己，治道之大端舉矣」（卷 29，頁 7～8），就可算是個明顯的例子。

　　除了引四書之義以解《詩》之外，嚴粲也將四書作爲重要的義理證據，例如前云嚴粲在解說〈大雅・棫樸〉時引述《孟子》「經正，則庶民興」、「待文王而興者，凡民也」、「奮乎百世之上，百世之下聞者莫不興起也」（卷 25，頁 33）之語，就是個明顯的例子。嚴粲以《孟子》之〈盡心〉上下篇諸文字來解釋「遐不作人」之意，在此，《孟子》稱不上是訓詁之證據，更談不上是以闡釋《孟子》義理來解《詩》，應該可以這麼說：《孟子》成爲嚴粲個人對義理說解的輔助證據。實際上，運用四書的義理解說《詩經》本來早有前例，[60]到了宋代，更是蔚爲風潮。嚴粲身處理學發達的時代，自然對這種解經方式極爲習慣，由前引諸條論述中可以窺知一二。在這些以四書解《詩》的條目中，大部分都是有跡可尋的，如四書本身原已引用的詩句，先就已使這些詩句帶有某些義理性質，或者宋代學者重新發現，重新以義理角度解釋《詩

---

60 如〈小雅・皇皇者華〉「載馳載驅，周爰咨詢」下，《毛傳》及《孔疏》以《中庸》之「中和」解釋其章句。《毛傳》云：「親戚之謀爲詢。兼此五者，雖有中和，當自謂無所及成於六德也。」《孔疏》云：「《毛傳》不言忠信而云中和者，《中庸》曰：『喜怒哀樂之未發謂之中，發而皆中節謂之和。』則中和者秉心塞淵，出言允當之謂也。然於文，中心爲忠，人言爲信，是忠信、中和事理相類，故毛以忠信爲中和。」《毛詩正義》，頁 319-320。

經》，以補充或發揮四書沒有提到的具有義理性質的《詩經》
章句。嚴粲對這些章句的沿用承襲或闡述，在《詩緝》中是
歷歷可見的，〈大雅・文王〉、〈大明〉、〈棫樸〉、〈旱麓〉、〈思
齊〉、〈皇矣〉、〈抑〉、〈烝民〉、〈周頌・維天之命〉、〈敬之〉
等等，就是屬於繼承或補充前人以理學解《詩》的篇章，從
其內容來看，嚴粲較少放入個人意見。比較特殊的是，〈周頌・
思文〉的解釋顯得較具特色，充分表現出理學家的解經色彩。
〈思文〉云：「思文后稷，克配彼天。立我烝民，莫匪爾極。」
《毛傳》解「莫匪爾極」：「極，中也。」嚴氏云：

> 蓋民心莫不有是中，而阻飢則失其常心。自后稷播時
> 百穀，存立眾民之命，而後各復其受中之性，是民之
> 中皆是后稷之中也。后稷遺我民以來牟二麥之種，此
> 乃天命后稷遍養斯民，無此疆界之別，遂使人倫常道
> 得陳於中國也。……天能予民以中，后稷能全民之中，
> 天以遍覆為德，后稷則達天之德。中者，民心所自有，
> 特因后稷有以養之而勿喪耳。后稷以己之中予之而曰
> 『莫匪爾極』，何也？后稷之心與斯民之心同，此一中
> 非二物也。斯民既全其中，則斯民與后稷同此心亦同
> 此理，更無差別。民之中即后稷之中，故曰「莫匪爾
> 極」。（卷32，頁17-18）

嚴粲在這裡運用《中庸》「中」的觀點解釋〈思文〉章句，顯
然是受到《毛傳》的啟示，只是毛公所謂的「中」應該不是

《中庸》的「中」。依據鄭玄及孔穎達的最初解釋，毛公的「中」指「中正」的「常性」，而鄭玄與孔穎達把「中」與「性」相連著解釋，的確使毛公的「中」帶有某種程度的本體論意味，不只是人性論一端而已。[61]再回過頭來看《中庸》的「中」：「喜怒哀樂之未發，謂之中；發而皆中節，謂之和。中也者，天下之大本也；和也者，天下之達道也。致中和，天地位焉，萬物育焉。」[62]這裡是連著喜怒哀樂之情來說「中」，因此「中」的本體論意義反而不明顯，被突出的乃是講究修養的功夫論。反觀嚴粲對「中」的解釋，可以發現他一直注重「中」的本體論形上意義的發揮。所謂「蓋民心莫不有是中」、「各復其受中之性」、「民之中皆是后稷之中」，這民心之「中」就是《中庸》首章「天命之謂性」的天命之性，故云「中」為「民心所自有」，「民之中及后稷之中」，兩者殊無二致。

　　從嚴粲對前人的以理解《詩》的引用文字裡，可以發現嚴粲對於「誠」或者「天理」這一類形而上的天道實體不如正統理學者那樣地具有高度之興趣，心、性、情等修養之說才是嚴粲始終關注的焦點。但這並不表示嚴粲對於理學基本概念中的「天理」部分有所忽略，由《詩緝》中反覆出現的「天理」、「天命」等詞彙，可以得知嚴粲對「天理」或「理」仍有某種程度的重視。「天理」在嚴粲看來，乃是天地之間的

61　《鄭箋》云：「昔堯遭洪水，黎民阻飢，后稷播殖百穀，烝民乃粒，萬邦作乂，天下之人無不於女時得其中者。言反其性。」《孔疏》云：「昔堯遭洪水，后稷播殖百穀，存立我天下眾民之命，使眾民無不於爾后稷得其中正。言民賴后稷復其常性，是后稷有大功矣。」《毛詩正義》，頁721。

62　《四書章句集注》（台北：大安出版社，2005年），頁22。

一個最高之形上原則，故其解〈大雅・皇矣〉言：

> 文王之心，純乎天理，非有私意喜怒。……天理之自
> 然為之則，即有物有則，乃見天則，謂理之不可踰也。
> 文王無一毫人偽之私，油然大順安行乎天理之自然。
> 所謂順者，由仁義行，非行仁義也。（卷26，頁16～
> 17）

「天理」是自然流出，無私念喜怒於其中的最高理則。順應、
實踐天理即是至善，因此〈大雅・烝民〉首章說「天生烝民，
有物有則」，此「則」即來自於天，是天生之性，民若能順此
天性，則能好德；「天生眾民，具形而有物，稟性而有則。則
即帝則也，以其具於吾身，與生具聲，不可逾越，故謂之則。
如有耳目則有聰明，有父子則有慈孝，皆天理之不可逾越也。
民皆稟此常性，故皆好此懿德。」（卷30，頁18）所以違背
天理會就是罪惡，嚴粲在〈唐風・無衣〉提到「蓋以人倫之
大變，天理之所不容，人人得而誅之」（卷11，頁22）、「舊
說以爲武公天理未盡滅，非也。曲沃自桓叔以來，弒逆屢矣。
武公踵父、祖之惡，卒滅其宗國而自立，豈復顧天理耶」（卷
11，頁24），雖然天所賦予吾人之性都一樣，而卻又有賢愚
之分，其原因在於氣稟的不同。嚴粲顯然接受這種說法，是
以從先天氣稟的差異來解釋現實世界中賢愚的不同：「文王之
所以爲聖也，孔氏以爲文王所以得聖，由其賢母所生。……
大任乃文王之母，謂文王生於大任，而大任有敬德，其氣稟

有自來矣。」（卷 26，頁 1～2）又說：「庶人之愚是其稟賦之偏，如生而有疾，非其罪也，主於疾而已。」（卷 29，頁 7）「於均稟同賦之中而有賢者獨鍾氣之粹焉，是有關於國家盛衰之數，而非偶然也。」（卷 30，頁 18）

　　天理爲最高的形上原則，也是道德原則，與之接軌的是人心，而且天理存在於人心，具有普遍性的原則，每個人心中都有天理之至善。嚴粲於〈大雅・棫樸〉言：「人同此心，心同此理，非外立一道，以彊其所無，特作而興之，使之自不能已，不知所以然而然。」（卷 25，頁 33）既然人心存有天理至善，那惡又從何而來？嚴粲以爲這是人心之良善被蒙蔽的緣故。嚴粲於〈大雅・板〉言：「六章泛言治民之道也。言人心本虛明，以物欲窒之，則如牆然，冥昧罔覺。苟能順天之理，以開明人心，如開牖於牆，復其本然之明也。」（卷 28，頁 26～27）所以在上位者的工作便是順天之理，以開明人心，使人心回復本然的至善狀態。嚴粲相信被蒙蔽的人心是能被教導、化育的，故於〈鄭風・緇衣〉云：「此詩止以公與祭仲有殺段之謀，故設爲公拒祭仲之辭，以天理感動之公論開悟之耳。」（卷 8，頁 6）天理之公論可以喚回迷失的本心，故嚴粲解釋〈陳風・墓門〉云：「興也。言性本非不善，以失教導，而流於不善。」（卷 13，頁 10）當先天的至善被後天之環境、意識所蒙蔽時，解決之道就是透過後天的教導與化育，使此心能返回原來之正；這些言論都顯示了嚴粲身爲正統儒家學者這樣的事實。

三、經學史上的意義

　　唐代對經學最大的貢獻在整理與修纂經籍之注疏，皮錫瑞稱之為經學的統一時代，[63]由於其時以詩文取士，經學缺乏重量級的個人著作，因此也有學者目之為經學最衰微的時代。[64]及至宋代，經學的發展產生了重大的變革，因為對傳統經傳抱持懷疑的態度，打破了唐代定於一尊的經學概況，強調「分化」的傾向至為明顯。[65]之所以會造成「分化」，除了對待傳統經籍的態度以外，解經時所持的基本觀念與研究方式不同於以往，也是另一個主要的原因。《四庫全書總目》在論及學術（經學）的發展源流時，對於宋代的學術概況云：「洛、閩繼起，道學大昌，擺落漢、唐，獨研義理，凡經師舊說，俱排斥以為不足信，其學務別是非，及其弊也悍。」[66]說明了宋代學人士子在解經時，受道學的影響，注重「義理」

63　詳皮錫瑞：《經學歷史》（台北：藝文印書館，2000 年），頁 205-236。
64　詳錢穆：《經學大要》（台北：蘭台出版社，2000 年），頁 278-315。
65　諸橋轍次〈唐宋的經學史〉：「宋代經學與唐代經學作比較的話，最主要的差異是：《經學歷史》（台北：藝文印書館，2000 年），頁 205-236。
65　詳錢穆：《經學大要》（台北：蘭台出版社，2000 年），頁 278-315。
65　諸橋轍次〈唐宋的經學史〉：「宋代經學與唐代經學作比較的話，最主要的差異是唐代經學界有定於一尊的傾向，而宋代經學界則有強調分化的傾向。最能說明宋代經學界強調分化傾向的是宋代經學家對於經傳採取極為懷疑的態度。由於此一懷疑的態度，終於打破唐代經學一尊主義的成規而造成宋代經學釐析真偽而強調辨別的新現象。」安井小太郎等著，連清吉、林慶彰合譯：《經學史》（台北：萬卷樓圖書公司，1996 年），頁 120。
66　〈經部總序〉，《四庫全書總目》（台北：藝文印書館，1974 年），頁 62。

的發揮，[67]雖然注重辨別是非，卻也造成另一種過於主觀的弊病。且在道學的影響之下，解經慢慢走向哲學化、形上化。這種哲學化、形上化最明顯的表現在四書的解釋上，這本和四書原來的質性有關。《詩經》雖然不是以談論義理、表現思想為主要取向的經籍，但在宋代理學風潮的影響之下，也出現了許多不同於前代注疏的解釋，這些解說帶有濃濃的理學色彩，呈現與以往大不相同的面貌。

　　讓《詩經》的解釋轉向形而上、哲學化之路的，朱子無

---

67 張富祥：「宋人治經的最大特點，或說宋代經注的最大變化，在於不依傍古人，敢於擺落漢唐舊注，直求經書原文，注重個人的發明創造，自出新意，自立新解。這一變化，實質上反映了封建社會（權用此稱）前後期思想統治及其學術表現形式上的不同。漢唐時代，封建統治階級的思想統治尚秉承較多的古典傳統，其學術形式偏主於經學箋注，主流學者大都謹守師說，注重章句訓詁，少有人能越出於經學箋注之外。然而隨著封建社會轉入後期，這一形式已不能適應新的歷史形勢的需要，於是到北宋時，學者們開始拋棄原來煩瑣而不切實際的經學訓詁，通過吸收佛教和道教的一些思想因素，炮製出一套更有實用價值，更能為封建等級秩序服務的思想體系來，從而使學術理路逐漸由傳統的章句訓詁之學轉向了義理之學。雖然到這一時期，封建社會的運行體制並未發生根本性的變化，儒家經典也還是原來的那幾部，而說經形式已然大異於前，經學基礎及其主導特徵也隨之發生變動。」詳張富祥：《宋代文獻學研究》（上海：上海古籍出版社，2006 年），頁 173-174。張氏之言大抵合於事實，然而強調宋儒治經使學術理路逐漸由傳統的章句訓詁之學轉向了義理之學，容易滋生誤解，事實上，絕對不能以為至宋代讀經書才開始講義理，在治學型態上，經學本來就有「義理之學」與「訓詁之學」之分，而義理之學又比訓詁之學來得古老，自孔子創立儒家，就已非常重視經書的義理之學，甚至要到西漢以董仲舒為代表的經學家闡發經書中的義理，提高儒家經典的價值，才使儒學搖身一變為經學。詳章權才：《宋明經學史》（廣東：廣東人民出版社，1999 年），頁 66-67。且就算儒學搖身變為經學，治經者也不可能僅在章句訓詁上用盡精神，充其量就是在訓詁與義理上的配重不均而已，亦即漢宋儒的研經的確存在著「重訓詁」與「重義理」的差別，但並無「漢儒不講義裡」、「宋儒捨棄訓詁」的情事。

疑是最具關鍵性的人物。但在朱子之前，北宋五子也曾以相似的方式詮釋三百篇。邵雍（1011～1077）、周敦頤（1017～1073）皆無《詩經》的專門著作，張載（1020～1077）雖則《宋史·藝文志》有著錄其《詩說》一卷，但今已不可得見。加上邵、周、張三人的興趣多集中在《周易》，因此，雖偶有以理解《詩》的片段文字，影響卻不大。至於二程則不同於前三子，程顥雖無專門的解《詩》著作，但在其語錄體的《二程遺書》中有許多解《詩》的意見，程頤則有《詩解》一卷，其內涵深具理學家解《詩》的特色，對後來的學者影響頗深。二程運用理學家格物致知的方法研究《詩經》，[68]其目的雖在窮理，由經以識義理，[69]不過在追求義理的過程中，已將經典理學化，賦予經典哲學意味，強調其中蘊含的形而上實體。因此，講求義理成了二程說《詩》的特點，也體現了二程對傳統《詩》學方法的重大變革。[70]

---

68 二程子云：「格物亦須積累涵養。如始學《詩》者，其始未必善，到悠久須差精。人則只是舊人，其見則別。」《河南程氏遺書》，卷15，頁164。

69 二程子曾明白表示：「由經窮理。」又說：「聖人作經，本欲明道。今人若不先明義理，不可治經。」《河南程氏遺書》，卷15，頁158；卷2，頁13。

70 譚德興：「『義理』是二程《詩》學的新創，也是宋代《詩》學理學化的重要表現。『義理』的最高範疇是『天理』。《宋元學案》卷十三載程顥語：『吾學雖有所授受，「天理」二字卻是自家體貼出來。』可見，『天理』實乃二程之新創。……獨研『義理』卻充分體現了二程對傳統《詩》學方法的重大變革。」〈試論程顥程頤的詩學思想〉，《詩經研究叢刊》，第6輯，頁100-101。戴維：「程氏說《詩》，主要特點在於將《詩經》理學化，將《詩經》與理學家所強調的禮義廉恥、格物致知窮天理相聯繫，進一步促進了《詩經》研究方向從漢唐之學向宋學的轉變。」《詩經研究史》（湖南：湖南教育出版社，2001年），頁303。

　　二程之後，影響《詩經》走向理學化的人物，以朱子最
爲重要。朱子的理學思想，主要表現在《四書章句集注》、《朱
子語類》等書，《詩集傳》雖然爲朱子解《詩》的專門著作，
但是朱子的解說方式仍以傳統的章句訓詁爲主，義理的說解
不是很多。[71]我們可以這樣說，朱子以理解《詩》的那些意
見，並非集中地出現在《詩集傳》裡，他的其餘著作裡的文
字，影響後來《詩經》學者的程度並不亞於《詩集傳》。如以
嚴粲爲例，《詩緝》在解說〈大雅·抑〉「相在爾室，尚不愧
于屋漏。無曰不顯，莫予云覯。神之格思，不可度思，矧可
射思」一章時，便引用朱子《中庸章句》的所有注解文字。
嚴粲雖然繼承了以程朱爲主的以理學解《詩》方式，但嚴氏
終究稱不上是理學家，對於理學的學養深度遠遠不如程朱。
因此，我們無法用一流理學家的標準去檢覈嚴粲，若要通過
《詩緝》以理解《詩》的文字來看嚴粲的理學思想，不僅行
不通，也不是合理的採用方式。然則如何看待這些引用前賢
或嚴粲自己發明的以理解《詩》諸文字？筆者以爲可以從幾
個方面來說明這個問題。

　　首先，嚴粲身處南宋末年，當時正值理學興盛，學者援
用理學家的解經方式來釋三百篇已成爲一種風尚，嚴粲無
法擺脫這種習氣，自然在行文之間受到影響，援用前賢或者
自己發明的以天道性命之理來解說《詩經》。這只能說是時代

---

71 透過初步的統計可以發現朱子《詩集傳》裡用理學角度解《詩》的地
　方並不算太多。大約有 25 條可以明顯見出理學氣味的解說文字，主
　要在談論天命、天理或理，這一部份共計 11 條；其次爲論心性情，
　共計 5 條。其餘分論脩身、誠敬、義理或忠恕之道。

學術風氣對嚴粲的影響，其中以程朱的學說對嚴粲的影響最大。從那些援引前代學者，或者自己發明解釋的理學解《詩》文字裡，可以證明這一點。在援引前代學者的以理解《詩》文字中，對天理、天命或天道等形而上實體的描寫頗多，在自己發明、解說的文字裡，嚴粲也很關注天理、天道、天命等議題。細繹這些關涉天理、天道、天命議題的文字，不難發現一個事實：嚴粲對於這些形而上的實體觀念，未必眞能有特殊的體悟，亦即不能利用以闡揚自己的義理，呈現三百篇以嶄新的內容意義。質實以言，《詩緝》的理學性文字，無非是反射式、泛言式的提及、引用，或者並非直觀內心而僅是形容道體之廣大與高明而已。如其言〈周頌·維天之命〉：「天之賦予萬物謂之命，即天理也。於乎美哉，是天之運行不已也。造化之機或息，則其賦物者窮矣。」（卷 32，頁 3）解〈周頌·閔予小子〉云：「皇考武王終身能孝，能念我皇祖。文王一陟一降，直而無私，此武王之所以爲孝也，直者，純乎天理之公也。」（卷 34，頁 2）釋〈大雅·皇矣〉第四章說：「克明謂知此理，克類謂觸類而通一理，混融徹上徹下也。」（卷 26，頁 11）這些文字無一不是呈現出這樣的特色。

　　當然，理學內容博大精深，從天地萬物之原到人倫日用之道，學者無不析理精微，但其學說仍以天道性命諸問題爲中心，無論是從那個方面來探討宇宙人生的根本問題，都難免觸及到形而上的理解與論述，而任何哲學一旦涉及了超感

覺的、經驗以外的對象，都有可能落入不易言詮的困境，[72]如此，嚴粲的以理解《詩》若流於浮泛、表象，也可以找到讓人同情的理由。甚至，我們也可以幫他打圓場：中國古代的思想家本來就不重視論證的細節性，他們講究的是直觀與感悟，而這些往往是不可被檢證的。透過符號邏輯來建構理想的形式語言，那是當代西方哲學中科學哲學的目標，而中國的理學只要涉及到形上學的表述或思辨，都屬於不可檢證的概念，更何況，現代西方很多以感官經驗的世界為研究對象的學科都已從哲學分離出去，如自然科學、心理學、社會學……等，甚且，哲學家也可以在科學所提供的知識基礎上思考哲學問題，質疑經驗的真實性，思索經驗以外的可能性。

進一步，我們可以分析《詩緝》那些援用天理解《詩》的例子，這時我們可以發現嚴粲的援引其實很多都是前有所承、有跡可尋的，也就是說，這些以理解《詩》的條例中，大部分都是前代學者已經嘗試過，或者是《中庸》、《大學》本身就已援用的詩句。這就表示這些詩句本身就具有某種程度的理學色彩，具有天命、天性等義理內涵、形上實體的意義，因此學者以理解《詩》反而成了最佳的也是最方便的途徑，能詮釋出詩

72　傅偉勳曾說：「『佛法』一辭可析出廣、狹二義。廣義地說，佛法應該包括思議言詮可及的與不可思議亦不可言詮的兩種。言詮可及的佛法乃依語言表達的方便設施而成，展現具有極其豐富的哲理蘊含的種種大小乘佛教教義，等於所謂佛學。不可思議亦不可言詮的佛法則指佛教的最勝義諦，絕對絕待。《從創造的詮釋學到大乘佛學》（台北：東大圖書公司，1990年），頁127。本文借用其用詞，但將「不可思議亦不可言詮」改為「不易言詮」，畢竟，析理不等同於說法，且理學家的思議能力與表述功夫也是各自不同的。

文原本就潛藏的豐富義理。〈大雅・皇矣〉、〈烝民〉、〈板〉、〈抑〉、〈周頌・維天之命〉、〈閔予小子〉……等等都是這類的典型例子。這除了說明嚴粲以理學解《詩》的有本有源，乃是受到前代學者以及詩文本身提示的影響之外，也反映了另一個值得深思的問題，即以理學解《詩》方法與成績上的侷限。

宋代學術轉向形上化、哲學化的原因之一，是宋儒為了彰顯儒家經典中的微言大義，而強調儒家經典中天道性命等精微幽理，又和受當時佛老哲學玄理的刺激有關。[73]宋儒為

---

73 袁枚〈宋儒論〉：「夫宋儒之講學，而談心性者，際其時也，氣運為之也。……漢後，儒者有兩家：一箋註、一文章。為箋註者，非無考據之功，而附會不已；為文章者，非無潤色之功，而靡曼不已。于是宋之儒者舍其器，而求諸道，以異乎漢儒，舍其華而求諸實，以異乎魏、晉、隋、唐之儒。又目擊夫佛老家譸張幽渺，而聖人之精旨微言，反有所閟而未宣，于是入虎穴探虎子，闖二氏之室，儀神易貌而心性之學出焉。夫創天下之所無者，未有不為天下之所尊者也。古無箋註，故鄭、馬尊；古無辭賦策論，故鄒、枚、晁、董；古無圖太極而談心性者，則宋儒安得不尊？」《小倉山房文集》（台北：文海出版社，1981 年），卷 21，頁 8-9。按：理學是在儒學的復興之下產生的，但其實質卻是儒學與道佛思想的融合，有如錢穆所說的，「宋明兩代的理學家已經接受了道家、佛家的影響，他們已能把中國的儒、釋、道三大派融化會通成為後代的『新儒家』。」錢穆：《中國文化叢談》（台北：蘭台出版社，2001 年），頁 21。4 雖然呂大臨〈橫渠先生行狀〉謂張載「讀其書（按：指《中庸》雖愛之，猶未以為足也。於是又訪諸釋老之書，累年盡究其說，知無所得，反而之六經。嘉祐初，見洛陽程伯淳、正叔昆弟子於京師，共語道學之要，先生渙然自信曰：『吾道自足，何事旁求？』乃盡棄異學，淳如也」，程頤在〈明道先生行狀〉對程顥的學術思想也說「先生為學，自十五六時，聞汝南周茂叔（按：即周敦頤）論道，遂厭科舉之業，慨然有求道之志。未知其要，氾濫於諸家，出入於老釋者幾十年，返求諸六經而後得知」，兩篇行狀強調張載與程顥之學與釋老無關，應為緣飾之詞。詳漆俠：《宋學的發展和演變》（河北：河北人民出版社，2002 年），頁 463-468。陳來亦云：「……精神文化的發展有其內在的邏輯與課題，古典儒家的復興是適應於整個合理化的近世化過程，而建立一種什麼型態和特

了抵抗佛老玄理的潮流，轉向儒家典籍，尋找屬於自己的義理、哲理，一時之間，《周易》、四書成為研究的主要經籍，《易傳》與《中庸》的價值更是被突顯出來。[74]《詩經》雖然不是理學家依附以闡述自己學說的主要典籍，但理學家們仍努力從中挖掘、闡發許多哲理，進而也使三百篇蒙上一層理學的色彩。然而，《詩經》畢竟受到本身屬性的範限，以抒情、

質的新儒學則不能離開思想的內部淵源與外部挑戰。基本上，新儒家的努力一方面是強化社會所需要的價值系統，並將其抽象為『天理』，同時將其規定為人性的內涵，體現為強烈價值理性的型態。另一方面，努力排斥佛道二教出世主義的同時，充分吸收二教發展精神生活的豐富經驗，探求精神修養、發展、完善的多方面課題與境界，建立基於人文主義並具有宗教性的『精神性』。」詳陳來：《宋明理學》（台北：洪葉文化事業公司，1994 年），〈引言〉，頁 15-17。此外，鄔昆如之說亦可參：宋明理學在表面上是發展新儒家，其實，在哲學上的貢獻則是：利用了佛學慧心的領「悟」，把道家在自然中的「人」性，以及儒家學說中主「行」的道德規範，都熔為一爐，指出了從格物開始的先秦原義。《哲學十大問題》（台北：東大圖書公司，2003 年），頁 50。

74 宋初邵雍的思想得力於《易》學，周敦頤、張載得力於《易傳》和《中庸》，而且都是由《易》和《中庸》建立了他們的整個學說體系。其故在於，《論》、《孟》雖是儒家最主要的經典，但內容偏重於現實的倫理與政治，《易傳》和《中庸》則多談性與天道的形而上學。詳吳怡：《中國哲學發展史》（台北：三民書局，1996 年），頁 441。當然，彰顯《易傳》與《中庸》的價值，也引起後世某些學者的譏評，如勞思光即云：「宋代儒者雖以重振孔子學說為目的，但因不能嚴辨經籍之偽託問題，又不察『心性論』之理論特性，故自周惇頤氏立說，即取《易傳》以代表孔子思想，而不知《易》之十翼，皆與孔子無關。至《禮記》各篇時代來源尤為難定；宋儒則不加深考，徒以〈大學〉出於曾子，〈中庸〉出於子思之傳說為據，便取此二篇為先秦儒學代表文獻；於是，以歸向孔孟之學為號召之宋代儒學運動，自始即以偽託之書作為依據。……」，詳《新編中國哲學史（三上）》（台北：三民書局，1989 年），頁 65-66。另外，除了《易傳》與《中庸》之外，《大學》也廣受理學家器重，是以徐復觀云：「宋明理學，若僅從文獻上的根源說，則《中庸》、《大學》、《易傳》，實為其不祧之宗。」《中國思想史論集》，頁 117。

敘述為主的詩歌韻文居多，講論義理、注重玄思的議論性成分不高，可資提供理學家發揮義理的地方當然也就著實有限，二程、朱子討論《詩經》的那些文字其實已經可以證明此一事實。我們觀察那些披上理學色彩、使三百篇解釋走向形而上、哲理化的文字，除了二〈南〉之外，主要表現在〈大雅·文王〉、〈旱麓〉、〈皇矣〉、〈板〉、〈蕩〉、〈烝民〉、〈大明〉、〈周頌·維天之命〉、〈烈文〉、〈閔予小子〉等篇中。嚴粲以理解《詩》，規模、格局無法突破程朱，不過，他原本就不是一個以理學著稱的學者，理學的素養與思想的深度不如程朱是合理的，我們當然也就無法要求他能對三百篇能有更周全、更深入的哲理發揮。[75]

其次，就宋學的治學特色而言，除了哲理化之外，擺脫舊有注疏、以一己之體悟意見為主，也是宋學的另一個標誌。《詩緝》中以理解《詩》的部分，透過上述的整理與論述已可得見。雖然嚴粲的理學修為未必有多高，以理學說《詩》的深度也無法顯現讓人耳目一新的特色，但從引用及自己發明的那些理學性文字看來，嚴粲受到當時學術風氣的影響委實匪淺，而歷來評價嚴粲此書的學者，卻多從另一個角度讚

---

[75] 其實，就算是程朱，其以理學說《詩》能帶給讀者多少啓發，也是一個問題，面對詩篇中的一兩句或一兩章，出之以理學式的詮釋，除非讀者對於程朱理學本身有系統性的認識，否則讀來恐有支離之感。當年朱子與陸象山鵝湖相會之後，象山批評朱子的思想是支離的，「思想要避免支離，格物不要忘懷主體」，成中英以為這種說法對於朱子本人的思想的批評並非公允，詳成中英：《合外內之道 —— 儒家哲學論》，頁 294-298。然而用在以理解《詩》的成效上，支離抽象的感覺是有可能存在的。

揚《詩緝》，如林希逸云《詩緝》一書：「音訓疑似，名物異同，時代之後前，制度之纖悉，訂正精密，開卷瞭然。」善本書室藏書目載明味經堂翻刊本也說：「於音訓疑似，名物異同，最為精礉。」《四庫全書總目提要》則採用前二說，稍加改變云：「音訓疑似、名物異同，考證尤為精核。」[76]對於名物制度的考證，聲音字義的訓詁，都需要一定的舊學基礎，亦即對於傳統注疏的掌握必須嫻熟。嚴粲不僅嫻熟於傳統注疏，也尊重舊有的漢唐之說，他治經的方式接近漢學家，由聲音文字往上推求，以字義為基礎，上求句意、章意，然後漸次達到每一篇詩的旨意。我們可以非常肯定地說，《詩緝》在清代漢學大興的環境裡，備受注重，其原因和嚴粲精於文字訓詁的說解，詳於名物制度的考證有絕對的關係。[77]

　　嚴粲解《詩》主要是探傳統的漢學治經方式，但是透過本文的整理與討論，可以發現宋學的成分也存在《詩緝》中。說《詩緝》具有漢學與宋學雙重特色，並不是指《詩緝》中漢學、宋學兩種治經方法並重，各佔一半。因為，嚴粲顯然仍以前者為重。如何解釋「有理學素養的宋儒嚴粲，努力地將宋學的義理色彩放進《詩緝》中，但卻依然以漢學的治經方式為主」這樣的現象？排除各種先入為主的觀念，透過以

---

76 林希逸之說見《詩緝·序》。味經堂翻刊本之說見丁丙：《善本書室藏書志》（台北：廣文書局，1967 年），頁 70。《四庫提要》之說見《四庫全書總目》第 1 冊，頁 344。

77 本文前面已經強調過，引用嚴粲說法的清儒大多屬於清代「漢宋之爭」中的漢學派。如朱鶴齡《詩經通義》、陳啟源《毛詩稽古編》、胡承珙《毛詩後箋》等等。

上的考察，[78]我們已經可以還原《詩緝》以理解《詩》的本
來面目，對此，筆者的理解是，一來這牽涉到前述嚴粲本身
的治經取向與理學功力的問題，二來也和嚴粲著書的基本立
場、原定對象有或多或少的關係。《詩緝·前序》說：「二兒
初為〈周南〉、〈召南〉，受東萊義，誦之不能習。余為緝諸家
說，句析其訓，章括其旨，使之瞭然易見。既而友朋訓其子
若弟者，競傳寫之，困于筆箚，胥命鋟之木，此書便童習耳。」
可知嚴粲當初著書的初始動機在於幫助學童研習《詩經》，因
此必須考慮此書的閱讀對象，即兒童的理解能力。[79]因此對
於詩中基本的名物制度、聲音字義必須做的工夫是「說明」，
而非「發明」。因此，尊重舊有的漢唐注釋有其必要性，絕不
可能拋棄傳統舊說於不顧，專憑一己之意見來解釋。同樣的，
為了方便教習兒童，使其「治一經得一經之益」，[80]對於慣用

---

78 胡塞爾（Edmund Husserl ，1859-1938）「回到事物本身」的現象學，
　是要對呈現在意識之中的現象做內省和描述。本文使用細微的觀察，
　符合現象學所謂的積極的、盡其所能的對所研討的對象進行忠實的描
　繪－亦即「現象學的描述法」（The Phenomenological Description）－
　之方式，因此面對《詩緝》以理解《詩》之現象，無須使用胡賽爾的
　「存而不論」法（The Phenomenological Reduction），而可以作具體
　且直接的判斷。有關現象學之資料可參〔英國〕畢普塞維克著，廖仁
　義譯：《胡賽爾與現象學》（台北：桂冠圖書公司，1989 年），頁 155-176。
　蔡美麗：《胡塞爾》（台北：東大圖書公司 1999 年），頁 45-61。吳汝
　鈞：《胡塞爾現象學》（台北：台灣商務印書館，2001 年），頁 33-34。
79 這裡所謂初始動機是說，嚴粲在寫書之前並無太大的企圖心，當然書
　寫過程之中，心得湧現，內容有些許深化，也是自然而然的，至於有
　人認為「《詩緝》卷首論大小〈雅〉之別後有『臣考〈菁莪〉所言』，
　卷一〈周召〉下有『臣粲曰』，所以說他『便童習』的說法只是一種
　托詞」。（戴維：《詩經研究史》，頁 383）證據不足，未必可信。
80 皮錫瑞：「以〈禹貢〉治河，以〈洪範〉察變，以《春秋》決獄，以三
　百五篇當諫書，治一經得一經之益也」，《經學歷史》，頁 85。按：皮氏

美刺、風化解《詩》的《詩序》之說，嚴粲當然也樂於沿用，
特別是簡易而可以讓解說者發揮的所謂「首序」(《詩序》首
句)。在傳統注疏及〈序〉說的基礎之下，《詩緝》的寫作方
式不可能採用或發展出典型的宋學方法，而大量以主觀意見
解《詩》，也就勢所必至的了。不過《詩緝》由童蒙教習的入
門之書變成宋人說《詩》第一的千古卓絕之書，[81]這樣的不
虞之譽，大概也是嚴粲所始料未及的吧！

四、結　語

依照海德格的(Martin Heidegger, 1889～1976)的說法，
在人的不同功能和分位上，詩人最能夠恰當的運用語言，彰
顯天道，在此，詩在哲學上有非常重要的正面意義。[82]三百
篇中的語言涉及到天道者固然不多，但透過宋儒的以理解
經，詩篇的深層意義不是被發掘出來，就是被賦予另一層意
涵，這是宋代《詩經》學的一大特質，也是宋代《詩經》學
體系得以建立的重要原因。

嚴粲的《詩緝》在《詩經》學史上擁有極高的名聲，雖

此語在誇耀今文經的可以致用，本文僅斷章借用一句，與今古文無赦。

81　萬斯同〈詩序說〉：「嚴氏《詩緝》為千古卓絕之書，而堅執〈序〉為
　　史官所作，則偏信〈大序〉之故也。」《群書疑辨》(台北：廣文書局，
　　1972 年)，卷 1，頁 13。姚際恒〈詩經論旨〉：「嚴坦叔《詩緝》……，
　　惜其識小而未及遠大，然自為宋人說《詩》第一。」《詩經通論》，《姚
　　際恆著作集》(台北：中央研究院中國文哲研究所，1994 年)，第 1
　　冊，頁 7。
82　陳榮灼：《現代與後現代之間》(台北：時報出版公司，1992 年)，頁
　　83。

然「宋人第一」、「千古卓絕」等主觀性的評語未必真確，但並不妨礙《詩緝》為宋代《詩經》名著這樣的事實。嚴粲以理解《詩》的詮釋方式與內容能使讀者在知性上對於部分詩篇產生更豐富的理解，但對於當代或後代的讀者真正融入經典文本所揭露的超時空真理，能夠提供多少援助，則無法作量化的論定。透過本文的論述，我們可以歸結出以下幾個重點：

（一）嚴粲有一定的理學素養，《詩緝》以理學說《詩》乃是其書的一大特點，前人面對《詩緝》皆僅從經學與文學兩個層面來觀察，這是不夠的，必須考慮到其「以理學說《詩》」的成績，才能對《詩緝》進行完整的評價。

（二）《詩經》可以從理學的角度來加以詮釋，宋儒解說三百篇而使其帶有性理色彩的學者，最出色的乃是二程與朱子，他們以理學說《詩》的精華有很多被嚴粲採入《詩緝》中。值得注意的是，「《詩緝》以《讀詩記》為主」是經學史上的常識，實際上就理學而言，《詩緝》對於呂祖謙的承襲與取用卻很少，而其實上面的常識也是錯誤的，嚴粲最喜歡引用的是朱子的意見。

（三）《詩緝》引用前輩學者十餘家的理學見解以解《詩》，對象以程朱為主，從中再作統計，則朱子的理學最受《詩緝》青睞。

（四）程朱擅長以天理、義理說《詩》，並延及性情、心性、誠意、修身等觀點，有趣的是，程子對人心情性之修治極為注重，其說頗為嚴粲所引用，至於程子從「誠意」的角

度解說某些詩篇，似乎無法引起嚴粲的認同。然而，朱子的修身、齊家、正心、誠意之說卻又被嚴粲廣為採入《詩緝》之中，而其好以「天理」解《詩》，嚴粲的興趣又顯然不大；這些現象究竟表示嚴粲擁有自己的選擇，還是他只是隨機取樣而已，我們很難作出精確的判斷。

（五）情性、性情、心性、心理之說構成了《詩緝》以理學說《詩》的最主要內涵，嚴粲經常將心性與義理、天理搭配來說《詩》。此外，嚴粲從良心的角度詮釋詩文，從而觸及到「興」的作用與概念。他從感發興起的角度解說天生的仁心、仁性，而其以興解《詩》，又每從道德生命的感發來詮釋之，這是受到自孔門以降之儒家傳統《詩》教的影響。

（六）嚴粲常藉由四書之義來闡述詩篇，或直接援引四書之語說解，或將四書作為重要的義理證據，其說天理、講人心，強調當先天的至善被後天之環境、意識所蒙蔽時，解決之道就是透過後天的教導與化育，使此心能返回原來之正；這些都顯示了嚴粲身為正統儒家學者這樣的事實。

（七）時代之學術風氣影響及嚴粲的治《詩》方式，以理學說《詩》成為《詩緝》的一大賣點。不過，檢視書中的理學性文字，多為泛言式的引用，或者用以形容道體之廣大與高明而已，一方面這可能表示嚴粲對於某些形而上的觀念未必有回歸內心的真誠體悟，另一方面也是受到《詩經》本身屬性的侷限，畢竟三百篇原本是一本抒情、敘述為主的詩歌總集。

（八）《詩緝》從經學、理學、文學三個不同向度來詮解

詩篇，但整體仍以漢學家的治經方式為主，假若嚴粲所說著書之初始動機在於幫助學童研習《詩經》之言並非客套，則《詩緝》之所以在「以主觀意見解《詩》」方面有所保留，我們也就找到另外一個理由了。

肆、嚴粲《詩緝》的以文學說《詩》
及其在經學史上的意義

一、前　言

　　嚴粲（1197～？），字坦叔，一字明卿，號明谷，南宋福建邵武莒溪人。[1]嘉定十六年（1223）登進士第後，官授全州清湘令之職。其群從兄弟嚴羽、嚴仁、嚴參、嚴肅、嚴嶽、嚴必振、嚴必大、嚴奇與嚴若鳳等九人俱有詩名，其中尤以撰寫《滄浪詩話》的嚴羽爲最。然而在嚴粲的諸多從兄弟之中，僅有他曾登進士第而任官，且以經學傳世。《重纂邵武府志·儒林傳·邵武縣》即云：「嚴氏有群從九人，皆能詩，惟粲以經學傳。」[2]

　　嚴粲之著作有二：《華谷集》一卷、《詩緝》三十六卷。前者爲詩學之著，而後者則爲經學之作。據林希逸〈詩緝序〉的記載，嚴粲蓋以「摭諸家而求其是，要以發昔人優柔溫厚

1　李清馥：《閩中理學淵源考》，《四庫全書》（台北：台灣商務印書館，1984 年），史部，第 218 冊，頁 140。

2　王琛等修，張景祈等纂：《重纂邵武府志》（台北：成文出版社，1967年），卷 21，頁 4。

之意」爲著作《詩緝》之宗旨，林氏且認爲《詩緝》之價值在宋朝歐、蘇、王、劉、東萊等諸儒之上。[3]

　　嚴粲除以經學傳世之外，當年亦有詩名，與嚴羽、葉紹翁、林希逸等皆爲宋代閩籍重要之江湖派詩人。[4]嚴粲之詩大抵師學杜甫，戴復古〈祝二嚴〉詩即云：「粲也苦吟身，束之以簪組，遍參諸家體，終乃師杜甫。」[5]林希逸〈詩緝序〉謂「華谷嚴君坦叔，早有詩名江湖間」，其詩「幽深夭矯，意具言外」、「窮諸家閫奧而獨得風雅餘味」，[6]《重纂邵武府志·儒林傳·邵武縣》亦認爲嚴粲善爲詩，清迥絕俗，與羽爲群從兄弟而異曲同工。[7]《宋百家詩存》評曰：「其詩清迥，脫去季宋翁膩之習。」[8]然清人王士禎獨排衆論，認爲《華谷集》「氣格卑弱」。[9]整體而言，嚴粲雖能作詩，但是文名仍略遜

---

3 不僅如此，林希逸甚至如此推崇《詩緝》：「《易》盡於伊川，《春秋》盡於文定，《中庸》、《大學》、《語》、《孟》盡於攷亭，繼自今，吾知此書與之　行也。」〈嚴氏詩緝序〉，《詩緝》（台北：廣文書局，1983年），頁1。

4 陳慶元：〈劉克莊和閩籍江湖派詩人〉，《福州師專學報》（社會科學版）第15卷第2期（1995年6月），頁28-29。

5 戴復古：《石屏續集》，陳思編，陳世隆補：《兩宋名賢小集》，卷273，《四庫全書》，集部，第303冊，頁214。

6 〈嚴氏詩緝序〉，《詩緝》，頁1。按：林希逸能寫詩，故其評論嚴粲詩作，應具某種程度的公信力，此人在詩學史上份量不重，但隨著晚進研究對象的的增加，林希逸也逐漸被注意到，除了註4所云陳慶元作有專門之評介外，衣若芬也在專文中指出林氏〈漁村晚照〉的從自己生活出發，呼應漁村晚景的和樂氣象。詳衣若芬：〈「江山如畫」與「畫裏江山」-宋元題「瀟湘」山水畫詩之比較〉，《中國文哲研究集刊》第23期（2003年9月），頁47。

7 《重纂邵武府志》，頁4。

8 曹庭棟編：《宋百家詩存》，《四庫全書》，集部，第416冊，頁882。

9 王士禎：「坦叔《華谷詩集》一卷，氣格卑弱，類晚唐之靡靡者，一、二絕句稍有可觀。……華谷作《詩緝》，林希逸以爲在歐、蘇、王、劉、東萊諸儒之上，今盛傳其書。又稱其五七言幽深夭矯，意具言外，觀此集殆不然也。」《居易錄》，《四庫全書》，子部，第175冊，頁326。

於諸位從兄弟，這是不容否認的，[10]不過嚴粲在《詩經》學史上很有地位，他的《詩緝》是宋朝《詩經》學的代表作之一，受到歷來學者的重視，也深具影響力，這一點，同族兄弟無人能及。[11]

　　《詩經》原本就是一部兼具經學與文學雙重性質的典籍，但宋朝開始，學者說《詩》才注意到三百篇的文學特點，在嚴粲之前，歐陽修、王安石、鄭樵、朱子等人解《詩》都能把部分精神擺於《詩》的文學特質之上，[12]嚴粲則在《詩緝》卷前即已透露出他的重視《詩》的文學性：

10 王琛：「（嚴粲）善爲詩，清迥絕俗，與羽爲群從兄弟而異曲同工。天台戴氏之贈以詩曰：『粲也苦吟詩，束之以簪組，遍參諸家體，終乃師杜甫。』其相許如此。粲既工於詩，而經學尤深邃。……嚴氏有群從九人，皆能詩，惟粲以經學傳。」《重纂邵武府志》，卷 21，頁 4。按：《邵武府志》爲清代編修，去宋時已久。此處言嚴粲生平，僅能輯錄各家詩文，並略作推言。其引「天台戴氏」之詩，即戴復古〈祝二嚴〉詩句，該詩爲贈答之作，難以證明嚴粲工於詩、善爲詩。由《邵武府志》尚可得知，除了嚴粲之外，邵武嚴氏家族尚有嚴羽、嚴仁、嚴參之傳記，號稱三嚴，嚴粲未在其中。該文僅說「群從九人皆能詩」，並未強調嚴粲本身長於詩。據何望海考證，三嚴與嚴肅、嚴嶽，嚴必振、嚴必大、嚴奇、嚴若鳳，號稱「九嚴」，見《重纂邵武府志》卷 21，頁 20。假如嚴粲當時已是著名之詩人，理應有「十嚴」之名。由此可知，王士禎對嚴粲《華谷集》詩集一卷所作的負面評論，不容刻意漠視。

11 《四庫提要》評介《詩緝》：「是書以呂祖謙《讀詩記》爲主，而雜採諸說以發明之，舊說有未安者，則斷以己意。……深得詩人本意。至於音訓疑似、名物異同，考證尤爲精核。宋代說《詩》之家，與呂祖謙書　稱善本，其餘莫得而鼎立，良不誣矣。」《四庫全書總目》（台北：藝文印書館，1974 年），第 1 冊，頁 344。姚際恒（1647-1715）云：「嚴坦叔《詩緝》，其才長於詩，故其運辭宛轉曲折，能肖詩人之意；亦能時出別解。第總囿於〈詩序〉，間有齟齬而已。惜其識小而未及遠大，然自爲宋人說《詩》第一。」《詩經通論》，《姚際恒著作集》（台北：中央研究院中國文哲研究所，1994 年），第 1 冊，頁 7。

12 詳洪湛侯：《詩經學史》，頁 393。

> 《詩》之興，幾千年於此矣，古今性情一也。人能會
> 孟氏說《詩》之濬，涵詠三百篇之性情，則悠然見詩
> 人言外之趣。(〈詩緝前序〉，《詩緝》，頁3)

除此之外，〈詩緝條例〉第一條就強調，「集諸家之說爲《詩
緝》，舊說已善者不必求異，有所未安，乃參以己說，要在以
意逆志，優而柔之，以求吟詠之情性而已。……使詩人紆餘
涵泳之趣，一見可了。」(《詩緝》，頁5)嚴粲的重視《詩》
之文學特性，由此可見一斑。[13]

　　不過，若以新派、舊派的二分法來區隔宋代的研《詩》
學家，嚴粲屬於「舊中帶新」者，[14]「舊中帶新」依然是舊，
加以他對《詩序》首句全盤接受，詩旨的理解已先被說教型
的舊說侷限住，則其以文學說《詩》的格局與氣象自然不可
能太大，這已是預料中事了。

二、嚴粲對六義的見解

　　《周禮‧春官》有「六詩」之名詞，其順序爲風、賦、
比、興、雅、頌，[15]〈詩大序〉所謂的「六義」即指此而言。

13　姚際恆〈詩經論旨〉曾指出：「嚴坦叔《詩緝》，其才長于詩，故其運
　　辭宛轉曲折，能肖詩人之意；亦能時出別解。」《詩經通論》，《姚際
　　恆著作集》，第1冊，頁7。
14　詳拙文〈嚴粲《詩緝》的解經態度與方法及其在經學史上的意義〉，《興
　　大中文學報》第19期（2006年6月），頁93。按：已收入本書。
15　〈春官宗伯第三〉：「大師：掌六律、六同，以合陰陽之聲。陽聲：黃

風、雅、頌之名義固然非理解不可，但其實並不如賦、比、興來得重要，蓋即使各家的解釋有出入，〈風〉、〈雅〉、〈頌〉就實際依序編列在《詩經》之中，沒有任何版本上的差異，不像賦比興之區分沒有絕對的判準，且確認了六義的意涵之後，研究者在解析詩篇時，可以不需解釋何以某詩置於〈風〉或〈雅〉、〈頌〉之中，卻很難不關切詩人的創作技巧。[16]因為，「風」、「雅」、「頌」的意義儘管有理解上的不同，但毫不妨礙從〈關雎〉到〈狼跋〉等一百六十篇就是〈風〉詩；從〈鹿鳴〉到〈何草不黃〉共七十四篇就是〈小雅〉之詩；從〈文王〉到〈召旻〉共三十一篇就是〈大雅〉之詩；從〈清廟〉到〈般〉共三十一篇就是〈周頌〉之詩；從〈駉〉到〈閟宮〉共四篇就是〈魯頌〉之詩；從〈那〉到〈殷武〉共五篇就是〈商頌〉之詩之事實。賦、比、興的解釋與意義的釐清，就顯得重要得多，《詩經》在編纂之初，三百篇皆未標出其寫作技巧，亦即各詩的作者（或者說「詩人」）當初是採用哪一方式引領讀者進入詩歌的世界中，《詩》的原始編纂者並未作出任何判斷。儘管如此，有一點可以肯定，那就是無論是新舊派的《詩經》學家，在解釋六義之前，都必須先閱讀〈詩

鐘、大蔟、姑洗、蕤賓、夷則、無射。陰聲：大呂、應鐘、南呂、函鐘、小呂、夾鐘。皆文之以五聲：宮、商、角、徵、羽。皆播之以八音：金、石、土、革、絲、木、匏、竹。教六詩，曰風，曰賦，曰比，曰興，曰雅，曰頌：以六德爲之本，以六律爲之音。」《周禮注疏》（台北：藝文印書館，1976 年），頁 354-356。

16　清儒方玉潤雖表示詩歌的創作技巧「非判然三體可以分晰言之也，學者不知古詩，但觀漢魏諸作，其法自見，故編中興比也之類，概行刪除」，但又表示「唯於旁批，略爲點明，俾知用意所在而已」。詳方玉潤：《詩經原始》（台北：藝文印書館，1981 年），頁 22-23。

大序〉，以瞭解先秦至西漢早期儒家的《詩》學觀點，而欲知一位學者是否重視《詩》的文學性，或者說欲判斷其說《詩》是採守舊或創新路線，觀察其對〈詩大序〉（甚至只要是文中的涉及「六義」一段）的支持程度，也不失為一個捷徑：「〈關雎〉，后妃之德也，風之始也，所以風天下而正夫婦也。故用之鄉人焉，用之邦國焉。風，風也，教也，風以動之，教以化之。……詩有六義焉，一曰風，二曰賦，三曰比，四曰興，五曰雅，六曰頌。上以風化下，下以風刺上，主文而譎諫，言之者無罪，聞之者足以戒，故曰風。至于王道衰，禮義廢，政教失，國異政，家殊俗，而變風變雅作矣。國史明乎得失之跡，傷人倫之廢，哀刑政之苛，吟詠情性，以風其上，達於事變而懷其舊俗者也。故變風發乎情，止乎禮義。發乎情，民之性也。止乎禮義，先王之澤也。是以一國之事，繫一人之本，謂之風。言天下之事，形四方之風，謂之雅。雅者，正也，言王政之所由廢興也。政有小大，故有小雅焉，有大雅焉。頌者，美盛德之形容，以其成功告於神明者也。……〈關雎〉樂得淑女以配君子，憂在進賢，不淫其色，哀窈窕，思賢才，而無傷善之心焉，是〈關雎〉之義也。」[17]嚴粲對此大致上是接受的，不過在〈周南・國風〉之篇題下，他更是完全接受朱子的意見：「國者，諸侯所封之域，而風者民俗歌謠之詩也。謂之風者，以其被上之化以有言，而其言又足以感人，是以諸侯采之以貢於天子，天子受之而列於樂官，

17　《毛詩正義》（台北：藝文印書館，1976 年），頁 12-19。

於以考其俗尚之美惡，而知其政治之得失焉。舊說二南爲正
風，所以用之閨門、鄉黨、邦國而化天下也。十三國爲變風，
則亦領在樂官，以時存肄，備觀省而垂鑒戒耳。」（卷 1，頁
2）[18]朱子這個說法在新舊之說中取得了很好的平衡，嚴粲接
受此一見地，無異也就表示他雖守舊，但也認同宋代逐漸而
有的〈國風〉爲民俗歌謠的看法，不過這裡要特別指出的是，
〈國風〉一百六十篇中，若說篇篇皆爲民歌，則與事實不合，
[19]朱子可能也是有鑑於此，是以在其《詩集傳·序》中又謂
「凡詩之所謂風者，多出於里巷歌謠之作，所謂男女相與詠
歌，各言其情者也」，這個「多」字的使用顯出朱子比嚴粲的
聰明之處，嚴粲引用朱說，證明他並不完全守舊，但錯過了
這幾句，算是一個疏忽。另外對於《詩序》所言之「風，風
也，教也，風以動之，教以化之」之句，嚴粲的詮解是「風
有二義，風之優柔以感動其善心；教之敦勤，以變化其氣息」，
且附加小字之註解：「朱氏曰：如風之著物，鼓舞震盪，物無
不化，而不知爲之者」。（卷 1，頁 3）。至此，我們大致可以
發現，嚴粲對於朱子是相當倚重的，〈詩緝條例〉云：「小注
毛氏稱『傳』，鄭氏稱『箋』，序注原不著姓氏者，皆鄭氏說，
今併稱『箋』。鄭氏《詩譜》稱『譜』，孔氏稱『疏』，《爾雅》
稱其篇第，《爾雅·疏》稱『釋』，諸家稱『氏』。」（卷 1，
頁 5）雖然《四庫提要》指出《詩緝》以呂祖謙《讀詩記》

---

18 按：嚴粲所引朱文較《詩集傳》略有減省。
19 參朱東潤：〈國風出於民間論質疑〉，《讀詩四論》（台北：東昇出版公
　　司，1980 年），頁 1-63。屈萬里：〈論國風非民間歌謠的本來面目〉，
　　《書傭論學集》（台北：台灣開明書店，1980 年），頁 194-215。

爲主，但經過實際的統計，我們已經確定《詩緝》所引「朱氏曰」遠多於「呂氏曰」、「《詩記》曰」。[20]〈大序〉僅針對風、雅、頌作解釋，賦、比、興卻並無解說，對此，嚴粲點名批評了《孔疏》之說：「詩之名三，曰風雅頌，此以風雅頌偕賦比興言之，爲三百篇之中有此六義，非指詩名之風雅頌也。孔氏謂風雅頌皆以賦比興爲之，非也。〈大序〉之六義，即《周官》之六詩，如孔氏說，是風雅頌三詩之中有賦比興之三義耳，何名六義、六詩哉！」（卷 1，頁 6）事實上，〈詩大序〉的文字本來就顯得有欠完整，學者有時可以自行推測或補充（尤其是在解釋風、雅、頌之後的「是謂四始」一段）。依孔穎達之見，「六義次第如此者，以詩之四始，以〈風〉爲先，故曰風。風之所用，以賦、比、興爲之辭，故於風之下即次賦、比、興，然後次以雅、頌。雅、頌亦以賦、比、興爲之，既見賦、比、興於風之下，明雅、頌亦同之」，[21]這個解釋可謂合理，今人或謂六義可分爲二：風、雅、頌者爲詩之體，賦、比、興爲詩之用，後者即在前者之中，並非離開風、雅、頌，別有所謂賦、比、興；[22]其說實與孔說同。嚴粲反對孔說，接著提出己見：

> 凡風動之者皆風也，正言之者皆雅也，稱美之者皆頌也。故得與敷陳之賦、直比之比、感物之興，竝而為

---

20 《詩緝》引朱子之解共計 577 處、引呂氏之言則僅 175 處。
21 《毛詩正義》，頁 15。
22 參胡樸安：《詩經學》（台北：商務印書館，1986 年），頁 32。

六也。呂氏言得風之體者多為〈國風〉，得頌之體者多
為〈頌〉，〈風〉非無雅，〈雅〉非無頌，其說是也。若
謂三詩之中止有三義，則比興之外，餘皆為賦，然「不
忮不求，何用不臧」於此六義為雅，不當謂之賦。「稱
彼兕觥，萬壽無疆」，此於六義為頌，不當謂之賦。（《詩
緝》，卷1，頁6）

原來嚴粲以六義皆動詞，風、雅、頌、賦、比、興之意分別
為風動、正言、稱美、敷陳、直比、感物，他雖自言認同呂
祖謙之說，其實這樣的見解已先見於程頤的言論中：「《詩》
有六義，曰風者，謂風動之也；曰賦者，謂鋪陳其事也；曰
比者，直比之；『溫其如玉』之類是也；曰興者，因物以起興，
『關關雎鳩』、『瞻彼淇澳』之類是也；曰雅者，雅言正道，『天
生蒸民，有物有則』之類是也；曰頌者，稱頌德美，『有匪君
子，終不可諼兮』之類是也。〈國風〉、大小〈雅〉、三〈頌〉，
《詩》之名也。六義，《詩》之義也。篇之中有備六義者，有
數義者。」[23] 這是特殊而不易讓人接受的意見，就以〈關雎〉
而言，它在〈國風〉之中，為興體詩，即·〈關雎〉論體裁體
制、內容性質，屬六義中的「風」，論其創作技巧（佈局、架
構）屬六義中的興。若依程頤、嚴粲之說，試問有風動之效、
有稱美之意、有感物之美的〈關雎〉，即是兼具了六義中的三
義，藝術性質單純的〈關雎〉尚且如此，佈局比較複雜而被

23　《河南程氏遺書》，卷 24，收於《二程集》（北京：中華書局，1981
　　年），第 1 冊，頁 311。

朱子解爲「賦而興又比」的〈小雅·頍弁〉又該如何從六義來解釋？[24]六義以體用可分兩組，風雅頌與賦比興各爲一組，這是一個非常平實簡易的問題，[25]嚴粲以六義皆屬動詞，其說與程頤不謀而合，兩者在表面是簡化了這個名詞，實則是治絲益棼之舉，[26]引呂祖謙的說法，對嚴粲而言，只怕也無加分之作用。[27]

在六義的解說中，嚴粲比較引人注意的或許是他對於二雅的區分意見，《詩序》以爲「政有小大，故有小雅焉，有大雅焉」，嚴粲反對：

> 以政有小大為二〈雅〉之別，驗之經而不合。……二
> 〈雅〉之別，先儒亦皆未有至當之說，竊謂〈雅〉之
> 小大，特以其體之不同耳。蓋優柔委曲，意在言外者，
> 風之體也。明白正大，直言其事者，雅之體也。純乎
> 雅之體者為雅之大，雜乎風之體者為雅之小。今考〈小

---

24 裴普賢曾歸納《朱傳》所標 115 篇興詩有六式：興也、興而比也、比而興也、賦而興也、賦而興又比也、賦其事以起興也。見裴普賢《詩經研讀指導》（台北：東大圖書公司，1977 年），頁 232。按：察《朱傳》所標興詩實有七式，蓋〈邶風·谷風〉第二章，《朱傳》標「賦而比也」，此爲裴普賢所忽略。

25 相關討論亦可參馮浩菲：〈六義兩分論〉，《歷代詩經論說述評》（北京：中華書局，2003 年），頁 53-58。

26 按：上引伊川先生語下原注：「一本章首云：『能治亂絲者，可以治《詩》。』」《二程集》，頁 311-312。

27 按：鄭玄曾將〈七月〉分割爲三體，其箋《毛詩》於〈七月〉第二章「殆及公子同歸」句下云「是謂豳風」，第六章「以介眉壽」句下云「是謂豳雅」，末章「萬壽無疆」句下云「是謂豳頌」，詳《毛詩正義》，頁 279-287。程氏、呂氏所論或係得自鄭氏之啓發。

雅〉正經，存者十六篇，大抵寂寥短簡，其首篇（按：
「篇」字當為「章」字之誤）多寄興之辭，次章以下
則申複詠之，以寓不盡之意，蓋兼有風之體；〈大雅〉
正經十八篇，皆春容大篇，其辭旨正大，氣象開闊，
不唯與〈國風〉敻然不同，而比之〈小雅〉，亦自不侔
矣。……詠「呦呦鹿鳴，食野之苹」，便會得〈小雅〉
興趣。誦「文王在上，於昭于天」，便識得〈大雅〉氣
象。〈小雅〉、〈大雅〉之別，則昭昭矣。（《詩緝》，卷1，
頁10-11）

嚴氏之說當然比《詩序》具體得多，可怪的是，他特別強調
「二〈雅〉之別，先儒亦皆未有至當之說」，假如所謂的先儒
都只是如同孔穎達一般在疏解《詩序》之見，[28]嚴粲的不滿
也就情有可原，可是事實並非如此，例如北宋的李清臣《詩
論》曾說：「夫詩者，古人樂曲，故可以歌，可以被於金石鐘
鼓之節。其聲之曲折，其氣之高下，詩人作之之始，固已為
風，為小雅，為大雅，為頌。風之聲不可以入雅，雅之聲不
可以入頌，不待太師與孔子而後分也。太師知其聲，孔子知
其義爾，亦猶今之樂曲有小有大，聲之不同，而辭之不相入，
亦作者為之，後來者所不能易也。」[29]南宋的鄭樵、程大昌

28　《孔疏》：「詩人歌其大事，制為大體；述其小事，制為小體。體有大
　　小，故分為二焉。」《毛詩正義》，頁19。
29　朱彝尊：《經義考》（台北：中華書局，1979年），卷98，頁3。

都從音樂的角度來解說風雅頌，而爲後人所注意及之，[30]但其實北宋的李清臣早有類似的意見，這些在嚴粲看來，都非「至當之說」？《詩》與樂關係至爲密切，毋庸置疑，但大小二〈雅〉的區分標準，也未必就一定要從音樂的角度來立論，仍是事實。既然如此，我們可以再看看朱子對此問題的意見：「正小雅，宴饗之樂也；正大雅，會朝之樂，受釐陳戒之辭也。故或歡欣和說，以盡群下之情；或恭敬齊莊，以發先王之德。詞氣不同，音節亦異。」[31]朱子之說兼顧到了「政有小大」與詩的音樂性兩個層次，相當高明。試想，宴饗之事再怎麼重要，相對於會朝大事，確實是小的，且就大小二〈雅〉的各篇內容看來，「歡欣和悅」與「恭敬齋莊」確實是兩者顯而易見的分別。朱子的區分二〈雅〉，即便不算完美，至少也還合情合理，嚴粲卻也以爲「未有至當」，於是提出了新說。坦而言之，嚴氏之說跟一些先儒舊說並無大異，《詩序》謂「雅者，正也」，嚴氏解爲明白正大，《詩序》以「政有小大」區別大小雅，嚴氏以爲純粹之雅體詩爲大雅，雜有風之體制者爲小雅，前者篇幅長、氣象大；後者篇幅短，興趣濃；這個說法就現有二〈雅〉之詩看來也頗爲屬實，但從另個角度來看，這不也是在疏解《詩序》麼？

　　六義之意分別爲風動、正言、稱美、敷陳、直比與感物，大小二〈雅〉之氣象與興趣不同；如果嚴粲對六義的見解僅

---

30 詳拙著《宋代詩經學研究》（台北：政治大學中國文學研究所博士論文，1984 年），頁 252-255、361-375。
31 《詩集傳》（台北：蘭台書局，1979 年），頁 99。

止於此，那麼其六義說就不夠豐富，而事實上這一部份他最令人感到興味的是他用實際行動來支持呂祖謙的「興詩多兼比」說。[32]《詩緝》解釋〈關雎〉的寫作技巧：「興也。凡言興也者皆兼比。（嚴氏自註：「興之不兼比者，特表之」）鴡鳥性不再匹，立則異處，是有別而不淫也。又性好峙，每立更不移處，有幽閒正靜之象焉，故以興后妃也。雎鳩有關關然之聲在河中之洲遠人之處，興后妃德音聞於外，而身居深宮之中也。大姒有徽音，故以關關興之。此窈窕幽閒之善女，足以為君子之良匹也，言大姒之賢，而文王齊家之道可見矣。」（卷 1，頁 14-15）嚴粲將興體詩大別為兩類：兼比之興與不兼比之興，前者遠多於後者，故《詩緝》遇前者即直接標示「興也」，後者則特別標示為「興之不兼比者也」，兩者的比例是一百比八。[33]亦即，依嚴粲之見，興詩絕大多數是兼比

---

32 按：朱子已認為興體詩有「兼比以取義之興」與「不兼比、不取義之興」兩大類，如其解興體詩〈關雎〉云：「……言其相與和樂而恭敬，亦若雎鳩之情摯而有別也。」《詩集傳》，頁 2。解興體詩〈小星〉則曰：「……因所見以起興，其於義無所取，特取『在東』、『在公』兩字之相應爾。」《詩集傳》，頁 12。又云：「《詩》所以能興起人處，全在興。如『山有樞，隰有榆』，別無意義，只是興起下面『子有車馬』，『子有衣裳』耳。」《朱子語類》（台北：華世出版社，1987 年），第 6 冊，頁 2084。「興只是興起，謂下句直說不起，故將上句帶起來說，如何去上討義理？」《朱子語類》，第 6 冊，頁 2085。呂祖謙則進一步認為：「興與比相近而難辨，興多兼比，比不兼興；意有餘者興也，直比之者比也。興之兼比者，徒以為比，則失其意味矣。興之不兼比者，誤以為比，則失之穿鑿矣。」《呂氏家塾讀詩記》，《四庫全書》，第 73 冊，頁 342-343。

33 詳裴普賢：《詩經研讀指導》，頁 218-231。不過，裴氏謂嚴粲所標興詩共有 113 篇，這是包含所謂「次章興也」（〈車鄰〉、〈車舝〉）、「第三章興也」（〈四牡〉）、「第四章興也」（〈正月〉）、「第四章興也，第五章興也」（〈采菽〉）的五篇在內，實際上《詩緝》所標興體詩應是 108

的，在興體詩中，這類兼比的詩就佔了百分之九十二點五！
而不到一成的不兼比的興詩僅有〈葛覃〉、〈卷耳〉、〈殷其靁〉、
〈旄丘〉、〈東門之楊〉、〈杕杜〉、〈鴛鴦〉與〈大東〉，前五篇
在〈國風〉中，後三篇屬〈小雅〉。筆者的看法是，沒人規定
詩的作法僅能有三種，且三種還不能混用；也沒人規定三種
作法必須涇渭分明，不可以有交集之處；當初詩人究竟使用
哪種方式帶領讀者進入感發，任何人都可以自行判斷，但解
詩者是否說對了詩人的創作苦心，卻是一個永遠解不開的
謎。所以，只要是認真的解詩者，筆者就可以諒解這些專家
將興詩的再分類，甚至，連朱子的興體多式，筆者也很能接
受。不過，對於嚴粲（當然也包含呂祖謙）的「興體詩多數
兼比」之說，筆者持保留態度，須知嚴粲自己也知道直比與
感物乃比興二者的大別之處，既然如此，同類的且具體的比
擬才是比體詩，若是以具體引發抽象，那就是興體詩了。有
此根本上的區別，則興體詩雖不排除有兼比的可能性，但應
該多數不兼比，起碼，不應該說絕大多數的興體詩都兼比。[34]

　　根據以上的討論，我們可以確信嚴粲對於六義的說解最
特殊的是以六者皆動詞，不過迄今多數學者仍以為六義可分
兩組，其性質有異，而嚴粲區分大小二〈雅〉的標準雖常見

篇。另外，程克雅根據裴氏文章所列之表，，而說嚴粲「首章標興也」
的共有 99 篇，此計數偶誤。見程克雅：《朱熹、嚴粲二家比興釋詩體
系比較及其意義》（中壢：中央大學中文研究所碩士論文，1990 年），
頁 139。
34 相關討論可參拙著《朱子詩經學新探》（台北：五南圖書出版公司，
2002 年），頁 185-211。

學者引用，只是其內容仍可視爲《序》說的推闡，至於他繼呂祖謙之後，推廣「凡興詩多兼比」之說，更是很難通過後人的檢驗。

三、涵泳情性的讀《詩》法

　　筆者在討論嚴粲以理學釋《詩》時已說過，《詩緝》釋詩的主要目的在於逆求古人之情性、性情，[35]但我們研讀《詩緝》也可以隱約感覺到嚴粲解釋詩句有時也帶有濃厚的文學論評的味道。如他常以「味詩人言外之意」、「味詩之意」作爲分析一首詩的起點，用品味的方式欣賞一首詩。經學取向濃重且能以理學說詩的《詩緝》原本就極爲注重詩文的言外之意，但嚴粲以爲獲得這言外之意最好的途徑乃是「涵泳」，且強調「使詩人紆餘涵泳之『趣』，一見可了」，這就使得其書又進入文學解詩的層次了。與「涵泳」意涵相近的詞語很多，例如「吟咏」、「品味」、「玩味」、「體會」……等等。這種讀《詩》法並不是嚴粲獨創，比嚴氏早一甲子的朱熹與呂祖謙便已經提出。[36]嚴粲在《詩緝‧自序》及〈條例〉中同

---

35 詳拙文〈嚴粲《詩緝》的以理學說《詩》及其在經學史上的意義〉，《國文學誌》第 11 期（2005 年 12 月），頁 11-12。按：已收入本書。

36 朱子：「且置〈小序〉及舊說，只將元詩虛心熟讀，徐徐玩味。」「須先去了〈小序〉，只將本文熟讀玩味。」「讀詩正在於吟　諷誦，觀其委曲折旋之意，如吾自作此詩，自然足以感發善心。」「讀《詩》之法，只是熟讀涵味，自然和氣從胸中流出，其妙處不可得而言。」「涵泳讀取百來遍，方見得那好處。」「某注得訓詁字字分明，卻便玩索涵泳，方有所得。」以上分見《朱子語類》，第 6 冊，頁 2085-2088。

時提及《孟子》的「以意逆志」解《詩》方法，[37]但對於孟子的解《詩》方法，嚴粲似乎當成一種必備的常識，不再特別強調，儘管他在書中稱讚孟子為最善說《詩》。[38]涵泳之法有時嚴粲也用「歌詠」來表示，如說〈大雅・卷阿〉與〈公劉〉、〈泂酌〉三篇都是「成王蒞政，康公作之以戒（成）王也。……康公慮周公歸政之後，成王涉歷尚淺，任用非人，故作〈卷阿〉之詩，反覆歌詠，有言之不盡之意，欲以動悟成王」，說作詩的康公反覆歌詠，欲使成王領悟其中深意，「默會其意」。而讀詩的人領悟的方法仍為「再三歌詠」。嚴粲說：「我（康公）陳詩之意初無多說，只為此一事耳。維王歌詠之，深味乎吾言可也。」之所以強調要再三歌詠，是因為〈公劉〉、〈泂酌〉、〈卷阿〉三篇，前二篇皆為直述之詞，「唯〈卷阿〉婉轉反覆，使人再三歌詠而後悟。蓋其深意所寓時在此篇也。」（卷 28，頁 10-17）

　　把這種涵泳、默會的讀詩法，和前云的強調詩有「言外之意」相互對看，馬上可以知道嚴粲的用意。嚴粲說：「〈國

朱子類似言論甚多，此朱子之外，呂祖謙也以諷咏為讀《詩》的「最治心之法」，主張「看《詩》不比諸經，須是諷咏詩人之言，觀其氣象」，詳杜海軍：《呂祖處僅信手舉例而已，而朱子之所以有上述之見，正表示他逐漸已有《詩》（或者最起碼地說：〈國風〉）的文學性極為濃厚的認知。除了謙文學研究》（北京：學苑出版社，2003 年），頁 209-212。

37　《詩緝・序》云：「《詩》之興，幾千年於此矣。古今情性一也，人能會孟子說《詩》之咏，涵詠三百篇之情性，則悠然見詩人言外之趣。」〈條例〉云：「集諸家之說為《詩緝》，舊說已善者，不必求異。有所未安，乃參以己說。要在以意逆志，優而柔之以求吟詠之情性而已。」

38　嚴粲於〈大雅・靈臺〉二章下云：「孟子最善說《詩》，只『民樂其有麋鹿魚鼈』一語，道盡詩意。」卷 26，頁 20-21。

風〉、〈小雅〉多寓意於言外，或意雖形於言，而優柔紆餘，
讀者不覺也。」這些寓意於言外的情形大約有六種類型：

> 有言古不言時而意在刺時者（如〈甫田〉、〈采菽〉之
> 類）；有言乙不言甲，而意在刺甲者（如〈叔于田〉全
> 述叔段之事，而實刺鄭莊。〈椒聊〉全述沃之強盛，而
> 實刺晉昭）；有首章便見意，餘章變韻成歌者（此類甚
> 多）；有前數章皆含蓄，而末章乃見意者（如〈載驅〉
> 之類）；有首尾全不露本意，但中間冷下一二語，使人
> 默會者（如〈凱風〉言母氏勞苦而不言欲嫁）；有先從
> 輕處說起，漸漸說得重者（如〈四月〉憂世亂而先歎
> 徵役之勞。〈頍弁〉刺危亡而先說不宴樂同姓）。讀《詩》
> 與他書別，唯涵泳浸漬乃得之。（《詩緝》，卷23，頁20）

為了能正確地掌握詩意，嚴粲提出「涵泳浸漬」的讀詩法，
這種方法顯然與讀其他書籍不同，目的在於體會詩人的弦外
之音。這樣的「涵泳」讀《詩》法充分顯示嚴粲對《詩》教
的重視，因為這些言外之意都與風化、諷刺有關。除了「涵
泳」之法，在《詩緝》中出現更多的與讀《詩》方法有關的
是「味」字。「味」字作品味、咀嚼解，也是一種體會、領悟
的意思，與「涵泳」之法相近。因此，「味」字類似於仔細研
讀、揣摩的意思。如他在解說〈邶風・綠衣〉時，先提醒讀
《詩》者「不可鹵莽」。又說「綠兮衣兮」兩「兮」字，雖為
語助詞，無意義，但卻有特別的作用。嚴粲透過「玩味」兩

「兮」字，以為「兮」除了表示感嘆的語氣之外，也是一種分別作用。詩人將「綠」與「衣」區分開來，可見「綠衣」不是單指綠色的衣服而已，而是「『綠』字『衣』字皆有意義，綠以喻妾，衣以喻上僭，故以二『兮』字點掇而丁寧之」，雖則此一解釋筆者無法接受，[39]但不得不承認這種「玩味」的讀《詩》法就代表嚴粲讀《詩》的謹嚴態度，面對三百篇，他不想敷衍隨意地瀏覽速讀，而是要下功夫來仔細研析。在他看來，透過仔細品味的讀《詩》法，不止《詩序》的言外之意、深層大義可以求得，甚至還可以改定詩中某字形體。[40]

---

39 嚴粲於〈邶風·綠衣〉第一章下云：「讀《詩》不可鹵莽，如讀『綠兮衣兮』不可但言是綠色之衣，當玩味兩『兮』字。《詩》有『黃鳥』、『白華』，不言『黃兮鳥兮』、『白兮華兮』，唯綠衣曰『綠兮衣兮』。蓋『綠』字『衣』字皆有意義，……故以二『兮』字點掇而丁寧之。」卷 3，頁 7。如此解說顯然犯了推求太過之病，嚴粲將「綠兮衣兮」拆解成兩層意思，「綠」與「衣」各有比喻，前者比喻階級低微之人物，後者比喻僭越之事實，於是此句就隱含兩種比喻在內了；此一解說委實不安，蓋只要將前二章之「綠兮衣兮」連著其下句「綠衣黃裏」、「綠衣黃裳」看，即可知「綠兮衣兮」只能解為「綠衣」，而「綠衣」也只有與「黃裏」、「黃裳」連讀才可以見出其譏刺之意，再由三、四章「綠兮絲兮」、「絺兮綌兮」兩句即是「綠絲」、「絺綌」之意觀之，更加可以確定嚴粲對於「綠兮衣兮」一句的拆解是不必要的。

40 依嚴粲之見，用品味、咀嚼的讀《詩》法，可以瞭解〈詩序〉的言外之意、深意之說，如解〈周南·葛覃〉：「味詩人言外之意，可以見文王齊家之道。」、「味『服之無斁』一語，可以見后妃之德性」，卷 1，頁 19、20；解〈鄘風·載馳〉：「味詩之意，夫人蓋欲赴愬於方伯，以圖救衛，而託歸唁為詞耳。」卷 5，頁 23；解〈衛風·竹竿〉：「此詩全部說不見答之意，但末語著一憂字，使人玩味之，而其情自見矣。」卷 6，頁 19；解〈陳風·東門之枌〉：「味此詩『不績其麻』正是誚責之辭，非相樂之辭。」卷 13，頁 3；解〈小雅·四月〉：「味此詩皆悽悽然憂亂之辭。」卷 22，頁 14；解〈大雅·板〉：「朱氏以為此詩為切責其寮友用事之人，而義歸於刺王，與上篇同。味詩意信然。」卷 28，頁 22；解〈大雅·桑柔〉：「味詩之意，政是厭苦兵革，如杜甫所謂車轔轔、馬蕭蕭。」卷 28，頁 20；解〈周頌·昊天有成命〉：「味

　　但是以涵泳、玩味的讀法來解釋《詩經》，到底有多少效力？此一解《詩》法能否保證不同讀者對同一首詩都有相同的體會？答案當然是否定的，而爲了確保每一名讀者所涵泳、體會的詩意都相同或相似，嚴粲的解決方案居然是提醒讀者「首序」的可依賴性，要讀者朝《詩序》的方向去涵泳、體會，如此就能保證人人所涵泳、體會的詩意都相同。這一來，又使得《詩緝》的經學氣味遠遠濃厚於文學了。

四、部分詩篇從文學角度切入論說

　　有文學之《詩經》，有經學之《詩經》，大抵唐代以前，說《詩》爲解經者之事，宋代以後，文士也加入了解《詩》的行列。[41]嚴粲的《詩緝》絕非宋代說《詩》新派產品，但他本身能寫五七言詩，說解三百篇也常注意到詩人的創作用意，就此一角度而言，《詩緝》也未必即爲我們印象中所謂的純屬舊派解《詩》之作。先以適合說教的〈周南‧葛覃〉爲例，此篇在嚴粲心目中乃八篇「不兼比的興體詩」之一：

　　詩之意，嗟歎而更端言之，所謂『肆其靖之』即『于時保之』之意。」卷 32，頁 10。用品味的方式可以改正、校定詩句字句的，見〈小雅‧四月〉第 8 章：「隰有杞桋」之「桋」當作「荑」。嚴粲云：「味此詩上下文意與蕨、薇、杞並言，當作『荑』也。」卷 22，頁 17。

41　《四庫提要》：「林光朝《艾軒集》有〈與趙子直書〉，曰：『《詩本義》初得之如洗腸，讀之三歲，覺有未穩處。大率歐陽、二蘇及劉貢父談經多如此。』又一書駁〈本義〉、〈關雎〉、〈樛木〉、〈兔罝〉、〈麟趾〉諸解，辨難甚力。蓋文士之說詩，多求其意；講學者之說詩，則務繩以理。互相掊擊，其勢則然，然不必盡爲定論也。」《四庫全書總目》，第 1 冊，335-336。

（首章）述后妃之意，若曰葛生蔓延而施移於谷中，
其葉萋萋然茂盛，當是之時，有黃鳥飛集於叢生之木
間，其鳴聲之和喈喈然，我女工之事將興矣。黃鳥飛
鳴乃春葛初生之時，未可刈也，而已動女工之思，見
念念不忘也。先時感事乃幽民艱難之俗，今以后妃之
貴而志念如此，豈復有一毫貴驕之習邪？味詩人言外
之意，可以見文王齊家之道矣。……（二章）味「服
之無斁」一語，可見后妃之德性，後世后妃以驕奢禍
其俗者，皆一厭心為之也。詩人辭簡而旨深矣。……
（三章）舉動必告於師氏，澣衣猶為之斟酌，觀此氣
象，其賢可見矣。（《詩緝》，卷 1，頁 19）

這一段話的說教氣氛依然濃厚，且對全詩歡樂情緒未能有所
著墨，靜態與動態之美也僅點到而已，但畢竟已注意到詩人
的言外之意，辭簡旨深，這已經透露出《詩緝》說詩的活潑
一面了。[42]又如其解〈邶風‧燕燕〉云：

（首章）興也。燕以春來秋去，有離別之義，故以起
興。……風人舍不盡之意，但敘離別之恨，而子斂國

---

42 〈葛覃〉首章具有靜中有動的特色，二章景實情虛，三章情緒達到高
　潮，嚴粲對於這些近乎視若無睹，原因之一在於嚴粲信守〈詩序〉首
　句，面對〈葛覃‧詩序〉，他說：「本者，務本也。國史所題此一語而
　已，其下則說詩者之辭，如言在父母家則志在女功之事，非詩意也。」
　（《詩緝》，卷 1，頁 18-19）我們可以想像得到，假如嚴粲連〈詩序〉
　首句都半信半疑，則《詩緝》的文學氣氛將更趨濃厚。

危之戚，皆隱然在不言之中矣。燕鴻往來靡定，別離
者多，以燕鴻起興，如魏文帝〈燕歌行〉云「群燕辭
歸鴈南翔，念君客遊思斷腸」、謝宣城〈送孔令詩〉云
「巢幕無留燕」、老杜云「秋燕已如客」是也。……（三
章）皆稱戴嬀之美，以為別辭，所以致其愛戀無已之
意，末又述戴嬀相勉之辭，雖以見戴嬀之賢，而意緒
黯然矣。（《詩緝》，卷 3，頁 9-11）

〈燕燕〉是一篇極為出色的送別之作，[43]嚴粲由於支持《詩
序》首句之說，此詩在《詩緝》中就成為春秋初年衛莊姜送
歸妾戴嬀之作，詩中的「寡人」一詞也就只好解釋為「莊姜
自謂也」了。[44]撇開篇旨不論，〈燕燕〉之語言悲切感人，字
字帶著深情，離別之愁苦溢然紙上，解析時若跳過其文學表
現，未免有憾；在《詩緝》中，嚴粲將詩人抒發情感而採寓

---

43 陳子展：「《朱子語類》云：『譬如畫工一般，直是寫得他精神出。』
　王士禎云：『〈燕燕〉之詩，許彥周以為可泣鬼神。合本事觀之，家國
　興亡之感，傷逝懷舊之情，盡在阿堵中。〈黍離〉麥秀未足喻其悲也。
　宜為萬古送別之祖。（《分甘餘話》）』《詩經直解》（台北：書林出版公
　司，1992 年），頁 85。
44 按「寡人」為「莊姜自謂」乃《鄭箋》之解，王質（1127-1188）《詩
　總聞》謂〈燕燕〉為國君送女弟遠嫁之作，他雖未點名批評鄭玄之解
　「寡人」一詞，但仍表示「君夫人出遠郊送歸妾，既違妻妾尊卑之禮，
　又違婦人迎送之禮。莊姜，識禮者也。鄭氏以歸妾為戴嬀歸宗也。戴
　嬀既生桓公，烏有絕其母子之理？莊姜亦識義者也。以桓公為己子，
　而絕戴嬀使不母桓公，人情斷矣。又烏有瞻望涕泣，不可勝忍之情？
　且大有可疑者，使桓公幼　，戴嬀隔離，容或有之。既稱先君，則莊
　公已沒，桓公已立，尤非人情也。……兼其末皆非婦人稱謂之辭。」
　《詩總聞》（台北：新文豐出版公司，1984 年），頁 26。王質時代在
　前，恐嚴粲未見其書。當然，即使嚴粲讀過《詩總聞》，也必須接受
　《鄭箋》之解「寡人」，否則「首序」之說即破局。

情於景的生動筆法扼要且具體地勾發出來，透過魏文帝等幾位後人詩句來強化原詩以燕鴻起興的藝術技巧，也都引證妥切，而末章追美歸者生平性行之賢所蘊含的黯然心緒，自然也可謂詩人千古知音，這些對於讀者的明白〈燕燕〉的文學性無疑有莫大的助益。再如解〈陳風・月出〉云：

> 興也。當月出皎潔之時，感其所見，興佼好之人，顏色僚然而好，其明艷白皙，如月之初出而皎潔，其行止舒遲窈糾然，姿態之美也，思而不可得，則勞心悄然，憂愁而靜默也。宋玉〈神女賦〉云：「其少進也，皎若明月舒其光。」正用此詩也。又云：「步裔裔兮曜後堂。」又云：「動霧縠以徐步。」皆形容舒之意。（《詩緝》，卷 13，頁 12-13）

〈陳風・月出〉與在王國維心目中風格灑落、「最得風人深致」的〈秦風・蒹葭〉皆屬意境飄逸、神韻悠長，非民歌所能企及的「詩人之詩」，[45]嚴粲因為篤信《序》說首句，因此面對〈蒹葭〉那樣婉秀雋永、音節流轉之作，卻有「蒹葭雖蒼蒼然盛，必待白露凝戾為霜，然後堅實，譬秦雖彊盛勁健，必用周禮，然後堅固也。伊人指襄公也……」（卷 12，頁 13）之勉強牽合之說，但在面對具有方言特色、意境幽遠、旋律

---

45 王國維：「《詩》〈蒹葭〉一篇最得風人深致。晏同叔之『昨夜西風凋碧樹。獨上高樓，望盡天涯路』，意頗近之。但一灑落，一悲壯耳。」《人間詞話》（台北：河洛圖書出版社，1975 年），頁 202。

優美的〈月出〉之時,《詩序》的「刺好色也」不再束縛他的
詮釋,讀者藉著《詩緝》,很快地明白了詩人的創作用意,而
所引宋玉作品確實也有助讀之功。當然,《詩緝》畢竟還是一
本經學取向的書籍,因此對〈月出〉大量使用疊韻字,細緻
刻畫少女美好的神情姿態和詩人無法表述的憂傷情懷,依然
欠缺著力,也就因為如此,我們才說《詩緝》依然屬於舊派
陣營中的著作。再以〈豳風‧東山〉為例,此詩透過一個東
征之士歸鄉途中的見聞和感受,表達了他對家鄉親人的深切
懷念和對平和生活的嚮往。曹操〈苦寒行〉:「悲彼〈東山〉
詩,悠悠使我哀。」〈東山〉是很能感動人心的一篇作品:

> 前二章皆為述歸士在途思家之情,後山詩所謂「住遠
> 猶相忘,歸近不可忍」,蓋別家之情,於久住之處猶或
> 相忘,至於歸心已動,行而未至,則思家之情最切,
> 故序其在途之情以慰勞之。〈采薇〉、〈出車〉言「今我
> 來思」,皆言在途之事,與此正同。末章因述自途而至
> 家,故四章皆以「我來自東,零雨其濛」發之。(《詩
> 緝》,卷16,頁21-22)

〈東山〉四章皆以「我徂東山,慆慆不歸。我來自東,零雨
其濛」發端,這四句極為簡括的敘述性複沓,為視覺性極強
的背景襯托,為全詩塑造了一種迷濛、惆悵、淒清的氣氛。
嚴粲解析此詩,特別著重在作者「歸心已動,行而未至」時
的急切心情,這可以啟導讀者賞識詩篇在文學藝術上的造

詣。[46]

　　《詩經》的文學佳作多數在〈國風〉之中,這是因為〈風〉詩的產生時代較〈雅〉、〈頌〉為晚,且風格較具多樣化,然而嚴粲面對〈雅〉詩也能注意其文學表現,如解〈黃鳥〉云:

> 興也。民適異國,不得其所,無可告語者,唯黃鳥可愛,平時飛鳴往來於此,故於其將去,呼黃鳥而告之曰:爾無集于我之穀木,無啄我之粟矣。蓋此邦之人,不肯以善道待我,我亦不久於此,將旋歸復,反我邦之宗族矣。與黃鳥告別之辭也。杜詩「岸花飛送客,檣燕語留人」,謂送留惟花燕,亦此詩告別惟黃鳥之意也。(《詩緝》,卷19,頁15-16)

〈黃鳥〉以風詩慣用的反覆詠歎之方式,真切而具體地敘述出作者強烈的憎愛之情,逐層深入地表露出其主旨。所謂主旨,嚴粲對於舊說有所割捨:「毛鄭以為室家相棄,王氏、蘇氏以為賢者不得志而去,不若朱氏以為民不安其居,適異國而不見收恤。諸家以『無啄我粟』為此邦之言,『不我肯穀』、『復我邦族』為去者之言,文意斷續,朱氏以為皆去者之言;朱義為長。」(卷19,頁15)朱子解〈黃鳥〉為「民適異國,不得其所,故作此詩,託為呼其黃鳥而告之曰,爾無集于穀而啄我之粟,苟此邦之人不與善道相與,則我亦不久於此而

46　洪湛侯:《詩經學史》,上冊,頁408。

將歸矣」，這個說法比「刺宣王」之《序》說要來得完整太多，嚴粲取其說可謂明智。[47]不僅如此，《朱傳》標示此詩為比，嚴粲從《毛傳》解為興，這似乎又是比較能理解原詩作意的改標。黃鳥即今之黑枕黃鸝（Oriolus chinensis），體色金黃亮麗，聲音婉轉宏亮，在《詩經》時代人們經常利用牠來表達感情上的甜蜜、幸福、抱怨或悲傷。由於這種小鳥之食物以昆蟲為主，較少啄食穀類，本詩以呼告黃鳥「無集于穀，無啄我粟」起興，或許就表示作者流落他鄉，所處環境不順遂而有思歸之意。[48]朱子特標此詩為比，無論以黃鳥比喻不以善道相與的「此邦之人」，或象徵自己所適非其邦而欲復歸，總覺不類，[49]況且朱子又言民適異國者「託為呼其黃鳥而告之」，[50]自然仍以此詩為託物起興之作法較為得當。[51]嚴

47　朱子又言：「東萊呂氏曰：『宣王之末，民有失所者，意它國之可居也，及其至彼，則又不若故鄉焉，故思而欲歸。使民如此，亦異於還定安集之時矣。』今按詩文，未見其為宣王之世。」《詩集傳》，頁 123-124。很明顯的，朱子所言之篇旨，實際呂祖謙已先言之，然而呂氏猶拘執於刺宣王之舊說，不若朱子之能放手一搏（當然從另一角度而言，我們也可以說呂氏在新舊之說中取得了相當好的平衡），而嚴粲《詩緝》雖屬宗呂之作，但正如筆者在前面所說的，嚴粲不斷引述朱子之言，正見其對朱說的尊重。

48　詳顏重威著，陳加盛攝影：《詩經裡的鳥類》（台中：鄉宇文化公司，2004 年），頁 168-175。按：這裡是採黃鳥即倉庚之舊說，但清儒頗有以為黃鳥實為黃雀者，詳裴普賢：〈詩經黃鳥倉庚考辨〉，《詩經研讀指導》（台北：東大圖書公司，1977 年），頁 98-110。

49　余培林以為此詩為興體，又言「詩人蓋以黃鳥象徵自己，無集於穀、桑、栩者，止非其處也；無食我粟、粱、黍者，食非其所也」，《詩經正詁》（台北：三民書局，1995 年），頁 106。若說詩人見到黃鳥而有所感發，則斯為興體詩。

50　《詩集傳》，頁 123。

51　胡寅〈致李叔易〉引李仲蒙：「敘物以言情，謂之賦，情盡物者也；索物以託情，謂之比，情附物者也；觸物以起情，謂之興，物動情者

粲以黃鳥可愛，即將回鄉之民呼黃鳥而告之，雖然未必定爲詩人本意，但以杜詩爲己說背書，也確爲其說解增添了幾許說服力，美中不足者僅在未對於〈黃鳥〉的層遞格修辭特別致意而已。言及修辭運用之注意，我們可以再觀察〈斯干〉：

> （首章）〈西京賦〉言長安於前則「終南太一」，猶此詩言「幽幽南山」，於後則「據渭踞涇」，猶此詩言「秩秩斯干」，〈西京賦〉祖述〈斯干〉也。（《詩緝》，卷 19，頁 19）

〈斯干〉爲歌頌周王宮室落成之詩，首章寫宮室所處之地勢環境與主人家族之和睦。用「秩秩」寫澗，用「幽幽」寫山，以此描繪新造宮室的地勢，嚴粲熟讀前人文學作品，因而把此詩與東漢張衡描述長安繁華富麗景象之〈西京賦〉連結，指出張氏作品祖述〈斯干〉，這對於後世文學的傳承關係，可說是作了具體的論定。[52]當然，「秩秩斯干，幽幽南山；如竹苞矣，如松茂矣」所呈現的青山綠水、竹苞松茂之美景，以及內中所寓含的興盛發達的氣象，嚴粲並未進一步析釋，而全詩描繪宮室建築最生動的三、四、五章更是隻字未提，這也正表示《詩緝》雖已注意到《詩經》的文學性，但文學批評畢竟不是嚴氏解《詩》的主要手段與終極目標。

　　另一方面，嚴粲偶爾也因爲重視詩人的創作用心而懂得

也。」《斐然集》，卷 18，《四庫全書》，集部，第 76 冊，頁 534。
52 洪湛侯：《詩經學史》，上冊，頁 408。

運用歸納法來解釋詩中字句，例如他在解說〈邶風‧谷風〉時特別指出：

> 舊說谷風為生長之風，以谷為穀，固已不安，又以習習為和調，喻夫婦和同，說此詩猶可通，至〈小雅‧谷風〉二章言「維風及頹」，頹，暴風也，非和調也。三章言草木萎死，非生長也，其說不通矣。《詩》多以風雨喻暴亂，「北風其涼」喻虐，「風雨淒淒」喻亂，「風雨飄搖」喻危，「大風有隧」喻貪，故風雅二〈谷風〉，〈邶〉下文言「以陰以雨」喻暴怒，猶「終風且曀」喻州吁之暴也。〈雅〉下文言「維風及雨」喻恐懼，猶後人以「震風凌雨」喻不安也。(《詩緝》，卷4，頁2-3)

僅以〈邶風‧谷風〉而論，《毛傳》：「興也。習習，和舒貌。東風謂之谷風。陰陽和而谷風至，夫婦和則室家成，室家成而繼嗣生。」很明顯不如嚴粲之解：「興也。來自大谷之風，大風也，盛怒之風也。又習習然連續不斷，所謂終風也。又陰又雨，無清明開霽之意，所謂曀曀其陰也。皆喻其夫之暴怒無休息也。」蓋《毛傳》以谷為穀之通假，以谷風為東風，為可以幫助萬物生長之和風，不僅多繞一個圈子來解釋，且也不合全詩的興義。[53]但這是僅就〈谷風〉而言，若就全《詩》

---

53 王引之：「詁訓之指，存乎聲音，字之聲同聲近者，經傳往往假借，學者以聲求義，破其假借之字，而讀以本字，則煥然冰釋。如其假借之字而強為之解，則詁訓為病矣！故毛公《詩傳》，多易假借之字，而訓以本字，以開改讀之先。至康成箋《詩》注《禮》，婁云某讀為

來說，恐怕未必盡然。除了〈邶風・終風〉、〈北風〉以及兩篇〈谷風〉之外，下列各篇中涉及「風」或」「雨」的句子，《詩緝》皆以暴亂貪危之喻釋之：〈邶風・綠衣〉、〈鄭風・蘀兮〉、〈風雨〉、〈秦風・晨風〉、〈檜風・匪風〉、〈豳風・鴟鴞〉、〈小雅・斯干〉、〈正月〉、〈何人斯〉、〈蓼莪〉、〈四月〉、〈角弓〉以及〈桑柔〉，而其解釋也都是可從的。可惜的是，《詩》中的風雨不盡然是比喻暴亂，如〈邶風・凱風〉、〈鄘風・定之方中〉、〈曹風・下泉〉、〈小雅・大田〉、〈出車〉、〈大雅・烝民〉、〈卷阿〉、〈崧高〉……等，[54]嚴粲面對這些詩篇，當然不可能執著於之前他所作的歸納，也就因為如此，嚴粲強調的是「《詩》多以風雨喻暴亂」，著一「多」字，固然可以使得其說法不易被駁斥，但例外者不只一二，那也就使原先的歸納顯得意義不大了。

五、經學史上的意義

詩歌是最早產生的文學形式，而原始的詩歌又與音樂、舞蹈結合在一起，編成於春秋時代的《詩經》又是中國古代的第一部詩歌總集，並於戰國晚期被承認為經典，漢朝時代

某，而假借之例大明，後或病康成破字者，不知古字之多假借也。」《經義述聞》（台北：廣文書局，1979 年），頁 2。按：王氏之言無可置疑，但是本義若已可通，又何需以假借釋之？何況〈谷風〉中的女子慘遭家暴（末章「有洸有潰，既詒我肄」之句可為明證），嚴粲以谷風為來自山谷之大風、盛怒之風，解釋當然直接且較合乎全詩基調。

54 李莉裦：《嚴粲詩緝研究》（台中：中興大學中文研究所碩士論文，1998 年），頁 65-67。

正式有了《詩經》的尊稱。[55]三百篇作爲中國的傳統經籍，
其經典性的地位本就不容置疑，但對於《詩經》的原始本質
與正確的研究取向，則後人頗有不同的意見，例如宋儒鄭樵
就認爲應該從聲歌上探討詩篇，不應該從義理上去作研究。[56]
此一籲求殊難引發共鳴，一以雖則古者詩樂關係密切，然古
樂不存已久，其詳難知，二以三百篇之原始樂曲乃爲詩而作，
並非詩爲樂而作。[57]近人鄭振鐸則以爲《詩經》在秦漢地位

---

55 屈萬里以爲《易經》、《詩經》之書名起源極晚，其實根據《史記》、《漢
　書》兩〈儒林傳〉的記載，《易經》、《詩經》在漢朝時代已是普遍的
　稱呼。詳拙著《詩經選注》（台北：五南圖書出版公司，2005 年），
　頁 2-3。

56 鄭樵：「古之詩，今之辭曲也，若不能歌之，但能誦其文而說其義，
　可乎？不幸腐儒之說起，齊、魯、韓、毛各爲序訓而以說相高，漢朝
　又立之學官，以義理相授，遂使聲歌之音，湮沒無聞。然當漢之初，
　去三代未遠，雖經生學者不識詩，而太樂氏以聲歌肄業，往往仲尼三
　百篇，瞽史之徒例能歌之。奈義理之說既勝，則聲歌之學日微。」〈樂
　略〉，《通志》（台北：新興書局，1963 年），第 1 冊，頁 625。

57 朱子：「來教謂：『《詩》本爲樂而作，故今學者必以聲求之，則知其
　不苟作也。』此論善矣。然愚意有不能疑者，蓋以〈虞書〉考之，則
　《詩》之作，本爲言志而已，方其《詩》也，未有歌也；及其歌也，
　未有樂也。以聲依永，以律和聲，則樂乃爲《詩》而作，非《詩》爲
　樂而作也。三代之時，禮樂用於朝廷，而下達於閭巷，學者諷誦其言，
　以求其志，詠其聲，執其器，舞蹈其節，以涵養其心，則聲樂之所助
　於詩者爲多。然猶曰：『興於《詩》，成於《樂》。』其求之固有序矣。
　是以凡聖賢之言《詩》，主於聲者少，而發其義者多，仲尼所謂『思
　無邪』，孟子所謂『以意逆志』者，誠以《詩》之所以作，本乎其志
　之所存，然後《詩》可得而言也。得其志，而不得其聲者有矣；未有
　不得其志，而能通其聲者也。就使得之，止其鍾鼓之鏗鏘而已，豈聖
　人『樂云樂云』之意哉？況今去孔孟之時千有餘年，古樂散亡，無復
　可考，而欲以聲求《詩》，則未知古樂之遺聲，今皆以推而得之乎？
　三百五篇，皆可協之音律而被之絃歌已乎？誠既得之，則所助於《詩》
　多矣，然恐未得爲《詩》之本也。況未必可得，則今之所講，得無有
　畫餅之譏乎？故愚意竊以爲《詩》出乎志者也，樂出乎《詩》者也，
　然則志者《詩》之本，而樂者其末也。末雖亡，不害本之存，患學者

的提高反而是一種厄運，其「眞價」與「眞相」被漢儒的曲
解胡說所蒙蔽。[58]鄭振鐸所謂的《詩經》之「眞相」與「眞
價」是指三百篇的眞實面目與價值都在文學，與經學無涉。
鄭氏這樣的想法是很多人的共同意見，這不免讓人想起朱子
「《易》本卜筮之書」之說，不過朱子的《周易本義》，何嘗
不是專闡儒理之作？再者，若說「作《易》示人以卜筮之事」
是對的，[59]那是因爲六十四卦，每卦似皆以占筮爲原始用途，
可是，三百篇尚未收集成書時，一口咬定篇篇皆爲文學而作，
當然是偏見。其實，要了解《詩經》的原本性質，不妨就從
風雅頌之意涵入手，試想，三百篇既有貴族文人的直接創作，
也有爲數極夥的民間歌謠；僅就此而言，《詩經》的文學性原
本是無庸置疑的，不必否認，也不容否認。不過，三百篇中
也有許多的會朝之樂、燕饗之歌，祭祀祖先與神明兼而祈福
的詩也不少；若說這些詩篇也都屬於標準的純文學作品，其
誰能信？然而關鍵猶不在此，而是五百年來創作於不同地區
的詩歌被整編在一部典籍之中，[60]絕對是有其特殊的編輯用

不能平心和氣，從容諷詠，以求之情性之中耳。」陳俊民校編：《朱
子文集》（台北：德富文教基金會，2000 年），第 4 冊，頁 1533-1534。
58 鄭振鐸：《中國文學史》（台北：盤庚出版社，1978 年），頁 36-37。
59 朱子：「《易》本爲卜筮而作。古人淳質，初無文義，故畫卦以『開
物成務』。」「古人淳質，遇事無許多商量，既欲如此，又欲如彼，無
所適從。故作《易》示人以卜筮之事，故能通志、定業、斷疑，所謂
「開物成務」者也。」「《易》本卜筮之書，後人亦以爲止於卜筮。至
王弼用老莊解，後人便只以爲理，而不以爲卜筮，亦非。」詳《朱子
語類》，第 4 冊，頁 1620、1622。
60 三百篇的產生時間爲西元前 1100 年至 600 年之間，其地域以今之黃
河流域四省--河南、山東、山西、陝西爲主，有部分作品可能來自河
北、湖北、甘肅等地，甚至，若依陳奐之說，〈召南·江有汜〉或許

意的。李家樹曾說:「從《詩經》整個情況看,《毛詩序》的
教化觀點當然是荒謬不足信的,但以個別情況來說,也是有
它的根據的。譬如〈詩大序〉對『頌』的解釋以及說『雅』
是『言王政之所由廢興』,說『風』有諷刺的意義,就接觸到
了《詩經》真實的內容。如果片段地以為《詩經》是偶然流
傳下來的一些詩歌的登錄,絲毫沒有一定的立場或政治的目
的,那是不夠說服力的。古詩數目何止三百零五?這些經采
詩而保持下來的詩篇,有部分極可能跟教化有關係而給采錄
作為施政參考。」[61]的確如此,若非透過采詩獻詩的步驟,
又豈能編《詩》?若無一定的政治教化用心,采、獻、編又
要根據什麼樣的原則,難道是要根據各詩的創作技巧與藝術
水準麼?我們不能以後世詩歌讀本的編選原則來看待《詩
經》,否則讀者也可以後代詩歌總集、別集之藝術手法較為多
樣、高超而力主《詩經》可廢了。[62]既然隨著學術的流變,

採自四川。陳氏之說詳《詩毛氏傳疏》(台北:台灣商務印書館,1968
年),頁 44-45。
61 李家樹:《詩經的歷史公案》(台北:大安出版社,1990 年),頁 192。
不過,李氏言《毛詩序》的教化觀點當然是荒謬不足信的,此語依然
有失平允。
62 關於《詩經》的價值,學者頗多論述,茲引裴普賢之言,以作概略性
的說明:「《詩經》之為用,錢賓四先生說:『周公創以用之於政治,
孔子轉以用之於教育,而皆收莫大之效。』所以,三百篇最早就具有
政教的、禮治的音樂的意義,而我們現在單就在文學上的價值說,也
給予我們以不少抒情詩的珠寶。同時,它優美的修辭,熱烈的情感,
婉妙的音律,使它在中國文學史上佔有不可磨滅的威權。它是我國最
早的詩歌總集,文學遺產。我國文學的主流是詩,而最早的就是《詩
經》。漢時的樂府、後來的唐詩、宋詞等均由《詩經》演變而來。它
不只是我國最古最可靠的文學作品,而且含有豐富的古代歷史、民
俗、社會、政治、宗教、道德、語言、音韻等的材料。我們以歷史眼

詩歌總集成了朝廷的重要經典，塾師大儒各自以道德的、教化的角度詮釋詩篇，紛紛讀出了許多詩的弦外之音，[63]或者說刻意賦三百篇以言外之意，也是非常合理的解經態度。嚴粲作為一傳統的解經者，他的解詩方法雖沿襲了經學家的固有形式，也得出許多精彩的見解，再度擦亮了三百篇固有的聖人教化光環，不僅如此，他還配合時代的特色與需求，刻意從理學的立場來解詩。相對之下，嚴粲對於《詩經》的文學的、音樂的感性藝術面，則闡述地稍少。關於經學、理學與文學在《詩緝》中的配重，筆者相信這和時代風氣、個人修養都有關係。並且，這樣的說《詩》傾向不僅表現在嚴粲身上，也是宋代之後普遍的解《詩》現象。亦即，宋代之後，學者解《詩》的重點取向，往往由其本身的學術修養來決定，經學家、理學家、文學家、漢學家、宋學家（當然，這些身份可以有所交集、重疊）面對三百篇，他們可以可以自行決定詮釋的角度與方向。也因此，在我們尚未接觸《二程集》中的那些解《詩》文字時，大約也可以推想其解析的重點，對於楊簡《慈湖詩傳》的重義理而輕考據，應該也不會過於

光看，《詩經》是周朝一代禮樂的產品，其中也有對外族的鬥爭史，是周代歷史最生動而可靠的史料。所以《詩經》是中國文化史上第一部最具有價值的大製作，是我們研究中國文學、歷史、社會、政治、語言音韻等學科所必讀的一部書。」《詩經研讀指導》（台北：大東圖書公司，1977 年），頁 27-28。按：上文所引錢賓四之言，似若周公時代已有今之三百篇，當然不合歷史事實，以非關本註解重點，茲不作文字之補正。

63 當然，即使詩人真有言外之意在，也不可能同一篇詩具有多種的弦外之音，亦即，本文所說的諸儒紛紛讀出了許多詩的弦外之音，這「弦外之音」乃是讀者自以為成功獲悉詩人的弦外之音。

驚訝。不過，宋代之後的《詩經》研究成果與之前最大的差異乃在三百篇的文學價值不斷被突顯出來，這應該是不爭的事實，而且時代愈後，這樣的傾向就愈明顯，時至今日，許多《詩經》讀本的評析重點在各詩的文學技巧，這可謂是時代的趨勢。

嚴粲是守舊的說《詩》者，他謹守「首序」之藩籬，但仍不得不為自己打開另兩扇窗戶，以理學、文學的維度來顯示其書的創新之處，筆者認為這裡頭透顯出的意義是：進入宋代之後，即使是舊派的說《詩》者，也必須設法在舊框架中推陳出新，否則難以與新派著作抗衡。一味的篤守舊說，將迫使一批讀者流向新潮著作，另一批讀者則回歸漢唐注疏即可，亦即，純粹的舊派《詩》學論述在宋代之後很難有市場可言。

就嚴粲的《詩緝》而言，傳統經學家的解經法是嚴粲的看家本領，也是後人給予《詩緝》高度評價的重要原因之一。[64]這似乎和他寫作此書的目的有極大的關連，作為童蒙的讀物，啟導教化的色彩必不可少。[65]其次，嚴粲有一定的理學

---

64 有關嚴粲的「以經學解《詩》」之研究，參見拙文〈嚴粲《詩緝》的解經態度與方法及其在經學史上的意義〉，《興大中文學報》第 19 期（2006 年 6 月），頁 55-96。按：已收入本書。

65 嚴粲於〈嚴氏詩緝序〉自云：「二兒初為〈周南〉〈召南〉，受東萊義，誦之不能習。余為緝諸家說，句析其訓，章括其旨，使之瞭然易見。既而友朋訓其子若弟者，競傳寫之，困于筆箚，胥命鋟之木。此書便童習耳。」不過，對於嚴粲這種說法，也有學者表示疑義。如戴維就以為嚴粲當初寫這本書的目的似乎是為了方便兒童學習，但後來寫作卻用力甚勤，已經把《詩緝》當作是「發昔人優柔敦厚之意」的闡經述義讀本。甚至有進呈御覽的意思，所以卷首有「臣考〈菁莪〉所言」；

素養,《詩緝》以理學說《詩》也成為其書的一大特點。復次,
雖然嚴粲以溫柔敦厚的風化之旨為解詩的標的,但是其自身
既然喜歡作詩,故亦注意及三百篇的文字之美,有時也從審
美的、欣賞的角度來解讀詩篇,要了解這點,得從他本身的
文學嗜好與素養來觀察。根據前引《邵武府志》與《宋百家
詩存》等文獻,可知嚴粲在當時頗有詩名,而邵武位於福建
省,在南宋當時,福建也是個詩人輩出的地方。嚴粲自己便
有《華谷集》一卷,因此,在解析《詩經》時,運用他文人
特有的氣息對三百篇做出審美式的欣賞、批評,也是順理成
章之事。例如《詩緝》就常常提到杜甫,以杜甫的詩句來證
明《詩經》之意,或者我們也可以反過來說,《詩經》的詩意
就經常出現在杜甫的作品中。[66]但是我們在這裡要關注的不
只是這個浮面的現象而已,而是這些以文學的眼光解詩的條
目,到底隱含著什麼樣的訊息?嚴粲的以文學說《詩》除了

卷一〈周南〉下有「臣粲曰」等言。所以戴維說:「便童習的說法只
是一種托詞。」詳戴維:《詩經研究史》(長沙:湖南教育出版社,2001
年),頁 383。其說雖亦可參,但仍無法否認嚴氏寫作《詩緝》的原
始用意在提供一本適宜的《詩經》讀本給初學者。

66 嚴粲於〈小雅・沔水〉首章下引杜甫:「眾流歸海意,萬國奉君心」
二句,以為與本詩意同,卷 19,頁 6;〈白駒〉末章引杜甫:「與奴白
飯馬青芻」一句,以為二詩都是因馬見人。卷 19,頁 15;〈黃鳥〉首
章下引杜甫:「岸花飛送客,檣燕語留人」二句,以為與此詩「告別
惟黃鳥」之意同。卷 19,頁 16;〈大雅・桑柔〉第二章下引杜甫:「車
轔轔,馬蕭蕭」二句,以為二者皆指厭苦兵革之意。卷 29,頁 20;〈周
頌・有客〉下引杜甫:「侍立小童清也微」一句,以為微子的臣子有
文則,卷 33,頁 16,嚴粲之所以引用這麼多杜甫的詩句,和他詩學
的淵源有關。戴復古曾贈詩嚴粲:「粲也苦吟身,束之以簪組。遍參
諸家體,終乃師杜甫。」戴復古:《石屏詩集・祝二嚴》,《四庫全書》,
集部,第 104 冊,卷 1,頁 19。

自己喜歡作詩，雅好文學之外，是否深受宋代某些前輩學者的的影響？在影響論方面，我們很容易就聯想到呂祖謙與朱子，雖然呂祖謙說《詩》走的是傳統的路線，[67]但他強調諷詠的《詩經》鑑賞方法，這與朱子的「吟詠諷誦」、「熟讀涵味」法當然都對嚴粲造成了一些影響，但若說嚴粲的以文學解《詩》就僅是來自朱呂二人的啓示，則又是一種誤解，我們只要仔細閱讀《邵武府志》「世稱九嚴」一段，對於嚴粲以文學解《詩》法的來源便能做出一約略的推測。嚴羽（1195-1245）是南宋詩論名家，其《滄浪詩話》提出的許多觀點影響後世文人學子甚巨。《滄浪詩話》的成書年代無法確知，後人多認爲成書年代最晚不遲於理宗淳祐四年（1244），而《滄浪詩話》的基本論點大約是在理宗紹定年間（1228-1233）間就形成。[68]學者推測《滄浪詩話》的成書年代或理論形成時期的依據之一便是嚴羽和戴復古之間的交往。戴氏有〈祝二嚴〉一詩：「餬口走四方，白頭無伴侶。前年得嚴粲，今年得嚴羽。」戴復古爲了餬口而到福建，至於何時至閩，並與嚴粲、嚴羽相交，學者雖有不同意見，但一

---

67 呂祖謙堅守毛鄭之學，陳振孫稱《詩》學之詳正未有逾於呂氏《讀詩記》者，詳《直齋書錄解題》（台北：廣文書局，1979 年），上冊，頁 100-101。

68 關於《滄浪詩話》的成書年代，參見黃景進：《嚴羽及其詩論之研究》（台北：文史哲出版社，1986 年），頁 51-55。至於嚴羽《詩話》中基本論點的形成，陳伯海以爲在嚴羽避地江楚以前，即理宗紹定三年（1230），見錢鍾書：《宋詩選註》（台北：木鐸出版社，1984 年），頁 300。郭紹虞則認爲《滄浪詩話》成書較早，可能在紹定以前，至遲亦必在淳祐以前。紹定共有六年，合西元 1288-1233。郭紹虞：《宋詩話考》（台北：漢京文化出版公司，1983 年），頁 104。

般認爲大約是在理宗紹定年間左右，[69]而嚴粲的《詩緝》在
淳祐四年（1244）便已刊刻成書。如果按照兩人之間的交往
情形，及以二書成書的年代相比，可以合理地推測嚴粲應當
受到嚴羽的某些詩論影響，甚至完全接受《滄浪詩話》裡的
某些觀點，是以在《詩緝》中也我們可以找到一些和滄浪頗
爲近似的詩論。[70]

　　嚴羽《滄浪詩話》論詩的主要觀點之一就是「興趣」說，
「興趣」之正詁不容易確認，歷來學者對此一名詞的內涵已
有極多的闡述，但「興趣」的眞正意涵迄今仍是眾說紛紜，
莫衷一是。不過，我們可以注意的是，不少學者在分析嚴羽
的「興趣」時都不約而同地和「言外之意」或「韻味」相結
合。多數學者以爲滄浪的「興趣」說主要是指表現在作品中
「悠遠的韻味」，是「言詩之妙於言語之外」。[71]《滄浪詩話‧

---

69 陳伯海以爲根據《邵武府志》推斷戴復古大約是在理宗紹定五年
　　（1232）至福建擔任邵武軍邵武縣之「教授」，也在此時認識嚴羽、
　　嚴粲。陳伯海：〈嚴羽身世考略〉，《上海師範學院學報社會科學版》，
　　1984 年第 3 期。郭紹虞則說：「此詩（按：指〈祝二嚴〉）雖不能確
　　知其時代，但就詩中語意言之，當在理宗紹定元年（1228）左右。」
　　郭紹虞：《宋詩話考》，頁 103。

70 筆者所謂可以從嚴粲《詩緝》中找到與嚴羽相近似的詩論，是就嚴粲
　　在解釋三百篇時運用的某些話語，並沒有牽涉到嚴粲否將三百篇視爲
　　「文學作品」的基本預設觀點。其實，要瞭解嚴粲是否把《詩經》當
　　成民間歌謠或廟堂之音，只要從其對〈詩序〉的解讀、接受即可知曉。
　　只是，將三百篇視爲聖人教化的教材，也並不影響嚴粲對《詩經》文
　　學性的欣賞與分析，就在欣賞分析的過程中，嚴粲無形中接受了嚴羽
　　的許多詩學見解。

71 關於言語「興趣」說的解釋，近人黃景進曾爲前人諸說作一整理，這
　　裡爲引用黃氏之說。將興趣說與言外之意、韻味相結合的，有張健、
　　周維介、鄧仕樑等人。詳黃景進：《嚴羽及其詩論之研究》，頁 89。

詩辨》第五條云:「詩者,吟詠情性也,盛唐諸人惟在興趣;羚羊掛角,無跡可求。故其妙處透徹玲瓏,不可湊泊,如空中之音,相中之色,水中之月,鏡中之象,言有盡而意無窮。」[72]這無窮的「言外之意」,顯然必須透過「興趣」二字去解說,而強調追索「言外之意」的讀詩法,在《詩緝》之中正好為嚴粲解說的重點之一。固然嚴粲幾乎把「言外之意」和聖人的教化、美刺作連帶性的詮解,[73]但在運用言外之意的解詩法時,嚴粲又不時地將言外之意與「味」字相連著說。如說〈周南·葛覃〉:「味詩人言外之意,可以見文王齊家之道矣。」(卷1,頁19)說〈鄘風·載馳·詩序〉云:「味詩之意,夫人蓋欲赴愬於方伯,以圖救衛,而託歸唁為辭耳。」(卷5,頁23)又在第一章下云:「衛有狄難,越在草莽。許以姻親力不能救,僅遣大夫唁之,夫人以為此無益於事。我欲馳驅其車自歸以唁衛侯,驅馬悠悠然,歷遠至於曹邑,不敢憚勞。今大夫之往,徒勞跋涉,無救衛國之亡,則我心以為憂,不若我代其行也。此非真欲歸唁,蓋託為之辭,有涵蓄不盡之意,首章婉而未露也。」(卷5,頁23)說〈衛風·竹竿〉末章:「淇水悠悠,檜楫松舟。駕言出遊,以寫我憂」為「再三極言衛國之樂,則知其有所不樂於此矣。此詩全不說不見答之意,但末語著一憂字,使人玩味之,而其情自見矣。」(卷6,頁19)說〈陳風·東門之枌〉全章寫男女聚會之樂事,

---

72 《滄浪詩話》,何文煥輯:《歷代詩話》(台北:木鐸出版社,1982年),下冊,頁688。
73 見拙文〈嚴粲《詩緝》的解經態度與方法及其在經學史上的意義〉,《興大中文學報》,第19期(2006年6月),頁71-73。按:已收入本書。

相樂之辭，未見《詩序》「疾亂」之意，且言：「味此詩『不
績其麻』正是誚責之辭，非相樂之辭。」（卷 13，頁 3）這「疾
亂」之意正在言外。其他用「味」字的讀詩法所解讀出的詩
意，幾乎都是三百篇中原文所無的言外之意，[74]可見「品味」
式的讀詩法是嚴粲獲取《詩經》言外之意的重要途徑。另一
方面，滄浪的興趣說除了強調詩的言外之意，也和「情性」
有關。他強調「詩者，吟詠情性也，盛唐諸人惟在興趣」，「興
趣」和「情性」之間的關係引人好奇，此則葉嘉瑩的解釋可
以為我們解疑，葉氏以為嚴滄浪所謂的「興趣」並不是「泛
指一般所謂好玩有趣的『趣味』之意，而當是指由於內心之
興發感動所產生的一種情趣，所以他才首先提出『詩者，吟
詠情性』之說，便因為他所謂的『興趣』，原是以詩人內心中
情趣之感動為主的」，[75]「興趣」既以詩人內心中情趣之感動
為主，那麼，詩主要就是在反映個人的情感的。以滄浪的論
點和本文「涵泳情性的讀《詩》法」一節對看，會發現二者
之間極為相似，唯一差別的就是嚴羽的「情性」並沒有特別

---

74 如〈小雅・四月〉第二章下云：「味此詩皆悽悽然憂亂之辭，若止是
　　行役之久，未遽至怨刺之深如此。」（卷 22，頁 14）說〈大雅・板・
　　詩序〉下云：「朱氏以此詩為切責其寮友用事之人，而義歸於刺王，
　　與上篇同。味詩意信然。」（卷 28，頁 22）〈周頌・昊天有成命〉下
　　云：「頌者，成功告神，必言子孫勉力保守，以慰神祇祖考……舊說
　　以『緝熙』為文武。味詩之意，嗟歎而更端言之，所謂肆其靖之，即
　　于時保之之意。其者，期之之辭也，非言文武矣。」（卷 32，頁 10-11）
　　這些透過品味涵泳而得出的詩意，都屬於言外之意，皆不在原詩文意
　　所屬的範圍之內。
75 葉嘉瑩：《王國維及其文學批評》（台北：桂冠圖書出版社，2002 年），
　　頁 347-348。

的內涵，而嚴粲則拘限於詩教、風化的觀點，要求讀者深體聖人之意，並涵養自己的情性。

　　嚴羽在《滄浪詩話》中除了以自成一格的理論體系提出他對詩歌的基本看法之外，對於歷來詩作、詩人也做出了實際的批評，在批評的過程中，嚴羽時常提到「氣象」一詞，〈詩辨〉更說：「詩之法有五：曰體制，曰格力，曰氣象，曰興趣，曰音節。」這五法（五種詩的要素）即為嚴羽評論詩人的標準，其中嚴羽最注重的是「氣象」，所謂「氣象」就是指作品整體風格所帶給人的形象感覺。[76]〈詩評〉第五條說：「唐人與本朝人詩，未論工拙，直是氣象不同。」這裡的氣象顯然已經和時代的整體風格相關，當然評論作品的「氣象」優劣不能以摘章擇句式的分析法來進行，所以〈詩評〉第十條說：「漢魏古詩，氣象渾沌，難以句摘。」第十四條說：「建安之作，全在氣象，不可尋枝摘葉。」評論作品的好壞要以整體風格（氣象）為重，不必注重字眼、句法等微枝末節。這個「氣象」成了一種統領所有風格的一個詞彙。嚴羽雖然說詩之法有五，但這只是概略性的、分析性的說法，就整體風格而言，「氣象」一詞已足以包括全體五法。[77]嚴羽注重詩作、詩人的整體風格（氣象），嚴粲也是如此。如前所言，嚴粲在討論〈詩大序〉「政有小大，故有小雅焉，有大雅焉」一段話時，他是從文體的角度討論大、小雅之別，以為兩者的差別就在氣象的不同。「氣象」也者，近似吾人今日所說之風格。

76　黃景進：《嚴羽及其詩論之研究》，頁 218。
77　黃景進：《嚴羽及其詩論之研究》，頁 220。

〈雅〉的文體風格與〈國風〉不同，而其不同就是我們在前面提到的「優柔委曲，意在言外者，〈風〉之體也。明白正大，直言其事者，〈雅〉之體也。純乎〈雅〉之體者，為〈雅〉之大。雜乎〈風〉之體者，為〈雅〉之小」。〈雅〉是明白正大的，〈風〉是優柔委曲的，而同樣是「明白正大」之作，小、大二〈雅〉又有分別，嚴粲除了以是否摻雜〈國風〉之體為區別的標準，更舉實例說明二者之差異性。如以〈小雅·菁菁者莪〉、〈大雅·棫樸〉為例，說：「〈菁莪〉毓材，〈棫樸〉官人，所言之事同也。然〈菁莪〉之詩惟反覆吟詠於菁菁之莪，是有〈風〉體而不純乎〈雅〉，故為〈小雅〉。至〈棫樸〉之詩言『左右奉璋』、『髦士攸宜』、『周王于邁，六師及之』、『周王壽考，遐不作人？』、『勉勉我王，綱紀四方』，皆正言其國，其辭旨氣象與〈菁莪〉大有間矣，故為〈大雅〉。此〈大雅〉、〈小雅〉正經之別，其餘皆可類推也。」（卷 1，頁 11）所謂「辭旨」、「氣象」除了內容的正大之外，還包括風格的雄大，因此他說其餘皆可類推。甚至同樣是變〈雅〉之詩，〈六月〉、〈采芑〉、〈江漢〉、〈常武〉都是敘述宣王征伐之事，但後二者比之前二者「氣象小大，自是不同」。〈江漢〉、〈常武〉的氣象如何不同？嚴粲舉二詩首章四句：「江漢浮浮，武夫滔滔。匪安匪遊，淮夷來求」、「赫赫明明，王命卿士，南仲大祖，大師皇父」說明二者廣大高遠、雄偉崇高的風格，自然不同於〈六月〉與〈采芑〉。（卷 1，頁 11）從「興趣」或者「氣象」的角度來分析嚴粲《詩緝》，會發現嚴粲與嚴羽之間某種程度的相似，我們雖無法肯定地說嚴粲全盤接受嚴羽的

論詩觀點，但是從彼此的往來交遊研判嚴粲受到嚴羽的啓迪
或影響，這應該是是無庸置疑的。

　　另外筆者也發現，《詩緝》裡還出現類似明清盛行的評點
之法，如說〈鄘風‧君子偕老〉、〈衛風‧碩人〉、〈齊風‧猗
嗟〉三詩表面上詩文都是稱美之辭，但《詩序》都說是譏刺
某人或某事，嚴粲以爲：「三詩體同，皆中間冷下一二語，而
首尾不露其意也。」[78]所謂「冷下一二語」，不論用詞或語氣
都像極了評點的文學家，讓人耳目一新。

　　然而，相對於經學與理學的層面，嚴粲以文學說《詩》
的成分還是偏少，這是因爲五經之中文學性質最濃厚者雖莫
過於《詩》，但《詩》畢竟是神聖的經典，並非文學創作集。
[79]文學無可避免地會涉及到有用與無用的問題，[80]《詩》則沒
有這樣的爭論，它絕對是有用的，從孔子以《詩》、《書》教
人、漢儒以《詩》說教到嚴粲所處的南宋中晚葉，經學家的

78　嚴粲於〈鄘風‧君子偕老‧序〉下云：「此詩惟述夫人服飾之盛、容
　　貌之尊，不及淫亂之事。但中間有『子之不淑』一言，而譏刺之意盡
　　見。〈碩人〉惟述莊姜之美，不言莊公不見答，但中間有『大夫夙退』
　　二語。〈猗嗟〉惟述魯莊之美，不言不能防閑其母，但中間有『展我
　　甥兮』一語。三詩體同，皆中間冷下一二語，而首尾不露其意也。」
　　卷 5，頁 4-5。
79　胡師自逢：「《詩》在五經之中，要爲唯美之學也。詩爲語言中之至美
　　者，其旨遠，其辭文，不獨以其音調鏗鏘可以入樂，可以悅耳也。猶
　　在能感人於無形，雖其人之有怨有怒也，發而爲詩，則不見怨怒之詞，
　　情致紆餘委婉，借事以比方，託物以寄興，以冀其人之感悟，溫柔敦
　　厚之情，溢於言表，諧於聲音，施於四體，四體不言而喻，此其所以
　　爲美也與。」《五經治要》（台北：文史哲出版社，1993 年），頁 296。
　　多數經學家的見解就是如此，肯定《詩經》的經典質性，但津津樂道
　　其文學功能與技巧表現。
80　詳朱光潛：《談文學》（台北：漢京文化事業公司，1982 年），頁 3-8。

看法就是如此的，新舊兩派的爭議焦點在《詩序》的價值上，
而非在辯論是否要將《詩經》還原到它的文學基本面。[81]

六、結　語

　　歷來對於《詩序》的存廢，爭論得最激烈的是宋代。處
在廢《序》與尊《序》的洪流中，嚴粲以依《序》說詩的方
式投入了尊《序》派的陣營，而此一陣營也因為有了嚴粲的
加入而生色不少。[82]不過，如同其餘尊《序》派的《詩經》
學著作，《詩緝》一書的性質定位給多數人的印象也是大約僅
止於「守舊的經學著作」而已。實際上，嚴粲《詩緝》一書
同時使用經學、理學、文學三條進路來解經，其說《詩》的
方式較諸其餘同派著作更具多樣性，因此「守舊的經學著作」
一詞完全無法突顯出嚴書的特質。僅就嚴粲以文學解經的成
績而言，筆者以為他對於六義的解說有其獨到之處，然而以
六義皆動詞固能引人注意，卻很難得到學者的共鳴，而其對
大小二〈雅〉的性質不同之判別最令人矚目，後人徵引者亦
多，但其內容仍可視為《序》說的推闡，至於他繼呂祖謙之

---

81 朱子雖然已經略有《詩》為文學作品的意見，但他把這方面的論述重
　　心擺在〈國風〉上，而認為〈雅〉〈頌〉的作者「往往聖人之徒」，要
　　到清人才敢大膽地把三百篇由經學系統中抽出，逕置於文學之源流統
　　系中。詳江乾益：《詩經之經義與文學述論》（台北：文史哲出版社，
　　2004 年），頁 18-22。
82 清儒萬斯同、姚際恒雖認為《詩緝》略有瑕疵，但依然推崇其為「自
　　為宋人說《詩》第一」的「千古卓絕之書」。姚際恒之語已見前引，
　　萬斯同之語詳《群書疑辨》（台北：廣文書局，1972 年），卷 1，頁
　　13。

後，推廣「凡興詩多兼比」之說，恐怕很難通過後人的檢驗。

　　嚴粲從經學、理學角度解《詩》時，常以「味詩人言外之意」、「味詩之意」作為分析詩篇的起點，用品味的方式欣賞一首詩，而且他表示獲悉詩人言外之意最好的途徑就是「涵泳」，且強調「使詩人紆餘涵泳之『趣』，一見可了」，這就使得《詩緝》可以進入文學解《詩》的層次。可惜的是，為了確保每一個讀者所涵泳、玩味、體會的詩意都相同或相似，嚴粲提出的解決方案居然是提醒讀者「首序」的可靠性，要讀者朝此方向去涵泳，此一建議固然將擾人的問題簡單化，卻又使得《詩緝》的文學性不免為經學氣味所掩了。

　　既然注意及《詩經》的文學成分，嚴粲有時也就藉機直接以文學說詩，〈葛覃〉、〈燕燕〉、〈月出〉、〈東山〉、〈斯干〉……等篇的解說，可以見出其對詩人創作技巧的興趣，只是這類將文學納為詮解重點的作品頗為有限，明顯可以看出嚴粲解《詩》仍然以文學為經學之附庸。質實言之，《詩緝》從經學、理學、文學三條進路來解《詩》，三者的配重是經學重於理學，理學重於文學。這樣的配重和時代風氣、個人修養都有關係。當然，嚴粲以文學說《詩》絕非僅是為了配合時代的需求而已，其自身雅好文學、喜歡作詩，故其說《詩》能注意及三百篇的文字之美，挑選幾篇作品從審美的、欣賞的角度來解讀，這是相當合理的作法。

　　嚴粲以經學、理學層面說《詩》時，重視的是從漢唐舊說到程朱理學，以文學說《詩》時則一方面推廣朱子、呂祖謙的涵泳玩味的讀《詩》法，一方面深受嚴羽詩論之影響，

把滄浪的「興趣」說運用在解《詩》的文字中，偶爾還見到
他使用明清盛行的評點之法，這些都擴展了《詩緝》的解經
面向。

伍、摘要與總結

一、

　　除了〈嚴粲傳略〉之外，本書所收三篇論文在期刊披露時都依規定附上「摘要」數百字，現將原始摘要迻錄於下。

　　〈嚴粲《詩緝》的解經態度與方法及其在經學史上的意義〉：

　　《詩緝》一書使用經學、理學、文學三條進路來解經，本文要考察的是其經學面向的風貌，由方法論的角度切入以說明嚴粲的解經特質。不過，面對中國傳統經典，解經者的使用的解釋方法與其面對古典的態度之間有極為密切的關係，甚至，態度往往是決定方法的重要關鍵。因此，本文雖是從方法論來研究嚴粲《詩緝》的解經特質，但也必須觀察他對《詩經》或整體《毛詩》學派系統的態度。嚴粲對於《詩序》說教型的詮釋是接受的，其撰寫《詩緝》的目的依然是「以《詩》說教」。他對於「首序」全面尊重，以為出於國史之手，至於「後序」則時見他提出異議。嚴粲也認為孔子決定了詩篇的去留，解詩時則是繼承了美刺說詩的方式，強調解出詩的言外之意的重要性。嚴粲的解經方法非常傳統，主

要是探「以本經解本經」、「以他經解本經」、「以本傳解本經」、「以他傳解本經」的漢學方式，透過蒐集、整理、分析、考辨、歸納等步驟來疏解經義，當然這也是極為務實的訓釋方法。

在嚴粲所處的南宋晚期時代，經典詮釋者多想擺脫舊說束縛，以開創另一片新天地，此時嚴粲的《詩緝》一方面配合時代的需求與習尚，以理學與文學來說《詩》，一方面卻又守住傳統的研經方式，解經時尊重舊說，還為毛、鄭之說費心辨解、析論，這種多重視維的解經方式在當時反而顯得別樹一格。不過，我們仍然必須指出，《詩緝》的解詩面向雖是多重的，在宋代相關著作中也屬優秀，但對於前人所給予的超高評價，還是得持保留的態度。

〈嚴粲《詩緝》的以理學說《詩》及其在經學史上的意義〉：

由於嚴粲對《詩序》首句的絕對遵從，使得研究者對於《詩緝》的認識通常僅止於「舊派說《詩》者」這樣的刻板印象。另外，嚴粲面對某些詩篇，能從文學的角度來看待，這也受到晚近某些學者的注意。然而，仔細分析《詩緝》的內容，可以發現嚴粲治經也蘊藏著許多宋學家的理學觀點，並善用宋學家慣常的的解經方式～以理解《詩》。嚴粲《詩緝》的以理學說《詩》一方面是其本身具有某種程度的理學素養，另一方面也是對前人以理學解《詩》方式的繼承，我們可以從其相關文字瞭解嚴粲的理學造詣，也可以由此探索時代學術風潮對嚴粲的影響，更可以由此延伸來看待宋代理學與經

學的牽連關係，而要評價嚴粲《詩緝》的成績，除了經學與文學之外，也必須考察他的以理學說《詩》，如此才可能得到完整且公允的結果。

〈嚴粲《詩緝》以文學說《詩》及其在經學史上的意義〉：

宋代《詩經》學存在著非常激烈的尊《序》與廢《序》之爭，所謂新舊兩派之判別，最主要的關鍵就在《詩序》的取捨上，嚴粲對「首序」（《詩序》首句）的絕對遵從，使得研究者對於《詩緝》的認識通常僅止於「舊派說《詩》者」這樣的刻板印象。其實，嚴粲重視客觀實據的解經態度與方法，已讓他具有清代樸學家架勢，治經也蘊藏著許多宋學家的理學觀點，並善用宋儒慣常的的解經方式－以理學解《詩》，而他在面對某些詩篇時，又能從文學的角度來詮解，這就與一般「舊派說《詩》」之著作有了顯著的不同，所以《詩緝》乃是「舊中帶新」的著作。筆者之前已經探討了嚴粲以經學與理學說《詩》的兩條進路，並且解釋了其在經學史上的意義，本文進一步觀察、評論嚴粲的以文學說《詩》，由此而確認《詩緝》使用經學、理學、文學三條進路解《詩》的配重情況，也使得嚴粲《詩緝》的質性與地位可以被吾人有更具體的認知。

二、

披露在期刊上的三篇拙文都有「結語」之節，現將各文結語再做整理並條列出來，以方便讀者的快速理解。

（一）經學史上關於宋代《詩經》學的整體發展敘述，大抵著眼在對學者對《詩序》的態度上，對於《詩序》的忠誠度愈高者，愈是容易被歸畫到舊派的陣營中。面對〈大序〉，嚴粲除了對其大小二〈雅〉的區隔標準表達異議之外，其餘都接受並且特別予以闡論，至於各篇〈小序〉，他接受了所謂國史所作的「首序」（《序》文首句），對於「後序」雖有些更正，但反對的是其說詩的細部內容，並非其說詩方式；嚴粲因此而被派分到守《序》的陣營之中。

（二）僅就嚴粲對《詩序》的態度而以為《詩緝》是「舊派的經學著作」，將無法對於嚴書有正確的認識，實際上嚴粲的解經特點是，尊重而非篤守《詩序》，他對古訓相當重視，這種心理或習性，和傳統經學家有些類似，但是他在解經時又極為強調客觀實據，能運用基礎的統計與比對，然後推論、說解《詩》中的字詞句意，所得出來的結果往往頗具說服力，因為那些推論的依據是來自客觀的本經、本傳、他經、他傳等實有的文字記載，而非文學家、理學家賞析、體會式的理解，這樣的解經方式與多數新舊兩派的宋代解《詩》學者並不相同。

（三）嚴粲《詩緝》一書同時使用經學、理學、文學三條進路來解經，就憑這樣的特質就絕非「舊派的經學著作」一詞所能帶過。

（四）三百篇中的語言涉及到天道者固然不多，但透過宋儒的以理解經，詩篇的深層意義不是被發掘出來，就是被賦予另一層意涵，這是宋代《詩經》學的一大特質，也是宋

代《詩經》學體系得以建立的重要原因，而嚴粲有一定的理學素養，《詩緝》以理學說《詩》也就成爲其書的一大特點，坊間的《詩經》學史著作面對《詩緝》皆僅從經學與文學兩個層面來觀察，這是不夠的，必須考慮到其「以理學說《詩》」的特點與成績，才能對《詩緝》進行比較完整的評價。

（五）《詩緝》引用前輩學者十餘家的理學見解以解《詩》，對象以程朱爲主，從中再作統計，則朱子的理學最受《詩緝》青睞。這也讓我們想到，《四庫提要》所云「《詩緝》以《讀詩記》爲主」早已成爲經學史上的常識，其實此一常識是錯誤的，嚴粲最喜歡引用的是朱子的意見，就以理學解經而言，《詩緝》對於呂祖謙的承襲與取用也非常少。

（六）程朱擅長以天理、義理說《詩》，並延及性情、心性、誠意、修身等觀點，有趣的是，程子對人心情性之修治極爲注重，其說頗爲嚴粲所引用，至於程子從「誠意」的角度解說某些詩篇，似乎無法引起嚴粲的認同。然而，朱子的修身、齊家、正心、誠意之說卻又被嚴粲廣爲採入《詩緝》之中，而朱子好以「天理」解《詩》，嚴粲對此顯然又興趣不大；這些現象究竟表示嚴粲擁有自己的選擇，還是他只是隨機取樣而已，我們很難作出精確的判斷。

（七）情性、性情、心性、心理之說構成了《詩緝》以理學說《詩》的最主要內涵，嚴粲經常將心性與義理、天理搭配來說《詩》。此外，嚴粲從良心的角度詮釋詩文，從而觸及到「興」的作用與概念。他從感發興起的角度解說天生的仁心、仁性，而其以興解《詩》，又每從道德生命的感發來詮

釋之，這是受到自孔門以降之儒家傳統《詩》教的影響。

　　（八）嚴粲常藉由四書之義來闡述詩篇，或直接援引四書之語說解，或將四書作爲重要的義理證據，其說天理、講人心，強調當先天的至善被後天之環境、意識所蒙蔽時，解決之道就是透過後天的教導與化育，使此心能返回原來之正；這些都顯示了嚴粲身爲正統儒家學者這樣的事實。雖然，我們還是心存疑慮，因爲檢視書中的理學性文字，仍以泛言式的引用居多，或者用以形容道體之廣大與高明而已，一方面我們懷疑這可能表示嚴粲對於某些形而上的觀念未必有回歸內心的眞誠體悟，另一方面我們也幫嚴粲找到個好理由，以理解《詩》終究會受到《詩經》本身屬性的侷限，畢竟三百篇原本是一本抒情、敘述爲主的詩歌總集。

　　（九）《詩緝》從經學、理學、文學三個不同向度來詮解詩篇，但整體仍以漢學家的治經方式爲主，假若嚴粲所說著書之初始動機在於幫助學童研習《詩經》之言並非客套，則《詩緝》之所以在「以主觀意見解《詩》」方面有所保留，也是必然的結果。

　　（十）從以文學解經的這個面向來說，嚴粲對於六義的解說有其獨到之處，不過他認爲六義皆動詞，這個見地應該很難得到學者的共鳴，而其對大小二〈雅〉的性質不同之判別是相當令人矚目的，後人徵引者亦多，但其內容仍可視爲《序》說的推闡；至於他繼呂祖謙之後，推廣「凡興詩多兼比」之說，恐怕很難通過後人的檢驗。

　　（十一）嚴粲從經學、理學角度解《詩》時，常以「味

詩人言外之意」、「味詩之意」作爲分析詩篇的起點，用品味的方式欣賞一篇詩，而且數度表示獲悉詩人言外之意最好的途徑就是「涵泳」，這個想法與朱子、呂祖謙相同，他強調藉由此一讀詩法可「使詩人紆餘涵泳之『趣』，一見可了」，由此而使得《詩緝》可以進入以文學解《詩》的層次。可惜的是，爲了確保每一個讀者所涵泳、玩味、體會的詩意都相同或相似，嚴粲提出的解決方案居然是要我們勿忘「首序」的可靠性，要大家朝這個方向去涵泳，此一建議固然將擾人的問題簡單化，卻又使得《詩緝》的文學性不免爲經學氣味所掩了。

（十二）既然注意及《詩經》的文學成分，嚴粲有時也就藉機直接以文學說詩，〈葛覃〉、〈燕燕〉、〈月出〉、〈東山〉、〈斯干〉……等篇的解說，可以見出其對詩人創作技巧的興趣，只是這類將文學納爲詮解重點的作品頗爲有限，明顯可以看出嚴粲解《詩》仍然以文學爲經學之附庸。質實言之，《詩緝》從經學、理學、文學三條進路來解《詩》，三者的配重是經學重於理學，理學重於文學。這樣的配重和時代風氣、個人修養都有關係。當然，嚴粲以文學說《詩》絕非僅是爲了配合時代的需求而已，其自身雅好文學、喜歡作詩，故其說《詩》能注意及三百篇的文字之美，挑選幾篇作品從審美的、欣賞的角度來解讀，這是相當合理的作法。只是，幾位《詩經》學史的研究者過於強調《詩緝》這方面的成就，這有可能導致大家的錯覺。

（十三）嚴粲以經學、理學層面說《詩》時，重視的是

從漢唐舊說到程朱理學，以文學說《詩》時則一方面推廣朱
子、呂祖謙的涵泳玩味的讀《詩》法，一方面深受嚴羽詩論
之影響，把滄浪的「興趣」說運用在解《詩》的文字中，偶
爾還見到他使用明清盛行的評點之法，這些都擴展了《詩緝》
的解經面向。

三、

　　接著，我們想解釋何以姚際恒對於《詩緝》會評為「宋
人說《詩》第一」？[1]通過不同的維度來考察嚴粲《詩緝》的
成績，我們必須說，姚際恒推崇《詩緝》為宋代最好的《詩
經》學著作，這絕對是他個人的意見。由於姚際恒並未對於
何以他以為《詩緝》成績勝過其餘宋儒著述做出說明，我們
僅能如是推測：姚際恒對於一流的解《詩》之作有他自己的
期待，《詩緝》比起其餘前賢著作，比較符合姚際恒的預先判
斷與期望。讓我們借用西方接受美學（aesthetics of reception）
的說法來解釋這個現象。

　　德國的加達默爾（Gadamer, HansGeorg, 1900～2002）針
對理解的先驗分析提出了「視域融合」（fusion of horizons）
及「效果歷史意識」（history effect）之說。根據其理論，理

1　姚際恒〈詩經論旨〉：「嚴坦叔《詩緝》，其才長於詩，故其運辭宛轉曲
　折，能肖詩人之意；亦能時出別解。第總圍於《詩序》，間有齟齬而已。
　惜其識小而未及遠大，然自為宋人說《詩》第一。」《詩經通論》，《姚
　際恆著作集》（台北：中央研究院中國文哲研究所，1994年），第1冊，
　頁7。

解的過程有如對話，通過詮釋經驗，文本和我們的視域被相互聯繫起來。這種關係把文本帶入我們的視域中，通過這種視域融合，文本和我得到某種共同的視域，同時我在文本的它在性中認識了文本。於是，理解的歷史性便展露無遺，理解本身就是一種效果歷史事件。因爲理解根本不是一種「主觀性的行爲，而要被認爲是一種置自身於傳統事件中的行動，在這行動中，過去和現在經常地得以被中介」。所以說「理解從來就不是一種對於某個被給定『對象』的主觀行爲，而是屬於效果歷史，這就是說，理解是屬於被理解東西的存在」。[2]於是，讀者用自己的選擇、評價來取捨、看待作品，不同時代的讀者，其審美觀念也不同，且在閱讀的過程中逐步地提升。[3]接受美學的主要創始人之一姚斯（Hans Robert Jauss,1921～1997）接受了這樣的論述，他把文學視爲一種產品與接受的辯證過程：「文學與藝術只求包含一種具有過程特徵的歷史，作品獲得成功不僅透過主體，也透過消費主體——經由作家與公眾的交流」，[4]這樣，姚斯就把過去文學史關

---

2 詳洪漢鼎：《詮釋學 —— 它的歷史和當代發展》（北京：人民出版社，2001 年），頁 233-234。文中引用二段文字分見加達默爾：《眞理與方法》（上海：上海譯文出版社，1999 年），上冊，頁 374、〈第二版序言〉，頁 006。有關加達默爾對於視域融合及效果歷史的概念，詳《眞理與方法》，上冊，頁 375-397。加氏自己也曾舉過例，以爲詮釋學的歷史性表現在其他方面，如神學、法學、文學，都可以證明前理解概念和效果歷史原則的適用性，其中，文學便舉出姚斯的接受美學爲代表。詳《眞理與方法》，下冊，頁 737-738。姚斯對於加氏效果歷史原則上可以接受，自己也明白地說出在效果歷史的問題上，「我們的觀點基本上一致」。姚斯：《接受美學與接受理論》，頁 38。
3 詳朱立元：《接受美學導論》，頁 430-433。
4 關於姚斯的引文及接受美學的學說概念，參見赫魯伯（RobertC.Holub）

注的重心由作者、作品轉向了讀者，強調讀者在詮釋功能中的作用。姚斯將感受主體放在他關注的中心，一部文學能夠成為傳世的經典，或者成為被大眾廣為閱讀接受的作品，除了本身的因素之外，還與讀者的「期待視界」（horizon of expectations）有關。所謂「期待視界」是指「文學接受活動中，讀者原先各種經驗、趣味、素養、理想等綜合形成的對於文學作品的一種欣賞要求和欣賞水平，在具體閱讀中，表現為一種潛在的審美期待」。[5]雖然姚斯所指的是文學文本，但接受美學適用的對象早已遠遠超出了文學之外，所以我們絕對可以借用這個理論，更何況，《詩經》的文學性也是非常濃厚的。現在，我們知道，《詩緝》能夠成為被姚際恒高度肯定之作，除了其本身所具備的特質之外，還與姚際恒的「期待視界」有關。姚際恒在《詩經通論·詩經論旨》中正是用自己的期待來評論、篩選從漢朝至明朝的《詩經》學著作，每一本著作的內蘊對於他都有不同的意義，他個人的的價值尺度影響且決定了他對所有著作的價值評斷。在姚際恒推崇《詩緝》的時候，不忘點出是書「第總囿於《詩序》，間有齟齬而已」的缺失，也正是因為他本人痛恨《詩序》，而《詩緝》

著、董之林譯：《接受美學理論》（台北：駱駝出版社，1994 年），頁62。

5 朱立元：《接受美學導論》（合肥：安徽教育出版社，2004 年），頁 61。「期待視界」（horizon of expectations）或譯成「期待域」，為姚斯文學理論的核心觀念。姚斯指出閱讀一部作品前，讀者個人已有的閱讀經驗構成的思維或先在結構，並將此帶入閱讀過程的一種意識。與接受主體的「期待視野」相對的即是接受對象—作品的客觀化過程。參見姚斯著，周寧、金元浦譯：《接受美學與接受理論》（瀋陽：遼寧人民出版社，1987），頁 25-27。

對於「首序」的接受脫離了他的「期待視界」。另一清儒萬斯同之所以表示《詩緝》為「千古卓絕」之書，[6]也可作如是觀。

　我們這樣說，絕不表示姚際恒的論評是不可信的，只能說，《詩緝》在宋代《詩經》學著作中雖然自有其特色與價值，但硬拿來要跟其他名著來較量誰是第一、誰是第二則毫無意義。而且，嚴粲在《詩緝‧前序》中說：「二兒初為〈周南〉、〈召南〉，受東萊義，誦之不能習。余為緝諸家說，句析其訓，章括其旨，使之瞭然易見。既而友朋訓其子若弟者，競傳寫之，困于筆箚，胥命鋟之木，此書便童習耳。」可知其原初著書的動機在於幫助學童研習《詩經》，本無以此書作為其名山事業的雄心壯志。雖然戴維認為「《詩緝》卷首論大小〈雅〉之別後有『臣考〈菁莪〉所言』，卷一〈周召〉下有『臣粲曰』，所以說他『便童習』的說法只是一種托詞」。[7]不過筆者的看法不太一樣，個人以為嚴粲在寫書之前的確並未抱持太大的企圖心，但在書寫的過程之中，不斷有心得湧現，於是他決定讓內容稍微深化一些；不論如何，《詩緝》終究是適合初學者閱讀的作品。然而，談到研讀《詩經》的入門書籍，朱子的《詩集傳》在解釋的簡易以及文字的乾淨度方面，還是勝過《詩緝》的。[8]實際比較過兩書的研究者，應該可以承認這樣的結論。

6　《群書疑辨》，（台北：廣文書局，1972 年），卷 1，頁 13。
7　戴維：《詩經研究史》（湖南：湖南教育出版社，2001 年），頁 383。
8　李家樹表示朱子的《詩集傳》達不到作為入門書的資格，此說是否公允是一回事，但以《詩集傳》與《詩緝》相比，前者更能讓初學者接受，應是毋庸置疑的事實。李說見《詩經的歷史公案》（台北：大安出版社，1990 年），頁 124。

嚴粲《詩緝》引朱子與呂祖謙之次數統計表[1]

國　風	引朱子說之次數	引呂祖謙說之次數
周南解題	1	0
關　雎	16	2
葛　覃	2	1
卷　耳	3	2
樛　木	0	2
螽　斯	1	1
桃　夭	0	1
兔　罝	2	1
芣　苢	1	0
漢　廣	1	0
汝　墳	0	1
麟之趾	1	0

1　《詩緝》引朱子、呂祖謙之說主要是以「朱氏曰」、「呂氏曰」、「《詩記》曰」來顯示，其餘情況參見各注。

召南解題	2	0
鵲　巢	4	1
采　蘩	2	0
草　蟲	1	0
采　蘋	2	1
甘　棠	1	0
行　露	0	0
羔羊	2	1
殷其靁	1	0
摽有梅	0	0
小　星	1	1
江有汜	2	4
野有死麕	0	0
何彼襛矣	3	0
騶　虞	4	1
邶風解題	1	0
柏　舟	2	0
綠　衣	0	0
燕　燕	3	0
日　月	3	0
終　風	1	1

擊　鼓	1	0
凱　風	7	0
雄　雉	2	0
匏有苦葉	0	0
谷　風	1	2
式　微	0	0
旄　丘	1	0
簡　兮	2	1
泉　水	4	2
北　門	0	2
北　風	0	1
靜　女	0	0
新　臺	0	0
二子乘舟	0	0
鄘風解題[2]	0	0
柏　舟	1	1
牆有茨	1	1
君子偕老	3	0
桑　中	2	2

2　《詩緝》僅謂鄘音容，「說已見《邶》」，這裡爲了表格製作的方便，依
　然使用「《鄘風》解題」四字。

鶉之奔奔	0	0
定之方中	1	1
蝃蝀	1	0
相鼠	0	0
干旄	3	0
載馳	4	0
衛風解題	0	0
淇奧	4	1
考槃	2	0
碩人	5	0
氓	9	0
竹竿	1	1
芄蘭	2	0
河廣	0	1
伯兮	2	1
有狐	0	0
木瓜	0	0
王風解題	1	0
黍離	1	0
君子于役	0	0
君子陽陽	2	0

揚之水	4	2
中谷有蓷	2	0
兔爰	2	0
葛藟	0	0
采葛	0	0
大車	0	0
丘中有麻	2	0
鄭風解題	2	2
緇衣	2	1
將仲子	0	0
叔于田	0	0
大叔于田	4	1
清人	0	1
羔裘	2	1
遵大路	0	1
女曰雞鳴	2	1
有女同車	0	0
山有扶蘇	0	0
蘀兮	0	0
狡童	1	1
褰裳	1	0

丰	0	0
東門之墠	0	0
風　雨	1	0
子　衿	1	1
揚之水	0	0
出其東門	0	0
野有蔓草	1	0
溱　洧	0	1
齊風解題	0	0
雞　鳴	1	0
還	1	0
著	1	2
東方之日	2	0
東方未明	2	1
南　山	2	0
甫　田	2	0
盧　令	1	0
敝　笱	0	0
載　驅	1	0
猗　嗟	3	1
魏風解題	1	0

葛　屨	2	0
汾沮洳	2	0
園有桃	1	0
陟　岵	0	0
十畝之間	0	0
伐　檀	3	1
碩　鼠	1	0
唐風解題	1	0
蟋　蟀	4	1
山有樞	0	0
揚之水	0	0
椒　聊	0	0
綢　繆	2³	0
杕　杜	1⁴	0
羔　裘	0	0
鴇　羽	1	0
無　衣	1	0
有杕之杜	1	0
葛　生	2	0

---

3 引「朱氏曰」一處，引朱子解《孟子》一處。
4 引朱子解《孟子》。

采　苓	2	0
秦風解題	1	0
車　鄰	0	1
駟　驖	4	0
小　戎	6	0
蒹　葭	2	0
終　南	2	0
黃　鳥	2	0
晨　風	0	1
無　衣	2	0
渭　陽	1	0
權　輿	1	0
陳風解題	1	0
宛　丘	1	0
東門之枌	0	0
衡　門	2	0
東門之池	1	0
東門之楊	1	0
墓　門	0	0
防有鵲巢	0	0
月　出	0	0

株　林	0	0
澤　陂	1	1
檜風解題	0	0
羔　裘	0	0
素　冠	2	0
隰有萇楚	1	1
匪　風	1	0
曹風解題	0	0
蜉　蝣	0	1
候　人	0	1
鳲　鳩	1	0
下　泉	1	2
豳風解題	0	1
七　月	7	2
鴟　鴞	3	1
東　山	2	0
破　斧	1	0
伐　柯	1	1
九　罭	1	0
狼　跋	1	1
小　雅		

鹿鳴之什解題	1	0
鹿　鳴	2	0
四　牡	2	1
皇皇者華	0	1
常　棣	2	1
伐　木	3	0
天　保	4	0
采　薇	1	0
出　車	6	1
杕　杜	1	2
魚　麗	1	2
南　陔	0	0
白　華	0	0
華　黍	0	0
南有嘉魚之什		
南有嘉魚	1	1
南山有臺	1	0
由　庚	0	0
崇　丘	0	0
由　儀	0	0
蓼　蕭	0	2

湛　露	3	0
彤　弓	1	1
菁菁者莪	2	2
六　月	2	2
采　芑	4	0
車　攻	1	2
吉　日	4	1
鴻鴈之什		
鴻　鴈	1	0
庭　燎	2	0
沔　水	0	0
鶴　鳴	0	0
祈　父	0	0
白　駒	1	0
黃　鳥	2	0
我行其野	2	0
斯　干	1	4
無　羊	0	0
節南山之什		
節南山	3	2
正　月	3	4

十月之交	7	0
雨無正	1	0
小　旻	2	1
小　宛	0	0
小　弁	4	0
巧　言	3	0
何人斯	1	0
巷　伯	1	0
谷風之什		
谷　風	0	0
蓼　莪	2	0
大　東	5	0
四　月	3	1
北　山	0	1
無將大車	2	0
小　明	3	0
鼓　鐘	3	1
楚　茨	5	1
信南山	1	0
甫田之什		
甫　田	4	2

大　田	3	2
瞻彼洛矣	1	1
裳裳者華	0	0
桑　扈	2	1
鴛　鴦	0	2
頍　弁	0	0
車　舝	0	0
青　蠅	1	1
賓之初筵	3	1
魚藻之什		
魚　藻	0	0
采　菽	3	0
角　弓	1	1
菀　柳	0	1
都人士	1	1
采　綠	1	0
黍苗	2	1
隰　桑	0	0
白　華	0	0
緜　蠻	1	0
瓠　葉	0	0

漸漸之石	0	0
苕之華	0	0
何草不黃	0	0
大　雅		
文王之什		
文　王	10	5
大　明	15	0
緜	6	4
棫　樸	3	0
旱　麓	5	3
思　齊	6	3
皇　矣	12	1
靈　臺	5	3
下　武	2	0
文王有聲	2	3
生民之什		
生　民	13	0
行　葦	4	3
既　醉	4	2
鳧　鷖	0	1
假　樂	1	1

公　劉	6	3
泂　酌	0	0
卷　阿	0	1
民　勞	2	1
板	4	0
蕩之什		
蕩	8	0
抑	5	2
桑柔	7	0
雲　漢	1	0
崧　高	1	1
烝　民	1	2
韓　奕	1	2
江　漢	3	2
常　武	6	0
瞻　卬	1	0
召　旻	1	1
周　頌		
清廟之什		
清　廟	3	3
維天之命	1	1

維　清	1	0
烈　文	3	1
天　作	0	0
昊天有成命	0	0
我　將	0	1
時　邁	2	1
執　競	0	0
思　文	2	0
臣工之什		
臣　工	6	0
噫　嘻	2	0
振　鷺	2	0
豐　年	0	1
有　瞽	2	0
潛	0	0
雝	4[5]	0[6]
載　見	3[7]	0

---

5 引「朱氏曰」三處，謂「古註以皇考爲文王，烈考爲武王，朱氏從之。
　王氏以皇考爲武王，烈考爲文王，《詩記》從之」，《詩緝》略加考辨，
　判斷朱說爲是。
6 說見註 5。
7 引「朱氏曰」兩處，引朱子《中庸章句》一處。

有　客	0	0
武	1	0
閔予小子之什		
閔予小子	0	0
訪　落	4^8	0
敬　之	2^9	0
小　毖	1	0
載　芟	2	0
良　耜	1	0
絲　衣	1	0
酌	4^{10}	0
桓	1	0
賚	2	0
般	0	0
魯　頌		
駉	3	0
有　駜	1	1
泮　水	3	0

8　引「朱氏曰」三處，於「率時昭考」句下謂「朱解見〈載見〉」。
9　其中一處寫作「朱子曰」。
10　其中兩處用於詩篇的解題上，但一處謂朱說信而有徵，一處存疑。

閟　宮	5	1
商頌解題	1	0
那	3	0
烈　祖	3	0
玄　鳥	3	0
長　發	1	2^{11}
殷　武	2	0
合　計	577	175

---

11 引「呂氏曰」一處，引呂氏解《尙書》一處。

嚴粲《華谷集》

　　《欽定四庫全書・兩宋名賢小集・卷三百二十九》，宋陳思編，元陳世隆補《華谷集》。嚴粲，字坦叔，一字明卿，邵武人，羽之族弟也，登進士，授清湘令，嘗著《詩緝》，與朱晦菴《詩傳》相表裏。

玉溪雪夜

　　雪霽天夜白，月上江空明。飲散客就船，萬籟沈三更。
誰家竹籬岸，摸索疎枝橫。不著色與香，令我毛骨清。
醉魂乘沆瀣，看舞婆羅城。

獨　　往

　　一逕歷紆餘，獨往未到處。豈曰崑泉幽，心閒即真趣。
蕭蕭松有聲，依依花自開。樵翁向我笑，問我何從來？

昭君怨

　　欲洗鉛華淨，那須畫手工。玉顏翻自誤，不似舊圖中。

送黃炳

未盡連牀話，忽忽乂語離。襟期無限事，書寄若為辭。
昔別已十載，重逢還幾時。孤舟明夜月，何處照相思。

望彭蠡

萬壑氣交會，今知楚澤雄。水明繞辨樹，霧合忽迷空。
遠浦沈初月，孤舟亂去鴻。闌干已愁思，漁唱入蘋風。

春　晚

向來得意在煙霞，失腳黃塵負歲華。過却海棠渾不省，
夢中猶自詠梅花。

秋　入

秋入蘋風白浪生，癡雲未放楚天晴。青山湖外知何處，
中有斜陽一段明。

陽關圖

人人腸斷渭城歌，誰獨持竿面碧波？可是無情如木
石，祇應此地別離多。

月夜與張輯論詩

涼露初長夜，纖雲淨盡時。幾人還對月，與客共論詩。
苦思常難穩，開題或更奇。不應誇末俗，準擬古人知。

自樂平閱視渡舟取道太陽渡宿地藏院

康山問民涉，陽渡平地訟。揭來招提宿，疏峯結飛棟。
研丹啟橐書，點勘自成諷。佛香觸深悟，僧茗來清供。
陽頹嵐氣生，鴻没天宇空。向來山中樂，忽忽豈其夢？

盤谷圖

聲利爭馳毫末間，幾人能得健時閒。不須展畫相撩弄，
昨夜秋風憶故山。

見　梅

絕憐生意上寒枝，幾度巡簷錯恨遲。數點疎花人未見，
窗間早被月明知。

春　歸

抵死連宵雨不休，今朝晴景莫登樓。杜鵑啼得春歸了，
風裏楊花點點愁。

薦福寺（即戴叔倫故宅，今號戴公堤）

石徑秋痕苔蘚深，誰將清氣潤脩林。戴公堤上古時月，
幾度涼宵照苦吟。

招提游

幽尋愜所適，蘭若白石靜。天籟鳴松壑，古意滿苔徑。
清泉醒客心，啼鳥喚僧定。留連不能去，皓月歸路永。

又

煩抱忽如遺，僧境得清勝。花發岩洞幽，雲生窗戶冷。
來驂樹陰直，歸棹川光暝。遺思山蒼蒼，半空聞夕磬。

拾橡亭為黃炳賦

世上危機富貴身，由來著意鬼神嗔。到頭鍾鼎誰消得，
正要山中拾橡人。

林和靖祠

白雲人已矣，古屋自蒼苔。林下誤疑鶴，水邊空見梅。
市人攜酒至，歌女棹船回。檢點幽棲處，湖光似向來。

元上人見訪

昔子青青佩，重逢怪衲衣。樊籠留不住，雲水靜相依。
習氣餘詩句，枯禪墮佛機。東湖自塵外，還帶夕陽歸。

憶張輯

畏景如焚客路塵，寂寥山店獨吟身。多情唯有別時月，
低傍茅簷巧趁人。

宿石潭寺寄黃炳

昨夜湖心共泊船，一天星露宿寒煙。朝來極目無洲渚，
知採蘋花何處邊。

畫梅蘭竹石

正憶吟窗占竹坡，風煙觸眼奈愁何。梅蘭只作從前瘦，石上蒼苔別後多。

春 恨

馬上東風吹酒醒，空將春恨到江亭。飛香寂寞無尋處，煙映晚山深淺青。

廬陵黃炳築亭，所居侯山扁以赤子松，自號赤松亭長，之官鄂渚為賦詩。

仙人遺世不曾愁，但欲相期汗漫游。亭長祇今閒未得，南樓孤嘯望神州。

霧中早行

行人模糊畫中影，高樹天矯空際雲。樓臺幾處半隱見，三島夢斷猶紛紜。

秋 思

風落葉間殘點雨，月窺窗下不眠人。秋清一片無誰領，併作詩愁入鬢新。

松 雪

陰崖未知晴，松雪自在白。可恨曉風顛，飛寒亂苔石。

次韻宴坐畫圖

京塵倦來歸，故山喜還壁。淡交松桂在，昔別猿鶴憶。
晚知閒味深，甘為幽討惑。尚念身在山，佳處恐未識。
看山須全境，一覽盡目力。伊誰有巨軸，亭亭掛空碧。
吾聞古靈匠，能事畧翰墨。盤礴溟涬初，太素含黼飾。
妙手斡元微，鍊此石五色。天機一呈露，真宰惜不得。
寫出萬古愁，蒼茫思何極。煙村帶遠市，雲樹出峭壁。
有人閒倚欄，飛鳥亦自適。俗間重小景，局促無奇特。
五日十日畫，大類宋楮刻。誰會悠然心，醉來眠對客。

酴醾

東風暖迸龍蛇起，麗日晴烘玉雪香。可惜開時春向晚，
不教桃李見清芳。

客裏

客裏何知度歲華，春風香却一酣花。山行轉處聞雞犬，
楊柳陰陰賣酒家。

紀夢

煙島空濛一鶴飛，天風滿袖自吟詩。覺來猶似非人世，
花影欄干月上時。

送張輯游宣城

君撫淵明底樣琴，肯于絃上要知音。相逢塵事不挂口，別去清愁總上心。聽雨夜牀孤舊約，看雲秋壑想幽尋。他年跨鶴相過否？應笑浮名雪滿簪。

道中見茶花

朝來露濕欲寒天，誰賞幽芳古道邊。風味十分留貢焙，浮花正自不須妍。

巧夕添丁

書來知有客，喜夢應維熊。久作庭闈別，遙知笑語同。充閭非我願，釣瀨是家風。莫學天孫巧，朱愚肖乃翁。

琵琶洲

琵琶古怨猶淒清，何年一抹橫煙汀。人言隨波高下如浮萍，神鼇背負能亭亭。不知水仙宮殿碧，皎潔玉絃遙映雲錦屏。黃沙萬里音塵絕，獨與鸚鵡愁青冥。天際歸舟認鬢鬟，江頭寒月傷伶仃。悄然夜久天籟起，往往恍惚游百靈。秋風嫋嫋兮水泠泠，俗耳箏笛兮誰能聽！我眼如耳耳如鼻，妙處不言心獨醒。鈞天住奏三千齡，石鐘水樂遺林坰。豈有寶器終漂零，一朝訣蕩開天扃。帝命下取呵六丁，陶梭共起變化隨雷霆，古餘山色空青青。

池陽道中

脫葉舞風過別岸，濕雲含雨上晴天。脩途喜借晚涼得，
幽鳥一聲生翠煙。

挽陳邵武

前輩聞如此，今人見未多。難將通介論，不在語言科。
冑監開華近，樵川借撫摩。鄉評最期望，一夢只南柯。

夜投荒店戲成

喚起吹松火，開門問帶嗔。隨行曾有未，同伴幾何人。
亂稈鋪添薦，殘籬拾作薪。夜寒難得酒，煩扣隔山鄰。

樂平至鳴溪渡，有山與南豐軍山同名者。余昔從嶺菴
謝先生夢得游，先生子湖畏友也豪于詩，悅軍山之峭
拔，暢其吟懷，自昭武徙家于市山，築室曰西窗，以
朝夕對焉，嘗命余記之，余時從西窗樽酒論文為樂，
如是者十載，今先生已矣，感而賦詩。

江西絕頂插晴空，此地山名偶自同。喚起西窗十年夢，
一樽何處酹詩翁。

重到地藏院

泥濘行良苦，青山且眼前。題詩如昨日，倒指已三年。
僧榻寒宵雨，漁村落照煙。薄游聊復爾，終擬老林泉。

寄張輯

不見吾張輯，新詩何處吟。身留江介遠，秋入夜涼深。

燈影還家夢，螿聲倦客心。歸來及佳節，細把菊花斟。

建德縣梅山寺

公退逢長日，清游到寶坊。山圍露天小，徑遶引溪長。
苔壁晴雲濕，松軒暑月涼。鐘聲半歸路，回首暮蒼蒼。

叨第後日者自謂奇中索詩

兒時意氣漫騎鯨，幾向欄干袖手凭。今日逢君成一笑，
却慙窗下讀書燈。

風雨宿湖心

渺渺平湖四接天，孤洲曾繫夜來船。持鞭又逐風塵去，
却憶秋蓬聽雨眠。

新　晴

滑路愁騎馬，晴天好放船。水紋搖倒壁，花影弄晴川。
夢寐驅馳在，光陰少壯遷。心期猶浩蕩，搔首白鷗前。

舟中夜雪

落帆侵夜色，客思正悽悽。風撼瀟湘覆，雲連宇宙低。
洒篷吹乍急，欹枕聽還迷。懶惰無清興，誰人訪剡溪。

七　夕

纖巧逐時新，誰將大雅陳。天孫古機錦，笑殺世間人。

送戴式之

自小尋詩出，江湖今白頭。應嫌少陵讀，不似子長游。
風雨夜愁枕，鶯花春醉樓。吟邊消息好，懷古問沙鷗。

茅　舍

村居遠城市，獨木渡塘坳。迸筍補籬竹，落松添屋茅。
童歸攜酒榼，客至得鹽包。隨分山中好，低簷燕有巢。

憩田家

晝問田家憩，相呼隔短籬。負薪鬈引犢，挑菜跣攜兒。
沙井和蝦汲，村舂夾稻炊。老翁評貴耀，覼縷舊年時。

過江東

落花時節過江東，濃綠山頭間小紅。野店日長春寂寂，
柳陰搖颺酒旗風。

騎牛圖

乃翁騎牛驢駄兒，松間提挈羣僮隨。驢逢短橋兒回顧，
牛背推敲了不知。

戲友人

今朝有清興，無處覓詩人。寺占房空鎖，窗窺榻有塵。
尋芳知尚早，報謁未應頻。只在城中醉，烟雲滿澹津。

孤　雁

一雁度岑寂，流空音響哀。雲沙天地濶，霜雪羽毛摧。
力小知機早，心危見影猜。蘆洲迷處所，飛遶正徘徊。

蒙齋先生賦張通守佚老堂次韻

拂衣歸共白雲閒，佚老堂中天地寬。黃髮可教供鞅掌，
青山聊足對高寒。杖藜行樂春風軟，紙帳佳眠曉日團。
林下未應忘世事，併煩寄語謝家安。

菊

寒林色枯槁，粲粲籬菊鮮。冷艷無俗韻，孤芳弄秋妍。
金晶與高潔，未覺陽和偏。豈無兒女花，誰能制頹年。

歐陽道士歸自臨安

洞穴雲生窗户涼，道人宴坐但焚香。向來游遍王侯第，
還似山林意味長。

張輯馮去非話別

此夕真成別，幽懷欲語誰。梅花霜月曉，獨起咏君詩。

夜讀晉書

南來未省有良圖，可更清談傲五胡。撫卷興懷千載事，
一窗風露夜檠孤。

午憩僧房

黃塵吹不到僧房，窗紙風翻葉葉涼。觸熱行來牽晝夢，
孤蓬聽雨下瀟湘。

憶山中

山中桂香滿，無復向來游。官事何時了，一年孤負秋。

即　事

僧屋藏深塢，漁舟帶遠汀。誰教雙白鳥，來點暮山青。

野　興

身閒歸未得，野興日翛然。抱牘無來吏，尋詩即散仙。
盃明松罅月，座引石根泉。有客知余意，清風三兩絃。

重九後五日游齊山

官癡縛辰西，節物如相負。茲游未覺晚，黃花落吾手。
沒鷗江自迥，晚葉山新瘦。淒涼千載心，西風一搔首。

湘　中

千古懷沙恨，淒涼何處論。坐看宗國事，安用一身存。
落葉西風岸，孤舟半夜猿。年年江月白，為照獨醒魂。

寓京城和曾左曹韻

日日思君君不知，京塵染盡帶來衣。客心正自傷漂泊，
更看湖邊花片飛。

車馬聲中又日斜，可堪芳草思天涯。來時憶別山中桂，
今見長安梔子花。

閒居

盡日門前草，青青不染塵。生書方破卷，幽鳥忽啼春。
失意成高興，多閒信懶身。不須憂世事，廊廟有經綸。

觀北來倡優

見說中原極可哀，更無飛鳥下蒿萊。吾儕尚笑倡優拙，
欲喚新翻歌舞來。

李賈攜詩卷見訪賈與嚴滄浪游

石屏新卷裏，曾得見君詩。大冊煩來教，平生慰夢思。
高標去塵遠，古調少人知。汝與吾宗好，風騷更屬誰。

新　竹

樹頭不動天無風，六月還當日正中。唯有滿林新長竹，
別生涼意襲簾櫳。

月

只道今宵月出遲，雲間不覺上多時。夜深花影如清晝，
何處山頭一笛吹。

二水聞角

少日鄉閭不解愁，閒聽畫角起譙樓。西風依舊闌干月，獨自瀟湘萬里秋。

軍　行

野人自説老為農，舊識戎裝紙畫中。近日軍行渾見慣，兒童嬉戲學刀弓。

子陵灘

西風吹雨暮江寒，想見當年獨把竿。不是君王思故舊，何人知有子陵灘。

一榻從容話歲寒，相忘共作布衣看。雲臺諸子成何事，萬古清風一釣竿。

汎　湖

四邊天共水漫漫，身在鴻濛縹緲間。忽見浮空清一抹，舟中人説是湖山。

慈湖墨竹

先生萬慮畫空時，元氣渾淪可得窺。還有發生消息在，揮毫烟雨一枝枝。

戲筆偶然成此耳，直將造化論錙銖。不知茂叔庭前草，有此風烟一段無。

未開梅

老樹天機早，潛回一點春。寒梢方蓓蕾，瘦影已精神。
冷淡看前輩，芳菲總後塵。更須香共色，未是鑑花人。

客　裏

客裏還來此，寒燈耿獨吟。一官江國夢，十載草堂心。
木落秋聲小，蛩孤夜思深。驅馳空自許，冉冉鬢霜侵。

戲詩友談仙

君期汗漫游，不敢問所適。贈別亦何有，當辦鶴一隻。
還疑是凡羽，不任載仙質。乘煙寧假此，聊以壯行色。
淹留非牽俗，應未得良日。空令施肩吾，久待問詩律。

秋　懷

秋懷不到夢，厭厭數寒更。坐得楚天白，吟教湘水清。
殘燈搖壁影，片葉墜堦聲。起看孤城霧，人間事又生。

初注清湘令寄馮深居（去非）

深居定何處，無便寄聲頻。舊別芝山月，相思楚水春。
白雲生夢遠，華髮折腰新。料得今書到，看題笑故人。

上饒界首傷曾殊

故人曾此賦梅詩，人共梅花一夢非。欲喚青山話前事，
西風吹淚濕征衣。

秋　風

門與姑山對，溪邊有故廬。別來三徑菊，閒却一樓書。
水碓長腰米，村船巨口魚。秋風歸去好，留滯意何如。

戲友人

怪得詩情減一分，知君為學有新聞。塵中畢竟閒人少，
獨自開樽對白雲。

早　行

脩程避晝炎，中夜征夫起。蟲聲荒郊迥，犬吠衡門閉。
行行月色淡，微霞露天際。永懷高臥人，幽夢繞蒼翠。

西　湖

何處春晴好，西湖元已朝。馬嘶堤上路，船過柳陰橋。
敲竹鶴聲起，弄泉花影搖。坐看游客盡，烟水思迢迢。

閏　九

前月登高去，猶嫌菊未黃。秋風不相負，特地再重陽。

顏范祠堂

顏范新祠醬水陽，邦人來此識綱常。海波湓洞孤峯峭，

天字清明一鳳翔。英蹟重尋餘古帖,高情猶想賦秋香。
姦諛骨朽今安在,三歎前賢死不亡。

張德慶挽詩

擢第家聲在,通班宦路亨。為親遲受邑,未老謝專城。
活計詩書富,歲寒梅竹清。閒中將道眼,醉夢笑功名。
九袠猶身健,聯縣見子榮。笋秩歡節序,鳩杖話平生。
世久傷零落,吾猶及老成。酸風吹苦淚,一為典刑傾。

調　古

調古人能聽,眉長世共妍。家山夕陽外,心事落鷗邊。
弟妹知何在,風塵祇自憐。孤燈照危坐,不是少林禪。

道傍木犀

路人攀折半成荒,何似山中自在芳。可耐西風相料理,
為誰消得許清香。

示園丁

種竹宜疎延夜月,澆花須早趁晨陰。溪邊釣石勤時掃,
恐有詩人來醉吟。

舟中夜酌別鄧均

共對船頭月,通宵語未終。鄉關幾歲別,筆墨小時同。
江影高低樹,秋聲斷續鴻。相逢渾草草,明日又西東。

發清湘

歸棹將秋色，三湘是勝游。灣回仍小嶼，灘過盡平流。
臨水聞僧磬，隈岩隱釣舟。江頭每佳處，沽酒小夷猶。
花樹移方活，丁寧莫損殘。待逢春氣暖，開與後人看。
酒任隨車載，詩從就柱刊。料應吟賞處，說著種時難。
栽樹未花開，其如行色催。遥憐今歲雪，誰看一庭梅。
餘俸刊詩卷，歸程賣酒杯。輕舟下灘穩，鷗鷺莫驚猜。

繫　舟

古岸人家少，蒼茫此繫舟。閨中今夜月，江上晚風秋。
一水縈寒夢，雙鴻亂遠愁。湘源知不惡，吾意肯淹留。

夜行舟

忽報風波息，梢人倚柁看。開船星斗轉，吹笛水雲寒。
犬吠知村近，鳥啼覺夜闌。兒童將白石，敲火趁晨餐。

道　中

客思曉寒凝，初陽樹外昇。氣蒸茅屋雪，聲裂野池冰。
倦路行偏遠，思山隱未能。僕夫愁過嶺，遥指最高層。

冬日同趙與臻閒過雷園

地幽元在郭，景好即為春。相約同來者，能閒有幾人。
風池行墜葉，晴隙走游塵。共爾烟霞契，交情淡更親。

寄鄧均

題書對殘燭，幾日到江濆。故里經年別，清秋此夜分。
月昏斜映雨，風細慢移雲。數雁聲初過，知君不寐聞。

任機宜新圃

小闢煙苔地，春生一笑間。亭邀鄰圃樹，臺挹隔城山。
幽夢壺天曉，清時幕府閒。旋移花盡活，容我醉來攀。

岳麓寺

幾層攀石磴，高寺白雲邊。臺舊懷人古，泉幽想鶴仙。
遠帆湘浦樹，暮角楚城煙。長是登臨處，滄洲意惘然。
吟到湘江倚釣篷，秋風日日望空濛。偶來上到闌干處，
却指孤城夕照中。

次韻菊花山人沈莊可見過之作

借得山中集，塵埃一半侵。讀來知句好，老去向誰吟。
高義先投刺，忘懷肯抱琴。茅齋亦相約，尊酒要同斟。

重過雷園

靜處人來少，園扉本不關。寒叢淒古徑，落日思空山。
倚樹吟情遠，臨池立影閒。晚林看更好，一抹冷烟還。

湘川逢故人

曾共枌榆社，分攜知幾年。乍逢如未識，相問轉悽然。
月色秋看白，潮聲夜聽圓。醉來共鄉語，不覺是湘川。

兵火後還里

十載青山幾戰塵，還家何處訪親情。兒時巷陌今難認，
却問新移來住人。

宿澤心

自從孤棹背鄉關，幾度麻姑夢裏山。此地不知何洞府，
石間松蔭水潺潺。

夜發湘城

西風吹客衣，一舸載書歸。肯為身謀便，而令心事違。
艣聲江月碎，人影水烟微。漸覺寒城遠，沈沈擊柝稀。

雪　梅

報道梅邊雪未休，披衣晨起上簾鈎。孤根清健元如許，
空為花寒一夜愁。

定王臺觀雪

清晨吟思獨憑欄，十二樓中白玉寒。此地古來風雪裏，
有人惆悵望長安。

有　客

有客翩翩来，手攜瘦筇竹。傲睨若無人，風神動岩谷。
主人延客入，山中酒新熟。飲酣出素書，古篆不可讀。
欲問度世訣，長嘯振林木。軒然別我去，舉頭但黃鵠。

樂 齊

顏巷當年事，同門自少知。誰言公子貴，心與古人期。
望柳尋花意，吟風弄月時。人琴無處問，空想考亭詩。

琴

孤松風下絃秋清，湘江湛湛湘山青。一聲吹入天冥冥，
何處野鶴飛來聽？

菊

秋籬霜露寒，獨立爾良難。不作過時恨，從教耐久看。
風流沾臘藥，臭味憶騷蘭。孤淡逢心賞，幽香故未闌。

大虎頭灘

聞説前灘大虎頭，行人愁絕欲回舟。世間多有虛名誤，
不見錢塘海逆流。

到清湘

客裏今年月，相逢九處圓。行窮湘水際，愁到楚雲邊。
屋內燈明路，橡間瓦見天。州城何處是，遙指隔山烟。

旋摘盆柑

金丸手自摘，色味香三絕。從來天者全，風韻迥然別。

附錄：

《詩經》詮釋的流變

黃　忠　慎

一、《詩經》的產生及在先秦的功能

　　《詩經》向來被視爲春秋中葉以前，先民長期累積的集體詩歌創作合集。[1]除了極少數的篇章敘及作者之名，大多數的作者迄今無法稽考。[2]至於《詩經》的來源，先秦典籍認爲周廷對民間的生活情形與人民的呼聲極爲重視，因此會時時探訪民情，而詩歌是人民表達思想與情感的重要憑藉，因此官方得藉此觀取民風。[3]這種意見進一步爲漢代學者繼承，他

1　大致而言，三百篇以〈周頌〉的完成時代最早，大約都是西周初葉一百餘年間的產品。〈大雅〉也有幾篇西周初年之作，但多數作於西周中葉以後，東周初葉的作品也有幾篇。〈小雅〉略遲於〈大雅〉，多數作於西周中葉之後，少數甚至於作於東周初年。比較晚出的是〈國風〉，此一單元中的多數作品作於西周晚年至東周春秋中葉。至於〈魯頌〉四篇與〈商頌〉五篇，也都出現地很晚，幾可確定是春秋時期的魯國與宋國之作。

2　詩文言及作者的有〈小雅・節南山〉：「家父作誦，以究王　。」〈巷伯〉：「寺人孟子，作爲此詩。」〈大雅・崧高〉：「吉甫作誦，其詩孔碩。」〈烝民〉：「吉甫作誦，穆如清風。」另外，《尚書》謂周公作〈鴟鴞〉，《左傳》謂許穆夫人作〈鄘風・載馳〉，《國語》以爲〈小雅・常棣〉爲周公作，但《左傳》則以之爲召穆公作，此外，《詩序》有時也提出某人作某詩之說，但研究者多以爲不可輕信。

3　《左傳・襄公十四年》記載，「……自王以下各有父兄子弟以補察其政。

們認為古代天子有定期巡狩各地、下令太師蒐集民間詩歌以觀民風的實情，希望藉由採集民間詩歌，來觀察人民生活的情形與需求。有時則是由地方官員在適當時候，以其所採的可以見出民生、民意的詩歌獻給朝廷，提供統治者軫念民瘼、獲知民聲的一個管道。此一流行之說乃是論述《詩經》來源的重要觀點。[4]周朝是否真有采詩觀風之政制，並且集結成《詩經》，這個問題歷來有些爭議。但是以周朝當時的物質與文化條件來看，官方應該曾經主導過《詩經》的材料蒐集，乃至於成書合輯，這一點應該沒有什麼疑問。

史為書，瞽為詩，工誦箴諫，大夫規誨，士傳言，庶人謗，商旅于市，百工獻藝。故《夏書》曰：『遒人以木鐸徇于路，官師相規，工執藝事以諫。』正月孟春，於是乎有之，諫失常也。」《杜注》：「逸書。遒人，行人之官也；木鐸，木舌金鈴；徇於路，求歌謠之言也。」《春秋左傳正義》（台北：藝文印書館，1976 年），頁 562-563。按：偽《古文尚書》於〈夏書‧胤征〉中有「每歲孟春，遒人以木鐸徇于路。官師相規，工執藝事以諫」之句。《國語‧周語》：「為川者決之使導，為民者宣之使言。故天子聽政，使公卿至於列士獻詩，……而後王斟酌焉，是以事行而不悖。」《國語》（台北：里仁書局，1981 年），頁 9-10。，見《尚書正義》（台北：藝文印書館，1976 年），頁 102。

4　《漢書‧食貨志》：「孟春之月，群居者將散，行人振木鐸徇於路以采詩。獻之大師，比其音律，以聞於天子。故曰王者不窺牖戶而知天下。」〈藝文志〉：「古有采詩之官，王者所以觀風俗，知得失，自考正也。」以上分見《漢書》（台北：洪氏出版社，1975 年），第 2 冊，頁 1123、1708。《禮記‧王制》：「天子五年一巡守：歲二月，東巡守至于岱宗，柴而望祀山川；覲諸侯；問百年者就見之。命大師陳詩以觀民風。」《禮記正義》（台北：藝文印書館，1976 年），頁 222。〈大雅‧卷阿〉：「矢詩不多，維以遂歌。」《毛傳》：「明王使公卿獻詩以陳其志，遂為工師之歌焉。」《毛詩正義》（台北：藝文印書館，1976 年），頁 630。《公羊傳‧宣公十五年‧何休注》：「……飢者歌其食，勞者歌其事，男年六十、女年五十者，官食衣之。使之民間求詩。鄉移於邑，邑移於國，國以聞於天子。故王者不出牖戶，盡知天下所苦，不下堂而知四方。」《春秋公羊傳注疏》（台北：藝文印書館，1976 年），頁 208。

　　從另一方面來看，官方主導的貴族教育中，禮樂無疑是重要的教學內容。其中在「樂」這方面，詩歌的文字敘述也許是教授的核心。或許可以這樣說：官方編纂了最早的《詩經》合集，並且長期而普遍地應用於實際教學上。這一點可以由《詩經》篇章被當時人引述的情形，以及孔子（前 551～前 479）屢屢提及《詩經》的教育功能與影響可以推知。

　　關於《詩經》文本形成過程中另一個大問題是孔子有無編輯過《詩經》？根據司馬遷（前 145～？）《史記》，孔子曾經大幅刪削過《詩經》，[5]自此之後歷代對此問題討論甚多，形成《詩經》學史上的一大公案。[6]目前學界傾向於反對孔子刪《詩》之說，我在這裡僅簡要提出管見。由文獻記載來看，孔子對《詩經》極為重視，並且引以為教育的重要內容。[7]自

---

[5]　《史記・孔子世家》：「古者詩三千餘篇，及至孔子，去其重，取可施於禮義，上采契、后稷，中述殷、周之盛，至幽、厲之缺，始於衽席，故曰：『〈關雎〉之亂以為風始，〈鹿鳴〉為小雅始，〈文王〉為大雅始，〈清廟〉為頌始』。三百五篇孔子皆弦歌之，以求合韶、武、雅、頌之音。禮樂自此可得而述，以備王道，成六藝。」《史記》，第 3 冊，頁 1936-1937。

[6]　有些人以為孔子刪《詩》之說僅是一家之言，未能引起廣大的迴響，其實太史公受《書》於孔安國，聞《春秋》於董生，講業於齊魯之都，於孔門頗有淵源，其言當然有所本，且歷代大儒支持此說的亦所在多有，如班固、鄭玄、陸璣、陸德明、孔穎達、歐陽修、邵雍、程頤、朱熹、顧炎武、章太炎……等。我們這樣說當然不表示《史記》之言有很大的支撐力量，不宜輕易懷疑，相反的，太史公所言為免誇大，誠如孔穎達之說，「案書傳所引之詩，見在者多，亡逸者少，則孔子所錄，不容十分去九：馬遷言古詩三千餘篇，未可信也」。《詩譜・序・孔穎達疏》，《毛詩正義》，頁 6。按：今人多以為孔穎達反對孔子有刪《詩》之舉，其實不然，孔穎達認為孔子曾經刪《詩》，但刪除的幅度不如太史公所說的那麼大。

[7]　僅以《論語》為例，〈子路〉：「誦《詩》三百，授之以政，不達；使於四方，不能專對。雖多，亦奚以為！」〈季氏〉：「不學《詩》，無以言。」

西周至孔子當代，長達五百年，所累積的詩歌數量一定相當龐大，在實際教學上很難完全運用，何況通過採獻得來的詩篇，內容未必皆屬精純，重複的作品更加不能免，因此孔子對《詩經》的整理、編輯的確有很高的機動性與實際用途。另外一個思考點是，《詩經》在當時並未有如後世的神聖性，因此刪削編次並不會造成太大的衝擊。當然，如果所謂刪《詩》一定是指司馬遷所言的十去其九，那麼我們也必須說，經常感嘆文獻不足的孔子，[8]不可能僅爲了教學上的方便，就嚴重破壞珍貴的古文獻。

　　《詩經》在先秦貴族階層中毫無疑問具有普遍性的認知，也就是說，人人熟習三百篇，這一點可以由「賦詩」、「引詩」的傳統看出。春秋時代的貴族在外交場合或宴會遊樂中，往往唱出或引述《詩經》某篇某句以表達意念或感情。這種「賦詩」、「引詩」是使節、貴族間特有的溝通行爲，也是一種在文化上表達認同的象徵舉動。因此若《詩經》不具認知的普遍性，這樣的「賦詩」、「引詩」毫無成立之可能。

　　理論上援引經典或權威語句應該依照文本整體意義，可視爲語境意義的重現與還原。亦即最理想的情況是，雖然引述《詩經》篇章之某句，但是所表達的意義卻應該是包攝整首詩歌原義。不過這樣的要求會遇到很大的問題。首先，《詩

〈陽貨〉：「《詩》，可以興，可以觀，可以群，可以怨。邇之事父，遠之事君。多識於鳥獸草木之名。」以上分見《論語注疏》（台北：藝文印書館，1976 年），頁 116、150、155。
8 子曰：「夏禮，吾能言之，杞不足徵也；殷禮，吾能言之，宋不足徵也。文獻不足故也，足則吾能徵之矣。」〈八佾〉，《論語注疏》，頁 26。

經》是一個歷史悠久的文本，在時間與空間所產生的距離之下，要求所有的使用者或學習者能正確的沿用、探索原義，這並不容易。或許在《詩經》文本被蒐集、集成的過程中，原義就被湮滅了。另外一個問題在於實際使用上，文句使用比整篇複誦符合溝通習慣。因此在摘取的過程中整篇的意義往往被有意或無意的忽略，轉而指向某句的話語意義。因此我們往往可以看到春秋時期朝廷士大夫、貴族文人「賦詩言志」、「引詩以代替部分的辭令」，而又允許對於詩的內容「斷章取義」的現象。[9]「斷章取義」對後代的《詩經》學研究者而言，會認為這絕對不是一個好習慣，甚至是一個錯誤的示範。然而我們必須知道，賦詩斷章在春秋時期的上流社會，卻是眾所公認的三百篇之靈活運用方式。應該這樣說，詩人本義如何，並非當時讀《詩》者的唯一關注目標，最重要的是，應用詩句時能否有效而精準地表達自己所要傳達的旨意。總之，先秦貴族尤其是外交使節在使用《詩經》話語進行溝通或文化認同行為時，篇章原義可以暫時擱置，能不能達到有效溝通或是優雅地展現文化行為才是他們所關心的課題。

---

9 春秋時代，賦詩多在列國諸侯卿大夫之聘問典禮中舉行，屬於宴饗之禮的儀節。所謂賦詩言志並非自創詩篇誦唱，而是利用現成而為人們所熟知的詩篇來演唱，透過詩句以表明自己的立場、觀點和情意，而且所取詩句中的片語單詞之義可以與原詩無關。言語上的引詩則是「誦詩」，它不是辭令的主體，所引的詩文只有強調或註解的作用，至於方法則原則上仍然是「斷章」的，不過也有照章句原意，作直接或間接的引證者。詳何定生：《詩經今論》（台北：台灣商務印書館，1968 年），頁 11-34。

二、孟子對《詩經》的理解方法

　　根據先秦貴族實際運用《詩經》話語情況來看，使用者並沒有執著於原義或單一意義，而是有相當的描述空隙。當然這並不表示對原義的追求就一定是被忽略的，畢竟就學術而言，正確地理解原義是一個重要且嚴肅的課題。在理解《詩經》意義的問題上，孟子提出一個被後人傳爲美談的代表性的觀點：「以意逆志」。

　　從春秋到戰國中期，讀《詩》可以斷章取義，這是孟子（前 372～前 289）很難接受的事，他認爲讀《詩》不宜抓住片語單詞而產生岐出的解釋。爲了矯正斷章取義的讀《詩》習慣所帶來的弊端，他推出「以意逆志」的讀《詩》方法。他的學生咸丘蒙問他「《詩》云：『普天之下，莫非王土；率土之濱，莫非王臣。』而舜既爲天子矣，敢問瞽瞍之非臣如何？」孟子的回答是：

> 是詩也，非是之謂也；勞於王事，而不得養父母也。曰：「此莫非王事，我獨賢勞也。」故說詩者，不以文害辭，不以辭害志；以意逆志，是為得之。如以辭而已矣，〈雲漢〉之詩曰：「周餘黎民，靡有孑遺。」信斯言也，是周無遺民也。[10]

10 見〈萬章上〉第 4 章，文中所引「普天之下」四句在〈小雅・北山篇〉中，「永言孝思」二句在〈大雅・下武篇〉中。

　　咸丘蒙對於詩句所言存有疑惑，孟子以爲是他曲解了詩的原意，且在重新解釋〈北山〉四句之意之後，特別提出了所謂的「以意逆志」法。「以意逆志」要求讀者跳脫書面語言的淺層意義，進而以自己的心靈去思考、體會詩篇撰寫時的本意。這種方法能夠成立主要是建立在人同此心、心同此理的原則上。換言之，孟子認爲人心之原初是超越時空的距離，後世之人可以用此不變之心去探求前人意志。另外一方面，孟子也不認爲執著於書面語言可以探求到眞義，他清楚地認識到詩篇有許多修辭手法不能用「知識性」的角度去定位，而需要用心靈去直觀其間蘊含的「情感性」意義。

　　利用「以意逆志」的方法讀《詩》在操作上極爲便利，但是最顯而易見的缺陷是欠缺獲得詩旨原義的保證性。[11]若此

---

11 三百篇在春秋時代已開始從樂章的原始用途上分出來，成爲言教的對象，但因斷章的結果，被引用的詩文，等於和原詩隔離，而三百篇本身並不受到干擾；戰國時代儒者擅長合理化地引詩，但卻也常「斷章」，於是導致詩義被扭曲，此所以朱子謂孟子引〈魯頌・閟宮〉也是斷章取義，近人何定生更坦率指出，孟子使用「以意逆志」法來讀《詩》，問題叢生，也會給後世帶來副作用。例如〈盡心上〉記載，公孫丑曰：「《詩》曰：『不素餐兮。』君子之不耕而食，何也？」孟子曰：「君子居是國也，其君用之，則安富尊榮；其子弟從之，則孝弟忠信。『不素餐兮』，孰大於是？」依孟子之解，這些君子雖「不耕而食」，，但他們能使國君「安富尊榮」，能使子弟「孝弟忠信」，這就足以說是「不素餐」了。爲了成全孟子的解釋，漢、宋學者只好想出「君子不得進仕」（《序》）或「甘心窮餓而不悔」（《集傳》），來「逆」合孟子的「意」，而詩人的「志」也就終不得伸了。此外，〈告子下〉記載，孟子曰：「〈凱風〉，親之過小者也；〈小弁〉，親之過大者也。親之過大而不怨，是愈疏也。親之過小而怨，是不可磯也。愈疏，不孝也；不可磯，亦不孝也。孔子曰：『舜其至孝矣，五十而慕。』」何氏云：「孟子論〈凱風〉，只是個「親之過小」，漢、宋人便說是有子七人母猶欲嫁；〈小弁〉，孟子只說個「親之過大」，漢宋人便說是太子宜臼既廢而作此詩。這都是孟子斷章逆志影響的惡果。」詳何定生：

法可行，就不會產生那麼多的解釋歧異。畢竟沒有一位讀者的生活與美感經驗是完全相同的，如此，每一個人都以自己的「意」來「逆」(迎合、推敲)詩人的「志」，所得的結果當然會出現分歧的現象。「以意逆志」的方法導向單一的意義追求，希望找到詩篇之「志」，但是實際操作過程無可避免地出現多種釋義。簡單來說，這個方法由個人心志出發，具有強烈的主觀性質，導致解釋的結果也是個體的認知，並無法獲得整體而普遍的釋義，這是勢所必至的結局。

　　除了「以意逆志」的讀《詩》法之外，孟子的「知人論世」說也引起學者的注意。按孟子提出「知人論世」說是為了闡論「尚友古人」之義。《孟子・萬章下》記載，孟子謂萬章曰：

　　　一鄉之善士，斯友一鄉之善士；一國之善士，斯友一國之善士；天下之善士，斯友天下之善士。以友天下之善士為未足，又尚論古之人。頌其詩，讀其書，不知其人，可乎？是以論其世也。是尚友也。[12]

　　要尚友古人，在誦讀其詩書之時，就應該瞭解其人及其時代，[13]這樣才能對其作品的涵義與作者的的意圖有客觀的

　　《詩經今論》，頁 35-58。
12　《孟子注疏》，頁 186。
13　趙岐注：「頌其詩，詩歌頌之，故曰頌；讀其書，猶恐未知古人高下，故論其世以別之也。在三皇之世為上，在五帝之世為次，在三王之世為下。」此說過於複雜，以頌詩讀書的目的在於「知古人高下」，亦

瞭解。雖然孟子此論是針對如何尚友古人而發，但我們可以合理地斷章，賦「知人論世」以讀三百篇亦宜考察作者與時代背景之義。[14]若然，依「知人論世」法，讀者在閱讀《詩經》時對於詩篇產生的客觀因素與外在環境需先作一徹底之瞭解，如此才能準確地掌握作者之心志。這個方法主要是要求讀者對《詩經》的歷史性因素甚至是意義生成的脈絡要能高度地掌握。嚴格說來，利用「知人論世」的方法閱讀《詩經》，首要追求的就是「歷史性」的外部因素掌握，由於時空阻隔，這點並不容易做到。

　　筆者以為，「以意逆志」與「知人論世」的讀《詩》法可以和英國著名哲學家柯林伍德（Collingwood, R.G, 1889-1943）所提出的「一切歷史都是思想史」的觀點互相呼應。[15]柯林伍德以為歷史學家的任務就是在自己的心靈中重演（reenact）

與尚友之精神不合。朱子：「論其世，論其當世行事之跡也，言既觀其言，則不可以不知其為人之實，是以又考其行也。」此以「知人」與「論世」為一事，恐非孟子原意。孫奭：「論其人所居之世如何耳。」斯言得之，但又未免過簡。焦循（1763-1820）：「古人各生一時，則其言各有所當。惟論其世，乃不執泥其言，亦不鄙棄其言，斯為能上友古人。孟子學孔子之時，得堯舜通變神化之用，故示人以論古之法也。」《孟子正義》（北京：中華書局，1998年），頁727。這幾句話將孟子尚友古人的方法作了很好的解釋。

14 按：錢穆云：「孟子所謂『知人論世』一語，亦即要知道某一人，必須從其人之一生之真實過程中作探討、作衡評。孟子所謂『論世』，似並不全如近人想法，只係專指其人之『時代背景』而言。」《中國歷史研究法》（台北：蘭臺出版社，2001年），頁81。此說似亦可參。

15 柯林伍德所謂的「思想」包含歷史人物的主觀意圖、動機、人物所處的客觀環境，以及面臨環境形勢可能應對的實踐推理，另外還有制約人行為的社會、文化因素。詳柯林伍德著，何兆武、張文杰譯：《歷史的觀念》（The Principle of History）（北京：中國社會科學出版社，1996年），頁242-249。

古人的思想，歷史學的證據是古人的思想方式，而古人的思想同時也是今人思想方式的組成部分，所以，討論歷史事件必須兼重人物與事件之外在性與內在性的兩面看法，所謂外在性是事件的物質條件，內在性是事件中人物之思想狀態。[16]孟子的「以意逆志」與「知人論世」說對於研《詩》學者的啓示是：在某種程度上來說，三百篇的閱讀者與使用者必須「重演」《詩經》創制時的內在與外在意涵。

　　以學術立場來看，任何與「知人論世」的考察結果背反的主觀釋義都將引起爭議。因此,「知人論世」的客觀性考察，有可能會限制釋義的多元性。不過，從另一個角度來看,「以意逆志」的方法可以凌駕「知人論世」的考察，畢竟「知人論世」的考察結果絕對無法重現當時的一切條件。此外，若認爲《詩經》的性質與價值是情感性重於知識性，則「以意逆志」的結果仍然具有一定的解釋效力。質實而言，三百篇的作者與各篇所指涉的人事，很難透過後人的推演而精確重現，但人的心理、情感等，與我們所「逆」的總不會差距太遠。

　　由於孟子提出「以意逆志」法代表他對春秋以來「斷章取義」讀《詩》法的不滿與反動，而「知人論世」說則是爲了闡論「尚友古人」之義，兩個方法的提出是要解決個別的

---

16 詳柯林伍德著，何兆武、張文杰譯：《歷史的觀念》，頁 215。余英時：〈一個人文主義的歷史觀 —— 介紹柯靈烏的歷史哲學〉《歷史與思想》（聯經出版事業公司，1979 年），頁 223-246。相關內容可參何兆武：〈論柯林武德的史學理論〉，《歷史理性批判論集》（北京：清華大學出版社，2001 年），頁 187-235。

問題，所以他不可能在書中展示「以意逆志」與「知人論世」兩種方法的結合應該如何操作。但是我們如果活用孟子的理論，倒是可以將兩者合併使用，此時，理想的解《詩》的情況應該是：讀者藉由「知人論世」的理解，適度重現詩篇形成時的時空條件與文化意境，進而以內在心靈去體會詩篇意旨。

孟子主張的「以意逆志」與「知人論世」研習法在後世有極為深遠的影響，成為日後《詩經》學研究的兩條重要進路。在民國初年以前，中國研究《詩經》的學者絕大多數遵循這兩條進路來研讀詩篇與進行觀點論述，所差異者只是程度上的畸輕畸重而已。

三、三百篇之神聖性的構成

經典文本的產生與學習、流傳，是先秦文化史上的大事，其重要的學派流傳也可以在漢代文獻中找到脈絡，其中比較關鍵的是子夏（前 507～約前 420）與荀子（前 313～前 238）兩位大師，他們代表儒家文獻知識的傳承譜系中相當重要的一環。但是較為嚴格意義下的經學研究應該自漢代說起，最主要的關鍵在於漢代經學家對經典文本進行的是專業研究，[17]教育意義下的經典學習乃是次要的衍生品。此外，中國經

17 王鈞林：「儒學定於一尊，便以經學的形式發展，成為此後二千年間中國封建社會的正統思想。經學就是對儒家經典進行訓釋、考訂、解讀、闡發的一門學問。經學不僅把孔子和儒家經典推上了絕對權威的

學研究與政治此時開始有了依存的關係，兩者緊密結合，這
是中國經學研究自漢朝樹立的傳統，而這個傳統在民初仍然
存在。因此當官方開始支持經學研究，並為之設立博士官，
便開啟學術與政治意義上的中國經學研究。[18]

　　政治介入經學研究是中國學術史與政治史上的重大事
件，除了自漢武帝以後定儒家為國家支持的唯一學術所帶來
的象徵意義之外，政治力量在實際上也利用各種政教措施確
保儒家學術的地位。儒家之所以在漢武帝以後受到歷代官方
的支持，除了其倫理學論述確實為政治提供穩定社會與文化

地位，而且也是後世儒生、經學家闡發儒家思想及自我見解的基本方
式。」《中國儒學史（先秦卷）》（廣州：廣東教育出版社，1998 年），
頁 324-325。

18 孔子以前，《詩》、《書》等經籍已經在貴族的政治活動及現實生活中
扮演著重要的角色，發揮指導人生的功能，但「六經」之名的出現大
約已是戰國時代，當時儒家學者已稱其重要典籍為「經」，但此時雖
然閱讀經典者眾，卻並無所謂的「經學」（李師威熊《中國經學史論》
有〈戰國時代的經學蠡測〉之章，乃是使用方便性的稱謂）。西漢文
帝時，申公、韓嬰以治《詩》著稱而為博士，景帝時轅固生（治《詩》）、
胡母生、董仲舒（治《公羊春秋》）等經生為博士，然《漢書・儒林
傳》云：「孝文本好刑名之言。及至孝景，不任儒，竇太后又好黃老
術，故諸博士具官待問（顏師古注：「具官，謂備員而已。」），未有
進者。」（《漢書》，第 5 冊，頁 3592）則其時博士猶未為學官。武帝
設五經博士，經書開始有了真正的專門研究者與學派。由於文景時代
申公、董子等經生，主要是以其博識通故而為博士，非以其專經，而
武帝置五經博士，其性質與前迥異，且其後又為博士置弟子員五十
人，博士開始以教授為事，而博士弟子員亦為利祿之途。故在此時，
中國才有真正的「經學」可言。至於「經學」一詞見於古書者，則以
《漢書》為最早。〈公孫弘卜式兒寬傳〉記載，「（武帝）以寬為奏讞
掾，以古法義決疑獄，甚重之。及湯為御史大夫，以寬為掾，舉侍御
史。見上，語經學，上說之，從問《尚書》一篇。擢為中大夫，遷左
內史。」〈宣帝紀〉：「……乃者地震北海、琅邪，壞祖宗廟，朕甚懼
焉。丞相、御史其與列侯、中二千石博問經學之士，有以應變，輔朕
之不逮，毋有所諱。」見《漢書》，第 1 冊，頁 245；第 4 冊，頁 2629。

的力量之外，也與官方、學者不斷將儒家經典塑造成神聖不可褻瀆的形象有關。

　　西漢早期諸家博士初立，經學尚可稱爲單純的學術研究，但是在官方與學者藉政教措施不斷地渲染、鼓吹之下，經學逐漸建立起神聖之價值。東漢時人對經書的價值拉抬得很高，認爲儒家經典蘊含昭如日月、可長可久的綱紀義理。這種經書的價值得以確立的根源，其關鍵主要在於儒家經典出自於聖人之手。[19]《史記》在〈孔子世家〉與〈太史公自敍〉中便強調孔子對於群經的積極參與。[20]但是這種強調所展現的是一種歷史事實的描述，並沒有價值判斷在其中。其後在儒家大量宣傳、不斷堅持周公、孔子的神聖性的歷程中，經書憑著聖人創制、刪定的傳承脈絡，逐漸取得神聖的地位。當然各經形成的狀況與過程不同，聖人所介入的範圍與程度亦各有異，因此若以聖人爲經典權威來源，則必須釐清經典中的哪些部分或層面經過聖人之手，才方便藉此直接瞭解聖人之意。然而就經書整體而言，聖人制作經典的古老說法僅是概念的宣達，實際上經典的創制無法全由聖人之手寫定，這是歷代經學家都會承認的觀點。當然，就儒家支持者而言，經典只要經過聖人認可、宣揚、筆削，就足以賦予高度的價

---

19 張政偉：「理論上中國經典都具有神聖的寓意，這種神聖性來自於聖賢之人對於經典的述作刪削。……關鍵在於『聖者的原意』該用什麼方式尋求。」《清代漢宋學與今文經學的發展新論》（花蓮：國立東華大學中國語文學系博士論文，2005 年），頁 218。

20 〈太史公自敍〉：「幽厲之後，王道缺，禮樂衰，孔子脩舊起廢，論《詩》、《書》，作《春秋》，則學者至今則之。」以上分見《史記》（台北：啓業書局，1977 年），第 3 冊，頁 1935-1936、第 5 冊，頁 3295。

值意義了。

　　經書本身固然有其價值，但是作爲倫理學的權威，其價值不僅在於自身，而是其成書經過聖人的製作或參與，正因如此，後世固然也頗不乏內涵深邃、體大思精之著作，唯其並無聖人之光環加持，故往往可以成一家之言，卻無法取代經書或與之並列而成爲垂教萬世之典籍。東漢儒者非常強調經典與聖人的關係，其用意便在將經典的價值與聖人作結合，必須聖人加上經書，才可以成爲一種難以撼動的權威。[21]魏晉時期這種聖人作經以之垂訓的觀念更加普及，[22]如劉勰（465～520）的《文心雕龍》雖然是文學評論專書，但是他在〈原道〉、〈徵聖〉、〈宗經〉諸篇中，也明確地表達經典乃是聖人所傳之不刊之教。[23]

　　漢代經學研究高度發展，結合官方力量，塑造儒家經典的神聖地位，這成爲日後的經學研究一個重要的態度：可以挑戰學者的解釋，但是不可以質疑經書的價值。

21　《漢書·敘傳》：「登孔、顥而上下兮，緯群龍之所經，朝貞觀而夕化兮，猶諠己而遺形，若胤彭而偕老兮，訴來哲以通情。」顏師古《注》：「應劭曰：『顥，太顥也。孔，孔子也。群龍喻群聖。自伏羲下訖孔子，終始天道備矣。』孟康曰：『孔，甚也。顥，大也。聖人作經，賢者緯之也。』師古曰：『應說孔、顥，是也。孟說經緯，是也』。」《漢書》（台北：洪氏出版社，1975 年），第 5 冊，頁 4224。
22　張華（232-300）云：「聖人制作曰經，賢者著述曰傳。」晉·張華著、范寧校證：《博物志校證》（臺北：明文書局，1981 年），卷 6，〈文籍考〉，頁 72。
23　〈原道〉：「道沿聖以垂文，聖因文以明道。」〈徵聖〉：「夫子文章。可得而聞，則聖人之情，見乎文辭矣。先王聖教，布在方冊。」〈宗經〉：「經也者，恆久之至道，不刊之鴻教也。」見劉勰著、王利器校注：《文心雕龍校證》（台北：明文書局，1982 年），卷 1，頁 2、6、11。

四、漢代《詩經》學的發展

　　就《詩經》學的角度來看，詩篇的解讀，包括各詩的篇
旨、章旨、創作方法、字詞句的訓釋等等，都是複雜的學術
問題。由於時空的間隔，這些學術問題已經無法有統一的解
釋，而解釋的歧異正是造成學派區隔的主因。漢朝有魯、齊、
韓、毛四家《詩》，前三家爲今文經，立於學官，《毛詩》爲
古文經，僅在平帝時一度設博士之官。[24]依照班固（32～92）
的說法，三家《詩》「或取《春秋》，釆雜說，咸非其本義。
與不得已，魯最爲近之」。班固並未將《毛詩》也納入同時的
比較，只說：「又有毛公之學，自謂子夏所傳，而河間獻王好
之，未得立。」[25]可以肯定的是，「釆雜說」之語不適用於《毛
詩》，但若謂其「非其本義」，許多漢儒也可以同意：雖然四
家《詩》對於三百篇的解釋不可能篇篇都大不相同，但若說
漢代有四種不同的《詩》義提供給讀者作選擇，應該是經學
史上的事實。[26]

24　《漢書·儒林傳》：「……平帝時，又立《左氏春秋》、《毛詩》、逸《禮》、
　　古文《尙書》，所以囧羅遺失，兼而存之，是在其中矣。」《漢書》，
　　第 5 冊，頁 3621。
25　〈藝文志〉，《漢書》，第 2 冊，頁 1078。
26　車行健：「流傳於漢代的《詩經》詮釋，還不僅止於此四家而已，近
　　年出土的阜陽漢簡《詩經》就有可能是一獨立於上述四家的《詩經》
　　解釋派別。」《詩本義析論》（台北：里仁書局，2002 年），頁 3。按：
　　有關於阜陽漢簡《詩經》是否爲四家《詩》之外的另一學派，近代學
　　者頗有不同的見解，筆者以爲，假若有大異於四家之外的另一支《詩》
　　學體系，則不容班固在〈藝文志〉中完全無視此事存在，夏傳才推測

　　面對《詩經》解釋分歧的現象，西漢學者並沒有留下統一或調和性的解釋，這可以說是正常的態勢，四家《詩》學雖然解釋的立場、方法與內容有諸多差異，但是在《詩經》文本的書面語言下（或者說，在各自的讀者群看來），都屬於合理而有效的解釋。因此彼此之間容或互相抉瑕掩瑜，但是對於詩旨的判讀終究沒有一家可以定於一尊。至此我們可以發現，從春秋時期讀《詩》允許斷章取義，到戰國時代孟子呼籲讀者以意逆志，再到西漢出現博士官之專門研究者，三百篇釋義多元的實情完全沒有任何變動。漢儒董仲舒（前 179 ～前 104）的名著《春秋繁露》將《詩經》這種釋義歧異的情形總結出一個評斷：「《詩》無達詁」。[27]董子這個命題成為《詩經》學史的一個重要觀念。「《詩》無達詁」之語應該理解為：《詩經》不存在具有普遍性的單一解釋。日後歷代《詩經》學的研究內涵與發展狀況證明董仲舒之言確有卓見，從另一個角度來看，許多經學家在「《詩》無達詁」的觀念下，為《詩經》學催生出多元而饒富意義的解釋內涵。

　　對於某些漢儒而言，三百篇的解釋呈現豐富多樣的面貌，並不會造成研讀上的困擾，因為其時對於師法、家法的

　　阜陽漢簡《詩經》仍屬《魯詩》系統〔詳《思無邪齋詩經論稿》（北京：學苑出版社，2000 年），頁 172-174〕，證據雖是薄弱的，但漢代究有幾家《詩》學，目前仍當以《漢書‧藝文志》所載為準。

27　《春秋繁露‧精華第五》：「所聞《詩》無達詁，《易》無達占，《春秋》無達辭。從變從義，而一以奉人。」《四庫全書》（台北：台灣商務印書館，1983 年），第 181 冊，頁 717。按：奉人之「人」字，盧文弨校作天。

遵循足以平息爭議、解決矛盾，[28]儒生只要選擇了自己認同的學派，自然有標準答案可資依循。在這樣的情形之下，詩篇詮釋的多元，不至於讓這些讀者感到無所適從。對於不存門戶之見的學者，詩篇歧異所帶來的困擾則難以完全避免，此時一流的學者在選擇、比較學派時會發現四家《詩》說各有優劣，專執一家或許有學術傳承的系統性，但是等於排斥其他諸家較爲優異的解釋，這就會形成門戶偏見。再者，隨著時代的演進，四家《詩》學之優劣在長期發展下會被清楚揭示，其在學術上的競爭必有升沈結果。因此，某家在《詩經》學上將逐漸擺脫各家的糾纏而取得領導地位是可以預見的，當然，融通諸家的要求也一定會被學者注意到，代表漢代經學研究最高成就的大師鄭玄（127～200），其爲《毛詩》所作的《箋》便是代表學派優勝劣敗與學術融通的歷史產物。[29]

　　東漢末年，鄭玄爲《毛詩》作《箋》，奠定《毛詩》成爲日後《詩經》學研究的主流基礎。從現存的三家《詩》說來

---

28 《後漢書·章帝紀》云：「漢承暴秦，襃顯儒術，建立五經，爲置博士。其後學者精進，雖曰承師，亦別名家。」注：「言雖承一師之業，其後觸類而長，更爲章句，則別爲一家之學。」《後漢書》（台北：鼎文書局，1979 年），頁 138-139。按：漢初古籍殘毀脫落，漢儒傳經，多賴口授，口耳相傳訛誤難免，欲有憑藉，不得不重師法，但師法不能完美詮釋所有經典，此學者之所以有機會別成一家。

29 有思想的儒生，一定會注意到各門派對於詩旨解說的歧異，並從中作比較、汰選，鄭玄「先從張恭祖授《韓詩》，兼通《齊》、《魯》之學，間有與毛不同者，多本三家《詩》，而參以己意」，就是最明顯的例子。詳馬瑞辰：〈毛詩後箋序〉，收於胡承珙著，郭全芝點校：《毛詩後箋》，下冊（安徽：黃山書社，1999 年），頁 1。

看，除了與《毛詩》在版本文字有所差異之外，解說經義也多有出入。西漢初年三家《詩》因爲立於學官的關係獲得官方與有志獲取利祿的士人的支持，但是解說較爲平實的《毛詩》一直在民間擁有極多的讀者。鄭玄會採取以《毛詩》爲底本進行全面箋釋，應該與《毛詩》釋義被民間普遍接受有關。當然，《毛詩》本身解釋的主軸清楚，要言不煩，在訓詁上具有優勢，這些或許也是鄭玄傾向《毛詩》的原因。

兩漢在中國學術史上的最大意義在經學的研究態度與成果上。到了東漢末年，就《詩經》而言，在漢儒長期的苦心經營之下，完成了一個神聖的脈絡，那就是以孔門弟子所傳授之《毛詩》爲基點，通過具有權威性質的《詩序》，探究經由聖人刪削、存有褒貶微言的《詩經》。這種神聖性脈絡的積極構建，被日後許多經學家普遍運用於《詩經》的詮釋之中，對他們來說，這是一個無可質疑的神聖譜系，也是研究上的先設條件。《鄭箋》在歷史的演變中證明其解釋的優越性，因爲《毛詩》系統有了《傳》與《箋》的強力組合，加上三家《詩》郢書燕說疊見層出，引人生厭，久而久之，三家《詩》也就陸續亡佚了。所以，三家《詩》的先後退出市場，我們可以一言以蔽之地說：後世讀者做出了他們的選擇。

五、唐宋《詩經》學的發展

《毛詩》的解釋雖以平實著稱，且自《鄭箋》問世，《毛詩》勢力逐漸擴張，但是仍不代表所有的詮釋權力已經被壟

斷。事實上，從三國到隋、唐，還是有部分學者說《詩》不願全依毛、鄭。[30]只是在三家《詩》先後消亡之後，讀者要全面理解三百篇，《詩序》、《毛傳》、《鄭箋》確實是最便利的組合。

　　《毛詩》隨著鄭玄所作的箋釋而成為《詩經》學研究的重要文本，逐漸地，《毛詩》幾乎成為研究的唯一對象，這種獨尊現象到唐儒孔穎達（574～648）奉敕修纂《五經正義》時達到顛峰。孔氏以《毛詩》為文本，以「疏不破注」的原則對《毛傳》、《鄭箋》進行全面性的疏釋，並且酌參他經，總結前人說法，加強證據效力，讓《毛詩正義》成為《詩經》學史上第一本具有總成性質的著作。因為《毛詩正義》論述有據，取材豐富，寫作主軸明確，內容雖為一家之言，但是自成系統，少有矛盾，更重要的是本書為官方編撰，並且實際應用於官方教育、取士制度上，因此具有很大的影響力。

　　《毛詩正義》書出，《詩經》在官方出現了統一的解釋，但是挑戰隨即出現。唐代就有成伯璵直接質疑《毛詩》解釋的合理性與合法性，並且直接以己意解詩。[31]這種懷疑的精

30　詳屈萬里：《詩經釋義》（台北：中國文化大學出版部，1970 年），頁20。

31　《四庫提要》謂唐成伯璵所撰《毛詩指說》：「定《詩序》首句為子夏所傳，其下為毛萇所續，實伯璵此書發其端，則決別疑似，於說《詩》亦深有功矣。」《四庫全書總目》（台北：藝文印書館，1974 年），第1 冊，頁 120。洪湛侯以為《毛詩指說》至少有兩點值得介紹，一是《提要》所言「定《詩序》首句為子夏所傳，其下為毛萇所續」，另一是「在解詩上，不管毛亨、鄭玄說法如何，成伯璵完全按照己意去解《詩》。影響所及，開啟了宋以後學者以己意解《詩》的風氣」。洪氏又謂成伯璵「注重文體，對於研究《詩經》的藝術特點，也是很有

神、積極批判的態度，成爲宋代《詩經》學疑古風潮的先聲。

　　宋代是經學史上最具革命性的時代。在《詩經》的研究部分，宋儒在嚴格的方法論上並無明顯的創新之處，但是在解《詩》的觀點上卻有突破性的進展。他們大多強烈懷疑《毛詩》所代表的歷史性與傳統性的解釋，認爲這些解釋只能算是延伸性甚至是僞造的說法，對於《詩經》本義的探索反而是一種障礙。

　　宋代《詩經》學討論的面向很多，不過，三百篇是經學還是文學，並非學者討論的重心，對於《毛詩序》的存在價值的激烈爭辯才是眞正的聚焦所在。[32]很可惜的是，宋代經學家大多從義理的向度推斷《毛詩》存在的各種問題，對客觀的證據較爲欠缺，因此許多問題環繞在「信念」的論述，而非「證據」的提出，對於守舊派的學者而言是如此，對於創新派的人物來說往往也是這樣。[33]

　　幫助的」。詳《詩經學史》（北京：中華書局，2002年），上冊，頁229。張啓成：「成氏的《毛詩指說》雖然只是一篇論文氏的著作，僅六千餘字，線條較粗，表達亦有所欠缺，因循舊說亦不少。但他的『魯、殷爲變頌說』，他對《詩序》寫作時間的考證，他對《詩經》魏晉南北朝時期發展概況的論述，特別是他對《詩經》語助詞與句式的論述，都有一定創新精神與文獻參考價值，值得我們重視與珍惜。」《詩經研究史論稿》（貴陽：貴州人民出版社，2003年），頁169。

32 宋儒雖已注意到三百篇的文學性，但並未曾把《詩經》視爲純文學總集，以朱子爲例，他雖然已經略有《詩》爲文學作品的意見，但其相關論述主要是針對〈國風〉，且不忘強調〈雅〉、〈頌〉之作者「往往聖人之徒」，要到清人才敢大膽地把三百篇由經學系統中抽出，逕置於文學之源流統系中。所以，要以文學的或經學的性質來看待《詩經》，完全不是宋儒的爭議所在。

33 以新舊兩派的代表人物王質與范處義爲例，對他們而言，取得有效的證據或嚴謹的推論並不是他們在乎的重點，其立場與信念的展示才令

　　宋代《詩經》學者在疑古的態度下，勇於提出新穎的見解，全面性地對《詩經》學內容進行闡釋，呈現出嶄新的局面。勇於推陳出新，不因襲舊說的新派著作有歐陽修（1007～1072）《詩本義》、蘇轍（1039～1112）《詩集傳》、鄭樵（1103～1162）《詩辨妄》、王質（1127～1188）《詩總聞》、朱子（1130～1200）《詩集傳》、楊簡（1140～1225）《慈湖詩傳》、王柏（1197～1274）《詩疑》……等等，這些學者代表了宋儒說《詩》中的新派。當然，新義雖然日增，獨衷古學之人也不少，范處義《詩補傳》、呂祖謙（1137～1181）《呂氏家塾讀詩記》、段昌武《毛詩集解》、嚴粲（1197～？）《詩緝》都是舊派中較受歡迎的著作。[34]我們在評價新舊兩派著述之成就時，當然不能單純地以為舊不如新，不過，我們不得不強調的是，若沒有宋人的勇於疑古創新，《詩經》研究史將缺少最燦爛的一頁，從此一角度觀之，兩宋學者的開創全新研經局面，其意義是絕對值得吾人肯定的，而新派著作帶給後人的啟發也是比較明顯的。

　　宋儒研究經典還有一個鮮明的時代特色，他們強調內具理性的義理開拓，並以此直觀世界，強調倫理學與形上依據的密切結合。在很多情況下，理學家也以此態度貫穿對學術

　　人印象深刻。關鍵不在於懷疑《詩經》的神聖性或是價值，而在於究竟是該相信傳統還是懷疑傳統才能真正取得經典中蘊含的原始神聖意義。詳拙文〈范處義《詩補傳》與王質《詩總聞》的解經取向及其在《詩經》學史上的定位〉，《國文學誌》第 15 期（2007 年 12 月），頁 137-170。

34 參閱拙著《宋代之詩經學》（台北：國立政治大學中國文學研究所博士論文，1984 年），頁 1-98。

的解釋與應用。因此，我們若以「《詩經》的理學化」來標示
宋朝《詩經》學的特徵，除了無法涵蓋名物訓詁考據的專門
著作之外，這樣的說詞似乎沒有太大的問題。至少在表面上
看來，從北宋初期開始一直到南宋末年，《詩經》的解釋或多
或少難逃被理學意涵所籠罩。學術史上宋代理學興盛與豐富
的成績讓我們可以理解宋代經學的理學化傾向此一傾向也委
實豐饒了《詩經》詮釋學的內容。無論是新派學者或是舊派
學者，無論是專門學者或是尋常士人，甚至是以詩聞名的文
人，其說解《詩經》之思維方式與論理呈現，皆與當時流行
的理學思潮有密切的關連。尤其是他們以當時代流行的理學
思潮來詮解《詩經》時所散發出來的獨特氣息，直可謂宋代
《詩經》學的最大特點。

　　代表宋代《詩經》學最高成就的是朱熹《詩集傳》。本書
之所以成為《詩經》學史上的名作，最主要還是提出嶄新的
研究觀點。朱子認為《詩經》有某些詩歌看不出有所謂溫柔
敦厚的《詩》教之風，他拋開《毛詩》的束縛，評述某些詩
歌為「淫詩」，認為其中表達的是最基本的男女之情，僅此而
已。自此，自漢朝以後認為《詩經》籠罩在聖人之教的說法，
一切以「思無邪」為宗旨的解釋趨向受到嚴重的挑戰。朱熹
的質疑很有效力，因為他所列舉的「淫詩」篇章，[35]很輕易

---

35 關於朱子淫詩的篇目，由於隨人的判定標準不同，說法也頗有出入。
宋儒王柏以為有 32 篇，元儒馬端臨以為有 24 篇，近人何定生以為有
27 篇，趙制陽以為有 28 篇，程元敏則先以為有 30 篇，後又以為有
29 篇。根據筆者的研究，假若我們不要自行對詩中涉及的人物情事
作出過度的道德判斷，《詩經》中合乎朱子所謂淫詩的充其量也不過

地可以擺脫《詩》教的觀點，逕直解釋爲單純情感的發抒。
當然朱子的意見也受到各方的挑戰，更成爲後來《詩經》學
的討論重點。我們也要特別指出，朱子的影響力不僅在其觀
點的創新，也由於元、明、清三代，官方將朱熹著作當作科
舉標準本，[36]在利祿之誘因下，《詩集傳》自然成爲天下士子
必讀之書，甚至有很長的一段時間，朱子的《詩集傳》取代
了毛、鄭、孔的著作。當然反對的聲音仍舊存在，如明代，
已有鍾惺、韋調鼎公然表達了對朱子解《詩》的不滿，[37]但是
這一類型的著作很少，朱子的《詩集傳》在釋義內容與研究
方法上仍舊取得主導地位，具有普遍性的影響力。

六、清代《詩經》學的發展

---

　23 篇：〈邶風·靜女〉、〈鄘風·桑中〉、〈衛風·有狐〉、〈木瓜〉、〈王
風·采葛〉、〈大車〉、〈丘中有麻〉、〈鄭風·將仲子〉、〈遵大路〉、〈有
女同車〉、〈山有扶蘇〉、〈蘀兮〉、〈狡童〉、〈褰裳〉、〈丰〉、〈東門之墠〉、
〈風雨〉、〈子衿〉、〈揚之水〉、〈溱洧〉、〈齊風·東方之日〉〈陳風·
東門之池〉、〈東門之楊〉。詳拙文〈貽誤後學乎？可以養心乎？── 朱
子「淫詩說」理論的再探〉，《朱子詩經學新探》（台北：五南圖書出
版公司，2002 年），頁 59-118。
36 元仁宗延祐定科舉法，《詩》用朱子《集傳》，《易》用朱子《本義》，
　　《書》用蔡沈《集傳》，《春秋》用胡安國《傳》，《禮記》用鄭玄《注》。
　　明代《詩經》學非惟承繼元代「述朱」學風，科舉的規定更由「以朱
　　爲主」至「獨取《朱傳》」。詳皮錫瑞：《經學歷史》（台北：河洛圖書
　　出版社，1974 年），頁 274-294。楊晉龍：《明代詩經學研究》（台北：
　　國立台灣大學中國文學研究所博士論文，1997 年），頁 177-179。
37 參閱鍾惺：《隱秀軒集·詩論》（上海：上海古籍出版社，1992 年），
　　頁 391-392。韋調鼎：《詩經備考》（台南：莊嚴文化事業公司，1997
　　年），頁 141-142。

　　清朝在經學史上是繼宋代之後另一個大放異彩的時代，名家名著之多不可勝數。朝廷的功令雖崇尚《朱傳》，卻壓不倒整個大時代尊漢攻宋的洪流。另外朱熹《詩集傳》在流傳多年後，雖仍深具影響力，但是其釋義內容在學術上不斷被修正，如毛奇齡（1623～1716）《白鷺洲主客說詩》、陳啓源（康熙年間人）《毛詩稽古編》、姚際恒（1647～1715）《詩經通論》，皆對朱熹《詩集傳》提出深刻、尖銳的批判。[38]

　　清代《詩經》學呈現多元面貌，專主《毛傳》而功力最深的胡承珙（1776～1832）《毛詩後箋》、陳奐（1786～1863）《詩毛氏傳疏》雖則頗獲好評，更受後人歡迎的馬瑞辰（1782～1853）《毛詩傳箋通釋》卻是兼申毛鄭而又不拘守門戶之見，獨立派的姚際恒《詩經通論》、方玉潤（1811～1883）《詩經原始》也備受肯定，至於研究三家《詩》的魏源（1794～1856）《詩古微》、陳喬樅（1809～1869）《三家詩遺說考》、王先謙（1842～1917）《詩三家義集疏》也無不擁有極多的愛好者。毫無疑問的是，整個清代《詩經》研究方法傾向「漢學」傳統下所發展出的考據訓詁之學，這是一代學術之主流，但是堅持宋代以來，以主觀體會、義理研析爲研究方法的學者爲數也不少。這兩派之間學術方法的差異及其優劣，成爲當時最受矚目，也引起最多討論的學術話題。

　　《詩經》研究至清代形成的「漢學」與「宋學」，在研究方法上各有完整的表述，成爲兩種不同類型的研究方法。如

---

38 關於朱子《詩經》學所獲得的負面評價，可參拙文〈關於朱子《詩經》學的評價問題〉，收於拙著《朱子詩經學新探》，頁 156-180。

果以「詮釋學」的角度來看，「漢學」與「宋學」研究方法趨向兩種類型：一為「探究型詮釋學」（die zetetische Hermeneutik），一為「獨斷型詮釋學」（die dogmatische Hermeneutik）、[39]所謂「探究型詮釋學」的主要研究目的為確立語詞、語句語文本的精確意義內容。「獨斷型詮釋學」的研究目的為找出符號形式所包含的教導性真理與指示，並將其應用於當前具體情況。就詮釋學來說，這是兩個不同向度的研究方式。這種研究方式與趨向的不同，就是「漢學」與「宋學」之間的差異。

清代學術史上的「漢學」、「宋學」爭論，主要是在爭辯經典解釋的方法與研究重心的問題。在實際的經典解釋操作上，這種爭論在《詩經》的詮釋立場上比起他經尤為明顯。[40]首先是面對古訓的問題，到底《詩序》、《毛傳》、《鄭箋》的訓解該用什麼立場面對？其次是解釋經典的進路問題，「考據」與「義理」到底孰先孰後？到底孰輕孰重？

對於漢學、宋學的爭勝來說，面對古訓的態度並不是造成對立的主因，因為即使是最極端的宋學家，不通過古訓也無法瞭解經義，更重要的是沒有一個宋學家有能力改動所有

---

39 參見洪漢鼎：《詮釋學史》（台北：桂冠圖書公司，2002 年），第 1 章，第 3 節，〈獨斷型詮釋學與探究型詮釋學〉，頁 15-20。

40 《四庫全書總目》在略述各經的研究發展時，獨於《詩經》部分提及漢、宋之爭：「《詩》有四家，毛氏獨傳。唐以前無異論，宋以後則眾說爭矣。然攻漢學者，意不盡在於經義，務勝漢儒而已；伸漢學者，意亦不盡在於經義，憤宋儒之詆漢儒而已。各挾一不相下之心，而又濟以不平之氣，激而過當，亦其勢然歟？」《四庫全書總目》，「經部」，卷 15，頁 119。

的古訓，那樣的困難度等於是重新創造一套語文系統。同樣的，立場保守的漢學家面對古訓也很難一一遵從，必須在窒礙難通處進行修正，才能確保詮釋的有效性。所以，關鍵落在研究進路上，也就是「考據」與「義理」的先後輕重問題。對於純正的漢學家而言，將「考據」視爲明晰「義理」的唯一方法是他們的共識，不唯如此，嚴格而有效的「考據」甚至可以推翻古訓，進而直探經文的本義。但是，對於追尋義理的宋學家來說，考據只是諸多詮釋經典方法中的一種，更重要的是必須運用涵泳玩味的方法來體悟與會通經義。「考據」與「義理」常被直捷地論述成爲漢、宋學的分野，其實細緻地來說，漢、宋兩派學者對於「考據」與「義理」並不輕忽，只是爭論其間的輕重先後而已。

七、民國初年《詩經》學的發展

我們若使用全景視野觀察，則所有視三百篇爲經典的研究者，他們在研究《詩經》的立場上都屬同一方，只是對於傳統《詩經》學的界定與接受程度有所差異。《詩經》的神聖性概念是自漢代以來即樹立的《詩經》研究傳統，這種《詩經》寓有神聖眞理的觀點幾乎籠罩著傳統的研究論述。雖然這種神聖性在嚴格的學術意義下，幾乎可以說毫無實證效力，但是研究者卻展現出強大的信念與毫不妥協的立場。漢代以後的學者全力發掘《詩經》中存有的聖人教化意義，不管學者們所持的方法或立場爲何，《詩經》的倫理教化價值都

被視爲研究上最需要去探討的問題，當然這也被認爲是三百篇的研究價值之所在。但是經學具有神聖性的概念在清末遭遇強烈的衝擊，《詩經》研究的面貌由此而有了變動。

　　由於清末國勢頹唐，西方挾優勢武力進逼中國，自詡爲天朝的中國經歷許多局部戰爭的失敗，因此向西方學習成爲一種新的趨向。同時，檢討舊有的傳統文化也於焉展開。經學是傳統學術的象徵，面對西方的學術、文化在應用方面的優越性，經學引以爲傲的思想優越性岌岌不保。但是捍衛傳統的人士堅持中國的學術在倫理方面仍然有很高的價值，因此，不反對在實際應用方面的知識向西方學習，但又表示中國傳統學術依然不可廢除。清末張之洞喊出「中學爲體，西學爲用」便反應出這樣的思維模式。

　　但是當中國所學習的西方學術，由科學工業漸漸浸染到文化層次時，對傳統文化與學術思想的質疑與檢視也就日趨嚴厲。因此在民國初年新文化運動的特殊背景之下，經學成爲學術上被重新檢討的標的。在《詩經》方面，學者普遍存有去除神聖權威的共識。所以學者紛紛對傳統解釋展開批評，於是要求「救《詩》于漢宋腐儒之手，剝下它喬裝的聖賢面具，歸還它原來的文學眞相」。又將《詩序》視爲研究《詩經》的障礙，必須加以掃除。[41]有了欲打破聖經光環的決心，

---

41 要求歸還《詩經》文學面貌之說見錢玄同：〈論詩說及群經辨僞書〉，顧頡剛主編：《古史辨》（台北：藍燈文化事業，1987 年），第 1 冊，頁 50；而鄭振鐸也說：「我們要研究《詩經》，便非先把這一切壓蓋在《詩經》上面的重重疊疊的註腳的瓦礫爬掃開來，而另起爐灶不可」。其中「最沈重，最難掃除，而又必須最先掃除的」，正是《毛詩

再加上清代考據學長期發展的歷史辨僞方法之助力，流傳了
近兩千年傳統觀點幾乎被摧廓殆盡。如漢學家以爲最能發揚
聖人教化的《詩序》，不僅被指爲附會無稽，連其傳承的譜系
也備受質疑，整體價值可謂已被連根拔除。[42]更多的學者則
不僅掊擊《詩序》，甚至根本否認三百篇爲經典。[43]

　　雖然民國初年有所謂的「整理國故」之風潮，但是在其
相關的理論和實踐中，史學立場成爲檢視經學的重要主軸，
因此造成「傳箋傳統的崩潰和經典的史料化」、「經書與民眾
文化的結合」等結果。[44]當然，造成所謂「傳箋傳統的崩潰和

　　序》，說詳鄭氏：〈讀毛詩序〉，《古史辨》，第 3 冊，頁 384-385。顧頡
　　剛也將《詩序》視爲覆蓋在高碑上的藤蔓，必須加以去除方能見其本
　　來面目，說詳顧氏：〈詩經在春秋戰國間的地位〉，《古史辨》，第 3
　　冊，頁 309。

42 顧頡剛以爲《詩序》是「有組織的曲解，所以能騙住許多人，使他們
　　相信《詩序》的說話即是孔子刪《詩》的本義。」〈重刻詩疑序〉，《古
　　史辨》，第 3 冊，頁 387。鄭振鐸也曾詳細地論證《詩序》之缺失，
　　並說：「《毛詩序》是沒有根據的，是後漢的人雜采經傳，以附會詩文
　　的；與明豐坊之僞作《子貢詩傳》，以己意釋《詩》是一樣的。」〈讀
　　毛詩序〉，《古史辨》，第 3 冊，頁 396、400-401。

43 例子太多，無庸枚舉，這裡僅舉胡適與胡樸安的各一段話作爲代表。
　　胡適：：「《詩經》不是一部經典。從前的人把這個《詩經》看得非常
　　神聖，說它是一部經典。我們現在要打破這個觀念，假如這個觀念不
　　能打破，《詩經》簡直可以不研究了。……因爲《詩經》並不是一部
　　聖經，……萬不可說它是一部神聖經典。」〈談談詩經〉，《古史辨》，
　　第 3 冊，頁 577。胡樸安：「《三百篇》所以流傳於今，由於德教化；
　　《三百篇》所以把文學的價值埋沒的，也由於德教化。所以我把《詩
　　經》這個名字取消，采取《三百篇》這個名字，使研究他的人一看見
　　這個名字，如同看見《唐詩三百首》一樣，慢慢的就把《三百篇》本
　　來的面目 ──《詩》── 收復回來；那蒙蔽《三百篇》的觀念 ──《經》
　　── 漸漸的也就可以歸化於無何有之鄉。」《三百篇演論》（台北：台
　　灣商務印書館，1980 年），頁 2。

44 關於《詩經》議題在「整理國故」中的意義，可參陳文采：《清末民
　　初詩經學史論》，東吳大學中文研究所博士論文，2003 年，頁 90-99。

經典的史料化」、「經書與民衆文化的結合」的原因都和突破
「聖經」的地位、推倒權威舊說的觀念有絕對的關係。

　　因此民國以後的經學，在去除歷經兩千年的神聖性籠罩
後，在觀點和方法上與傳統經學家有著本質上的差異。《詩經》
倫理學上的價值被漠視，文學與美學觀點成爲許多學子切入
《詩經》的重心，而學者則轉向以史學角度研究《詩經》。民
初學者對於《詩經》的重視，其中一個重要因素便是它能提
供後人對於上古歷史的正確知識，它的部分史料性質有助於
學者釐清中國上古歷史的眞相。[45]雖然時至今日仍有學者力主
研究《詩經》必從篤守《毛傳》入手，以爲這是最科學、最
可靠、最嚴謹的門徑，[46]但是多數學者還是以「還原」爲其
研究目的，跟傳統的「宣教」立場截然異趣。

八、由「詮釋學」看《詩經》學的發展

　　「詮釋」（hermeneuein）一詞在古希臘語中的意思是宣
告、翻譯、闡明和解釋的技術，現今的詮釋學（hermeneutics）
則是一種探討意義的理解與解釋的理論或哲學。[47]無論我們

45　民初對於《詩經》歷史研究的部分以顧頡剛爲主，他在 1928 年〈民
　　俗周刊發刊辭〉中提出要「打破以聖賢爲中心的歷史，建設全民衆的
　　歷史」，並且藉著歌謠的研究方氏，將三百篇視爲民俗歌謠，一方面
　　將《詩經》從六經的寶座上拉下來，另一方面也拓展了庶民文化意識，
　　「經書與民衆文化的結合」就是在當時這種學術風氣之下促成的。詳
　　陳文采：《清末民初詩經學史論》，頁 96。
46　詳黃永武：〈怎樣研讀詩經〉，中華民國孔孟學會主編：《詩經研究論
　　集》（台北：黎明文化事業公司，1981 年），頁 19-33。
47　詳潘德榮：《詮釋學導論》（台北：五南圖書公司，1999 年），頁 2-3；22。

詮釋什麼樣的人事物，總是希望能夠做出「不帶偏見和預設」的解釋。不過，海德格（Heidegger,Martin，1889～1976）以為「解釋」從來就不是無前提的把握事先給定的事物，而是具有「前理解」（pre-understanding）之存在。因為理解是一種存在的模式，人存在於世界之中，處於被拋擲的不得已狀態，在具有自我意識或反思意識之前，已經身處這個世界裡。這個世界包括了文化、傳統、習俗。人們因為有了這些文化、傳統、習俗才可能進行理解。[48]加達默爾（Hans-Georg Gadamer,1900-2002）承襲了海德格的觀念，從本體的觀點強調歷史性在理解的過程中之重要。人們總是活在歷史之中，總是隸屬於歷史。[49]於是，歷史性、傳統成了理解的起點，成了無法拋棄的前理解。所以加達默爾始終在為成見（pre-judice）、權威和傳統爭取應有的合法性與正面之意義。[50]這樣的詮釋學表達「成見」的正向意涵及其存在的不

---

48 詳海德格爾著，陳嘉映、王慶節合譯、熊偉校：《存在與時間》（北京：生活·讀書·新知三聯書店，1987 年），頁 181-188。

49 加達默爾著，洪漢鼎譯：《真理與方法》（上海：上海譯文出版社，1999 年），上冊，頁 357。加達默爾又謂：「……無從對處境有任何客觀性的認識。我們總是處於這種處境中，我們總是發現自己已經處於某個處境裡，因而要想闡明這種處境，乃是一種絕不可能徹底完成的任務。……進行效果歷史的反思，並不是可以完成的，但這種不可完成性不是由於缺乏反思，而是在於我們自身作為歷史存在的本質。所謂歷史的存在，就是說，永遠不能進行自我認識。一切自我認識都是從歷史的在先給定的東西開始的，這種在先給定的東西，我們可以用黑格爾的術語稱之為『實體』，因為它是一切主觀見解和主觀態度的基礎，從而它也就規定和限定了在流傳物的歷史他在（Andersheit）中去理解流傳物的一切可能性。」《真理與方法》，頁 390。

50 按：海德格所使用的 Vorstruktur 一詞，或譯「前結構」，加達默爾所使用的 Vourteil 一詞，或譯「前判斷」，兩者也常被總稱為「前理解」或「理解前見」。

可去除性，卻也提醒了我們，面對前人的詮釋得嚴謹面對，「成見」必須「理解」，「前理解」必須被深刻地剖析。

　　以詮釋哲學或哲學詮釋學提供的觀點來解釋《詩經》學史的流變，會發現歷來的《詩經》學著作中的「成見」成分影響著對《詩經》的理解。由《詩經》文本產生開始，閱讀與使用者便開始累積成見，由時間縱軸來看，長時間便形成從屬的歷史性。《詩經》原先是開放的，先秦的閱讀者可以自由地解釋、利用三百篇。但是在漢代經典學術體系形成之後，解釋逐漸被縮小，僅讓讀者從自己所屬的門戶中來選擇，在今文三家逐漸式微時，解釋注定要逐漸僵化。《鄭箋》、《孔疏》問世之後，《毛詩》取得了壓倒性的勝利，三百篇的解釋趨於統一。但是這種單一的解釋並不能符合每一個體對三百篇的理解，固然這種單一解釋體系在操作層次上相當便利，但是對於《詩經》的詮釋來說，將陷於僵化固滯。更重要的是，這樣的解釋有違學術自由化的要求，對個體來說完全無法獲得真正屬於自我的理解。因此在宋代興起直觀解釋的思潮下，學者們對《詩經》長期積累的單一解釋進行批判，採取質疑傳統、抒發心靈的方式進行閱讀與研究。宋朝研究《詩經》學的方式，最符合詮釋學的觀念。宋朝學者對歷史性採取承接與反思兩種角度進行探究，進而作出符合傳統與自我的解釋。因此，宋代《詩經》學的發展呈現多元的樣貌，而這種多元化正是個體與傳統互相激盪下的產物。對他們來說，傳統必須要尊重，然而這只是起點，真正的意義需要自己去獲取，勇於找出自我認可的意義。所以，宋代《詩經》

學者勇於處理傳統與個體的調和或衝突問題，讓他們的《詩
經》學成績超越前代，也難以被後代超越。直至今日，宋代
《詩經》學所展現的研究觀點與方式仍然為學界所援用。[51]

九、由接受美學觀點看《詩經》
學史上的評價問題

　　《詩經》學史上有時會出現一個引人深思的現象，某些
著作在作者當時默默無聞，但在經過一段時間之後，經後人
援引廣介而身價陡升。例如我們今日津津樂道的清代以獨立
治《詩》著稱的姚際恒、崔述（1740～1816）、方玉潤三大家，
其《詩經通論》、《讀風偶識》、《詩經原始》原先都不具特別
的吸引力與影響力，更絕非所謂經典之作，但後來姚際恒等
人的著作被大肆揚舉哄抬，新的典範終於被塑造而出。如何
看待這樣的現象？西方的接受美學（reception qesthetics）的
某些觀點，也許可以幫助我們解釋這個問題。

　　興起於 20 世紀 60 年代後期，而於 70 年代達到高潮的接
受美學，其理論源於詮釋學文論，它是讀者反應批評的一個
流派和突出代表。接受美學關注的重心雖是文學的發展，但

---

51 若謂清代《詩經》學著作多於宋代，且其訓詁考據成績在宋儒之上，
　則我們要說，宋代《詩經》學衝撞了傳統，造成《詩經》學的多元面
　貌的發展，讓《詩經》學走出前朝定於一尊的僵化暮氣，解除了傳統
　詮釋的桎梏，《詩經》學從此有了新的生命，這是宋代《詩經》學在
　學術史上最重要的價值與意義，而這樣的價值與意義，是獨特時代才
　能擁有的，清代找不到。

是其著重於「歷史」的描述與讀者（接受者）的特點，正巧
解答了我們心中的疑惑。接受美學的主要創始人之一姚斯
（Hans Robert Jauss, 1921～1997）受到加達默爾詮釋學的影
響，主張文學接受的歷史性，關注重建歷史與美學統一的文
學研究方法論，他把文學視為一種產品與接受的辯證過程：
「文學與藝術只求包含一種具有過程特徵的歷史，作品獲得
成功不僅透過主體，也透過消費主體 —— 經由作家與公眾的
交流」，[52]他把過去文學史關注的重心從作者、作品轉向了讀
者，強調讀者的作用。一部文學能夠成為傳世的經典，或者
成為被大眾廣為閱讀接受的作品，除了本身的因素之外，還
與讀者的「期待視界」（horizon of expectations）有關。所謂
「期待視界」是指「文學接受活動中，讀者原先各種經驗、
趣味、素養、理想等綜合形成的對於文學作品的一種欣賞要
求和欣賞水平，在具體閱讀中，表現為一種潛在的審美期
待」。[53]於是，讀者在文學史中扮演了吃重的角色，他不再是
盲目地接受作品，而是用自己的選擇、評價來取捨、對待作
品，不同時代的讀者，其審美觀念也不同，在閱讀的過程中
逐步地提升。一部作品的內蘊對於不同時代的讀者便有不同
的意義，在不斷的接受中，作品的意義也跟著拓展開來。[54]在

---

52 關於姚斯的引文及接受美學的學說概念，參見赫魯伯（RobertC.Holub）
　著，董之林譯：《接受美學理論》（台北：駱駝出版社，1994 年），頁
　62。
53 朱立元：《接受美學導論》（合肥：安徽教育出版社，2004 年），頁 61。
　詳細說明另見註 54。
54 加達默爾：「一切有限的現在都有它的局限。我們可以這樣來規定處
　境概念，即它表現了一種限制視覺可能性的立足點。視域（Horizont）

中國文學史中，最著名的例子大概是陶淵明（372～427）。陶淵明的作品生前不被重視，死後經歷幾代讀者視域的變化，聲譽日隆。這說明了讀者的價值尺度會影響作品的價值高低。

我們可以運用相同的解釋觀點來說明《詩經》學史中許多著作地位升降的問題。現在的《詩經》學史著作映現了研究者的歷史處境，即「讀者的期望」視界。當讀者（研究者）紛然以民國以後興起的反傳統、以文學的視角解《詩》等理解前見去期望作品、閱讀作品時，則具有這些特質的作品如

概念本質上就屬於處境概念。視域就是看視的區域（Gesichtskreis），這個區域囊括和包含了從某個立足點出發所能看到的一切。」加達默爾著，洪漢鼎譯：《真理與方法》，上冊，頁 391。姚斯所稱的「期待視界」（或譯：「期望視域」）主要是接受了加達默爾的視域概念，此一名詞意指一部作品出現時人們對它的反應、預先判斷、語言的和其他的行為之總和。「一部作品可以通過證實由它引起的期待而實現這樣的視域，也可以通過在作品與期待之間製造距離而使期待落空。姚斯把這稱為『審美距離』。審美距離成為文學史的一個重要構成因素。因為它可能導致以下兩個主要過程中的一個：要麼是公眾更改其視域，以接受作品（從而構成了接受美學的一個階段）；要麼是公眾拒絕一部作品，使之處於蟄伏狀態，直到它被接受為止，也就是說，直到一個適合於它的視域被鍛造出來為止。從文學的社會批評功能出發，姚斯在文學文本變更期待視域的能力中看到了一種對接受者和對文學都能發生作用的強大的解放力量。對接受者來說，這種力量是使他從可能尚未意識到的對作品所抱的成見中解脫出來；就文學（尤其是古典文學）而言，它使我們重新發現作品的初始影響，那種影響經過人們數百年的崇尚和膜拜之後本已消蝕了。姚斯聲稱，這樣一種關於讀者和文本相互作用的觀念恢復了文本的歷史性，因為接受者大眾（包括過去的和現在的大眾）都被完全捲入其中，成為文本的中介。」詳弗拉德・戈德齊希：〈英譯本導言〉，【德】漢斯・羅伯特・耀斯著，顧建光、顧靜宇、張樂天譯：《審美經驗與文學解釋學》（上海：上海譯文出版社，1997 年），頁 6-9。按：漢斯・羅伯特・耀斯即本文所說的姚斯。相關內容另可參朱立元：《接受美學導論》，頁 430-433。

姚氏等三大家的著作自然雀屏中選，被讀者相中，加以提升、發揚之。這驗證了讀者的價值尺度影響作品的價值高低之觀點。因此，面對學術史的敘述，除了尊重之外，更重要的是反思其觀察立場，對於其間的價值評述應該審慎參酌。

　　再者，就一個研究者而言，當他不再相信說教型的《詩》學著作時，面對傳統舊說有可能極盡鄙視嘲諷之能事，此時亦應考慮當時「讀者期望」下的著述立場。比如三百篇的本義究竟為何，對於春秋時代的貴族們而言並不是重點，對於孔門弟子來說也不是重點，對於推廣經學不遺餘力的漢代朝廷而言當然更不是重點，對於拿《詩經》來當理學輔助教材的朱子來說，自然也不會把精神擺在詩篇本義的追求上面，也就是說，人們在批評前人說詩牽強附會時，可曾想過古人是刻意的牽強附會，是用心良苦的牽強附會？人們在批評前人說詩誤解詩人原意的時候，可曾想過詩人原意未必是古代說《詩》者關注之所在？某些文句淺近、文義明顯的詩篇，古人在詮釋時隨時提醒自己，他們面對的是一部高文典冊，而不是尋常的詩歌總集而已，[55]因而他們殫精竭慮地為詩篇作出最方便說教的詮釋，如此的苦心孤詣，站在《詩經》研究史的角度觀之，應該承認這是古人說《詩》的最大特色，

55　錢穆：「《詩經》……在西周一代政治上之實際運用，亦更重要過於《尚書》。苟不熟當時之政治情況，即決不能窺其《詩》中大義妙用之所在。此可說明中國文學自始亦即無其獨立性。換言之，文學亦當在文化之大體系中而始有其地位與價值。樂以輔《詩》，《詩》以輔政，必與其他事項會通配合，始能與人群大道社會整體有其相當之意義。」此語除「西周」一詞不夠周延之外，餘可參。詳《晚學盲言》（台北：蘭臺出版社，2001 年），頁 490。

即使時代不同了，我們也絕無權利挖苦、批判乃至謾罵這類說教型的詮釋方式。

　　一切都跟讀者的期待視界有關。《詩經》是五經之一，經書在古人心目中地位一向最爲崇高，古人抱持著虔敬的心理面對《詩經》自有其時代因素，即使在宋代新派《詩》學著作一一出爐之後，依然有一群讀者期待作爲經典的三百篇，可以給他們帶來一些人生哲學的啟示，現在雖然時代早已不同，讀者大概已經不再期待《詩經》能告訴他們什麼人生永遠不變的大道理，但從《詩經》研究史的角度來看，古訓還是應該受到尊重的。[56]

　　潛在的審美期待往往讓讀者對《詩經》的各種解釋能有自我的取捨，這點就一個純粹的讀者而言，毫無問題，也無須指摘。但是就一個學術研究者而言，面對《詩經》的諸多解釋，只憑個人的讀者期望，便隨意加以揄揚或貶抑，這不是合理的研究態度。[57]

---

56 一切也都跟觀念有關。觀念隨著時代的不同而改變，三百篇是經典，這是一個觀念；三百篇是史料，這也是一個觀念；三百篇是文學，這還是一個觀念。觀念也有自身的生命、自身的歷史，「因此他們不應該只被看作一個既定社會的附屬物。觀念的變化是爲了調整應對新的社會局勢，但是觀念的變化本身正可用作觀念擁有其自身的生命與歷史的很好證據」。引文見余英時著，侯旭東譯：《東漢生死觀》（上海：上海古籍出版社，2005 年），頁 6-7。

57 有些研究者選擇了某一專人專書進行研究，未曾進行詳細的比較工作，便開始奮力揚顯研究對象的價值，這就是犯了期望過度的毛病。或許這眞是研究者的眞實觀點，但是考察《詩經》學長遠的發展過程中，我們會發現凡是充滿「讀者期待」而著述的研究論著，其價值將備受質疑。

十、由「互文性」看《詩經》著作的指涉意義

　　法國學者茱利亞・克里斯蒂娃（Julia Kristeva ,1941～）在符號學的大範圍之下提出了一種批評方法 —— 解析符號學。解析符號學反對把文本作爲靜態的符號系統來研究，它視文本爲一種超語言（transliguistic）的程式，一種動態的生產過程，文本是在語言中被激發產生的歷史記憶，是一種複雜的實踐活動，文本的構造與其歷史、文化、社會變化緊密相關。[58] 本著此一觀念，克里斯蒂娃又提出互文性（intertextuality）的理論，強調任何文本無法獨立產生，其意義是在與其他文本交互參照、交互指涉的過程中產生的，所以任何文本都是一種互文。因此可以說任何文本都是其他文本的重新組織、吸收與改編。[59] 在她看來，文本與語言的關係是一種（破壞～建立型的）再分配關係，人們可以更好地通過邏輯類型而非語言手段來解讀文本，其次，文本是眾多文本的排列和置換，具有一種互文性。[60] 互文性還有另一個常見的譯名：「文本間性」，這個名詞讓我們意識到，每一個事物在任何時候，都涉及其他的任何事物；所有的思想聯

58　羅婷：《克里斯多娃》（台北：生智文化事業公司，2002 年），頁 52-53。

59　Julia Kristeva, "Word , Dialogue and Novel" ,in The Kristeva Reader , Toril Moi ed.,Oxford :Blackwell Publisher Ltd.,1986,p36. 按：互文性的拉丁語詞源"intertexto"，意爲紡織時線與線的交織與混合。按照字面意思來理解，互文性就是文本之間互相指涉、互相映射的性質。李玉平：〈互文性新論〉，《中國當代文學及理論》，2006 年第 3 期，頁 111。

60　王瑾：《互文性》（桂林：廣西師範大學出版社，2005 年），頁 35。

想和傳統都可以合法地變成一個文本的一部分；每一個文本
都可以通過新的閱讀而發生別的一些聯想；各種文本是相互
聯繫的。[61]作為一個重要的批評概念，互文性出現於 20 世紀
60 年代，隨即成為後結構、後現代批評的標識性術語。[62]

　　如果所有的文本的意義在於互相的關涉，由其交互關係
產生意義，那麼藉由互文性的觀念來觀察歷代《詩經》學史
的發展，或許可以得到新的理解。若將所有的《詩經》學研
究著作置於同一平面上，大致上來看其可以分為質疑傳統與
擁護傳統兩種立場。但是這種兩立場所產生的文本實是密切
關連，互相交涉的。如《詩經》文本產生後，第一個在學術
上具有重要意義的互文本應該是漢初的四家《詩》學，這四
家產生的歧異與解釋的差別有其歷史文化發展的背景因素，
到了《鄭箋》一出，《毛詩》已具脫穎而出之架勢，但康成雖
主在依循、箋釋《毛傳》，對於三家《詩》的援引借用依然可
見，於是《鄭箋》成為聯繫四家《詩》的象徵文本。《毛詩正
義》繼承《鄭箋》解釋系統，但是對遺留的三家《詩》的說
法亦引為論述的正反面證據，於是《毛詩正義》成為傳統文
本的集合象徵，這也是它的價值所在。此後任何研究《詩經》

---

61 庫茲韋爾著，尹大貽譯：《當代法國思想》（台北：雅典出版社，1989
　　年），頁 209。按：除了「文本間性」之外，互文性還有「文本指涉」
　　這樣的譯名。
62 互文性原是西方文學理論界由結構主義向後結構主義轉向的過程中
　　所提出地一種文本理論。　「互文性」概念雖由克里斯蒂娃提出，但
　　互文性思想卻早已存在，其源頭可以追溯到索緒爾、艾略特和巴赫
　　金。詳李玉平：〈互文性批評初探〉，《文藝評論》，2002 年第 5 期，
　　頁 11。董希文：〈文本與互文本〉，《文學文本理論研究》（北京：社會
　　科學文獻出版社，2006 年），頁 228。

的學者無法迴避《毛詩正義》所代表的解釋系統，無論贊成或反對，都必須先通過它才能對所謂的「《詩經》學」進行論述。如宋代多位《詩經》學者以質疑傳統為標榜，但是我們若從「互文性」的角度來看待此事，就必須說這並不是推翻，而是參與傳統的構建、描述、判斷。至清代，宋代的《詩經》學已然成為傳統的一部份，而新的文本則繼續與這些新舊傳統文本繼續對話、組織。再從另外一個角度來看，《詩經》學史上所謂「新舊」的分別其實只是觀點上的差異，仔細閱讀其間的實際解釋內容或操作方法，「傳統」的論述無處不在。如朱熹《詩集傳》雖然號稱「新派」代表，但是該書繼承傳統說法、觀點的程度之高，相當出人意表。[63]宋儒讀《詩》喜歡強調主觀的體悟、玩味，可是他們的吟詠體會有很大一部分又被「聖人之意」所牽制，如此從互文性的角度來看，宋代新舊兩派《詩經》學的分別其實並沒有我們想像中的那麼大，絕大多數的研究成果都僅是一種追索聖人之意的立場與信念的展示而已。[64]

　　當然這樣說並不表示《詩經》學已無真正創新的可能，我們只是要強調，對於「晚出」文本而言，「傳統」文本並非

63　據筆者統計，朱子《詩集傳》對《詩序》所定詩旨的解放多達 143 篇，其中〈國風〉有 85 篇，〈小雅〉有 46 篇，〈大雅〉有 10 篇，〈頌〉詩有 2 篇，亦即《詩集傳》修正或反對《序》說的達 46.88％。朱子另有一部《詩經》學著作——《詩序辨說》，此書對於《序》說提出異議的共 104 篇，反對比率達 34％。詳拙文〈論宋儒與清儒對詩旨的解放——從朱子到姚際恒、崔述、方玉潤〉，《興大中文學報》第 22 期。

64　詳拙文〈范處義《詩補傳》與王質《詩總聞》的解經取向及其在《詩經》學史上的定位〉，《國文學誌》第 15 期（2007 年 12 月），頁 137-170。

能夠一刀兩斷地加以切割，彼此之間的關係仍然相當深厚。不過，我們仍然要指出，在「以《詩》說教」的背景要求結束之後，守舊派的著作要讓人耳目一新實有莫大的困難。假若說，新出的文本在與傳統重組時，其意義產生取決於其互文性，或者說取決於他對於前文本（pre-text）的模仿。[65]那麼，守舊型的《詩經》新文本就必須被讀者拿來與《毛詩正義》作相互的比較、檢驗。[66]此時，要讓讀者留下深刻的印象，確實是有相當的高難度的。運用互文性理論，我們全面觀察歷代《詩經》學研究，即可發現多數篤守《詩序》的著作並不屬於真偽莫辨的「擬像」（simulacrum），充其量僅是一種摹本（copy）。大凡摹本給人的印象總不會太深刻。「摹本」和「擬像」不同，之所以有摹本，就是因為有原作，「摹本」是對原作的模仿，而且永遠被標記為「摹本」；原作具有真正的價值，是「實在」，而「摹本」的價值只是從屬性的，只是幫助人們獲得真實感。[67]新派著作的處境也一樣，能否

65　根據互文性理論，任何文本都是引語的鑲嵌品構成的，任何文本都是對另一文本的吸收和改編。這裡的「另一文本」也就是所謂的互文本，可用來指涉歷時層面的前人或後人的文學作品，也可指共時層面上的社會歷史文本，而吸收和改編可以在文本中通過戲擬、引用、拼點等互文寫作手法來加以確立，也可以在文本閱讀過程中通過發揮讀者的主觀能動性獲通過研究者的實證分析、互文閱讀等得以實現。詳王瑾：《互文性》，頁 1-4。

66　「互文性」認為，一個文本無法離開其他文本獨自存在，此文本與其他文本、現在的文本與過去的文本一起構築起文本的網絡系統，每個文本的意義總是超出自身所示，表現為一種活動與一種構造過程，一種文本與文本之間的相互作用，互文性因而成了生發和分配意義的場所。王瑾：《互文性》，頁 141。

67　上引意見係運用美國學者詹明信（Fredric Jameson, 1934～）的理論，詹明信所謂「擬像」是指那些沒有原本的東西的摹本。詳季桂保：《布

被承認為優質著作，還得拿來與同質性的原創、早期文本互相比較。朱子的《詩集傳》有很長的一段時間被視為新派著作中的典範，元、明兩朝的守朱、述朱著作亦甚夥，相對於篤守《詩序》者，他們算是新派人物，但其著作甘心於以「摹本」的形貌問世，既然達不到「擬像」的要求，整批著作被後代的史家簡單地一筆帶過，理應如此。其實不管是「擬像」或「摹本」，《詩經》學著作之價值高低與捍衛或反對傳統無關，端視其是否能在模擬中引出新的意義。當然這裡的新義有很大程度無法與傳統脫鉤。因此，《詩經》學家必須在傳統與個體之間拉鋸，或是尋求平衡。

十一、結　語

法國的羅蘭巴特（Roland Barthes；1915～1980）在以《S/Z》為中心的論述中，提出了他的兩種文本理論：「可讀性文本」（readerly text）與「可寫性文本」（writerly text）。可讀性文本是一種固定的自足的現實文本，在其中能指與所指是預設的、先驗的，其關係是明確的，文本的意義是是可以解讀的、把握的，讀者不是意義的生產者，而是消費者。可寫性文本則是消解了各種明確的規則和模式，允許以無限多的方式表達和詮釋意義，是一種可供讀者參與重新書寫的文本。它可以被重寫、被再生產、被再創造，其意義和內容

希亞》（台北：生智出版社，2002 年），頁 117。

可以在無限的差異中被擴散。[68]

　　就閱讀者而言，《詩經》不僅是「可讀」的明確文本，也該是可以產生新義的文本。不要以爲《詩經》是死板的先秦遺物，如果可以用個人的「前理解」仔細體會，絕對可以產生出屬於自我的全新意義。《詩經》經歷兩千餘年而不衰絕，其憑藉並非自身的無與倫比的崇高成就，它之所以有價值是歷代不可勝數的讀者不斷從中獲取、生發嶄新的意義，這才是《詩經》傳承兩千餘年的眞正憑藉。《詩經》歷史呈現出多元的發展，《詩經》學出現開放的詮釋，只有接受這個事實，我們在讀《詩》時才不會對於紛陳之說感到無所適從，面對與自己期待視界完全不同的解釋，才不會感到匪夷所思，並且，讀《詩》的趣味正是由此中來。[69]

　　同樣的，一本優秀的《詩經》詮解著作也應該兼具「可讀性」與「可寫性」兩種意義。雖然這個目標太過高遠，但卻是我們應該努力的方向，而且也唯有這樣的著作始有機會稱之爲典範（paradigm）。

　　文末，筆者要強調的是，研究中國傳統學術，通過西方

---

68 詳王瑾：《互文性》，頁 58-59。

69 可寫性文本自身在留下眾多的可寫性因素，因此文本內容可以不斷被打碎、中斷，語法修辭的設定被重新解讀，故事情節的框架被任意搭建。於是，讀者逐漸形成了自己對情節內容的重構完型，對語彙修辭歧義的重新辨認，對擴散而包容的主旨內涵的多義闡釋，最終，一個可供讀者重寫的文本誕生了。可寫性文本在打破作品的完整性、封閉性的同時，通過話語的改寫重讀與結構內容的重建重構，讀者主體獲得了一種意義增殖性的喜悅，一種參與全新文本創造的歡欣。詳項效敏：〈零度寫作與人的自由〉，《羅蘭・巴爾特美學思想研究》（上海：復旦大學出版社，2003 年），頁 212-222。

的概念與理論，以強化其在現代詮釋中的效用，是有相當程
度的必要的，然而，誠如余英時先生所言，「西方的概念和分
析最後必須能和中國思想傳統融化成一體，而不是出之以安
排牽湊」，[70]所以西方學術理論的應用仍要考慮其限度，當
然，對於多數的研《詩》之士而言，這樣的提醒似又屬多餘，
因為根據眼前所見，經學的研究者對於西方的學術觀點，比
較常見的是採取畏懼、規避或抗拒的態度。清末嚴復對於西
方學術與中國傳統交融提出了他的意見：「果為國粹，固將長
存。西學不興，其為存也隱；西學大興，其為存也彰。」[71]引
進西方學術，本來就不能妄想生搬硬套這些理論來解釋所有
的將中國傳統學術，而是借用西方學術的長處，立足於固有
學術，建立一個具有新特色、合乎現代規範的學術體系。所
以，以西方學術範型為基點，將傳統學術對應參照，這樣應
該是讓中國傳統學術現代化的一個可行途徑。

---

70 余英時：《中國思想傳統的現代詮釋》（台北：聯經出版公司，1992
　　年），〈自序〉，頁 7。
71 嚴復：《英文漢詁卮言》，王栻編：《嚴復集》（北京：新華書店，1986
　　年），第 1 冊，頁 156。